21世纪高等院校·影视艺术经典教材
FILM & TELEVISION ART

影视场景创作

曾小明 岳凯华 著

中国国际广播出版社

目 录

序言　因为相遇，所以快乐

不同的人生，便会有不一样的相遇；不一样的相遇，便会有不同的快乐。

一、因为电影，所以相遇

因为共同追求，所以我们像电影一样地相遇；因为享受电影，所以我们与电影相伴、相爱。

电影是一个梦想。张艺谋说："每个电影人心中都有这个愿望，想拍一部最好的电影。但是每一次创作都不可能达到，所以永远有一种梦，你心中的一个梦，永远要去实现。"梦想可以带来快乐，张艺谋每次去参加电影节，就是为了享受与电影人一起看电影的快乐。

电影是一种痴迷与专注，是人生快乐的良药。斯皮尔伯格说："我喜欢电影，因为我的生活太无聊了，非常没意思。电影对于人生有不同的疗法，会带来哭泣，也会有欢笑。所以，我可以拍摄《辛德勒名单》《拯救大兵瑞恩》那样的电影，但我也可以拍儿童电影，让人们感受到电影不同的魅力，感受到自己的童心。"

电影是一种文化表达。编剧芦苇说："电影有很多功能，我希望能保持它最纯粹的部分，就是文化功能，不能仅仅只有娱乐功能。'关注生命，凝视灵魂'，有这八个字，于一个电影人就足够了。在一个迷茫的时代里，要保持清醒——这是电影品质的一个前提。"同时他还说："电影应该是小人物、大格局。要折射大时代、大精神、大情感。人物可以小，精神不能小。”

电影是人类得以沟通的一座桥梁。剧作理论家罗伯特指出：“在整个宇宙中，我们有一个共通的人性。所以我希望我能够教会作家为这样的人性来书写。如果能够写出这样的作品来，电影就能够在全球穿越边界，跨越边界，不同的民族就能直接地沟通、交流。”张艺谋说：“好的电影应该是让所有的人都能感觉到。任何一个人当导演拍电影，他的目的都是想把作品拿出去，给别人看，希望得到交流和共鸣。”芦苇指出：“只要拿出真正的特色来，我们的电影就可以和世界上任何一方交流，我们自己的生活、情感就可以与全世界分享。戏这种东西，其本质是‘戏假情真’。只要你的精神情感是真实可靠的，观众就一定看得懂。当我们化为泥土的时候，后人依然能通过电影看到我们曾经的生存、精神和情感状态。这是电影穿越时空的魅力。”

热爱电影，是因为热爱生活。

热爱电影，因为电影可以让我们“悟道”。芦苇指出：“任何行业都有悟道这一关。我的几个‘关坎儿’其实就是使人心灵震动的几部电影。一是安德烈·塔科夫斯基的《安德烈·卢布廖夫》，一是弗朗西斯·福特·科波拉的《教父》，一是黑泽明的《七武士》，一是贝托鲁奇的《末代皇帝》，一是大卫·里恩的《阿拉伯的劳伦斯》。这五部电影足以让任何人迷上电影并深悟其道受益终生。”

热爱电影，因为电影可以让我们享受故事的愉悦。编剧宋方金说：“故事是每个人的神明。”“从人类历史被记载的那天起，故事从未离席。我们能够触摸和感知那些久远的年代，是因为故事的生生不息。”

热爱电影，因为电影可以让我们更好地品味人生与感受人性。张艺谋说：“我觉得电影其实就是抓情感，抓人性，其他都不重要。”

是电影，让我们爱上电影；是电影，让我们创作电影。

剧本创作，如同生活一样，就是不断在困境中突围，困境与突围构成了一部影片的主要内容。

二、电影大师谈剧本

张艺谋在接受采访时，曾直言不讳地道出当今剧本创作的现状：“我手里有几个剧本，但是不便透露，只是希望能够早点成熟。现在我越来越觉得剧本最重要，我们通常所看到的所有电影，你喜欢还是不喜欢，症结都是剧本。但是中国现在剧本荒，草率的剧本也特别多，我自己也犯这个错误，没办法，还是希望在剧本上能好一点。”

剧本要有一个好的创意。王斌说：“我是从剧本、题材的选定、作家的选定一直到编成剧本整个过程都参与的。我个人觉得今天的中国电影剧本创作，从最早的初衷上就缺少好的创意。”

王迪指出：“从事电影剧本创作的朋友首先要树立一种观念，即艺术创作是一种生命现象，或者说艺术创作是生命的生命，是生命的流动、生命的自白、生命的体现、生命的弘扬，这些受生命创造出来的生命现象不可能直接接受纯理论的指导，相反，纯理论还可能扼杀创作的灵性，因此，关于艺术创作的理论只能是与创作紧密结合的理论。”这也就是说，我们不能僵化地看待艺术创作理论。正如张竹坡评点《金瓶梅》时指出：“作《金瓶梅》者，必曾十患难穷愁人情世故，一一经历过，入世最深，方能为众角色摹神也。”只有有了深切的生命感悟，方能引起生命的共鸣。影片能引起大众的共鸣，是和生活中的真实感悟密不可分的。

苏联电影大师杜甫仁科指出：“电影剧作家——这首先是作为思想家的艺术家，然后才是掌握电影剧作技巧的行家。”电影艺术是一种精神产品，因此创造这种艺术的人本身必须具备一种人格精神，要有对生活的热情，对社会的责任感，在艺术家良知的基础上，才能谈掌握蒙太奇等剧作技巧之类的问题。

斯皮尔伯格指出评价好剧本的标准是：“主要在于人物，在于主人公的塑造，一般都是主人公不再能主宰自己的命运，失去了对生活的控制，然后以某种方式，设法重新掌握自己的命运，这就称得上是好剧本。”

王国维在《人间词话》中说道："古今之成大事业、大学问者，必经过三种之境界：'昨夜西风凋碧树。独上高楼，望尽天涯路。'此第一境也。'衣带渐宽终不悔，为伊消得人憔悴。'此第二境也。'众里寻他千百度，回头蓦见，那人正在灯火阑珊处。'此第三境也。"这三种境界亦可以用到我们的电影剧本创作上来，经过长期的思索、酝酿与创作实践，最终自然会达到融会贯通、豁然开朗的境地。

三、一直在你身边的故事

2014 年的电影票房是 296.39 亿元，2015 年的电影票房是 440.69 亿元，2016 年的电影票房为 492.8 亿元，三年持续增长；2017 年暑假票房为 163 亿元。当然，票房收入高，并不代表电影质量提高，以 2016 年为例，国产票房比例尚只有 58.33%，略高于进口票房比例，"总体而言，国产影片的低水平供应，是导致 2016 年全国电影票房增长放缓的主因。"国产电影的"低效重复"给我们带来挑战与机遇，"提质增效"成为我们这一代电影人的共同使命。因为国家离不开电影，电影是最趋向世界化的现代媒体。

著名导演吴宇森指出："拍摄时的 90% 失望状态都源于剧本本身有问题。"毫无疑问，"提质增效"的起点是提高电影剧本的质量。作为新一代成长中的各位编剧，夯实编剧基础，提高编剧素养，成为编剧领域的领军人才，首先要明白"电影是故事的行业"，"我们并不能发明故事，我们只能发现故事，它先于存在而存在"，而"我们最根本的身份都是讲故事的人"。

那么，我们的电影故事来自哪里呢？

1. 经典（小说、戏剧、电影等）与电影

阅读经典，不仅使得我们获得丰富的人生经验，积累丰富的创作素材，懂得最高的创作技巧，而且让我们能够分辨出一部作品的好与坏，尤其是你自己创作的作品的好坏。

第一，经典小说故事改编成电影故事。以张艺谋为例，张艺谋最为人称赞的电影作品都源自小说改编。《活着》改编自余华的《活着》，《大红灯笼高高挂》改编自苏童的《妻妾成群》，《菊豆》改编自刘恒的《伏羲伏羲》。

电视剧《小别离》的编剧何晴指出："我喜欢从这些文学作品中寻找营养，但它们必须满足文学性、故事性，并有相同的价值观。"

第二，经典的故事情节成为电影故事情节的灵感来源与创作依据。

冯小刚的《夜宴》脱胎于莎士比亚的《哈姆雷特》，张艺谋的《满城尽带黄金甲》的故事核心是《雷雨》，陈可辛的《中国合伙人》借鉴了《社交网络》的形式。

侯孝贤在访谈中指出："我们完全是用举例式的，比如说，聂隐娘十岁的时候，为什么会被道姑选上？我会说大江健三郎的小说里面写到，有一次山洪暴发，有一个屋顶漂在河面上，屋顶上面站了一个小女孩，抓住屋顶延伸出来的木头，很镇定地站着，沿着洪水而下。类似这种冷静跟沉稳，有时候是会被选择的一个必要条件。"

经常阅读经典，就会对许多感人的情节了然于心。对于那些借鉴了经典的电影作品，我们不仅能把握其来龙去脉，而且会提高对电影的领悟能力，会让自己应用起来得心应手。

第三，经典小说中的人物成为影片剧作人物的原型。

在小说《巴黎圣母院》中，卡西莫多爱上了爱丝美拉达，这是丑男爱上美女的故事，电影《罗马假日》《一夜风流》《风月俏佳人》，甚至《泰坦尼克号》，如同《巴黎圣母院》一样，都是利用人物身份的不平衡来建立人物关系，形成戏剧性。

于连（《红与黑》）不择手段勾引贵妇人的故事，堂泰斯（《基督山伯爵》）越狱复仇的故事，聂赫留朵夫（《复活》）拯救妓女玛丝洛娃的赎罪故事，亦成为许多电影创作的灵感。

2. 新闻与电影

在创作中，只有你想不到的事情，没有生活中不可能发生的事情，虽然生活的真实不等于艺术的真实，但是可以帮助你理解生活与创造生活。拥有丰富的故事碎片，你就能很容易找到塑造你人物的事件。

比如新闻：

（1）重庆一女子面试没被录取报警索赔，称颜值气质我都有，为什么不录取？

（2）美国一男子因不能和电脑结婚向犹他州提起诉讼，法院表示，跟电脑结婚不是宪法保护的权利，特别是电脑还不到十五岁。

（3）深圳一男子冒充“乾隆”骗富婆222万，称自己吃了长生不老药。

（4）广西柳州一男子网上招嫖嫖到妻子，对方开价100元一小时。

（5）近日，美国网友号召“向飓风开枪”让其拐弯，超五万人响应。

如果这些不是发生在生活当中，而是你写的故事，或者是电影中的情节，你的第一感觉就是认为虚假与巧合。而其实这些都是生活中发生的真实故事，生活永远比电影精彩，真实永远比虚构生动，所以，建议大家每天都看看新闻，尤其是故事性很强的新闻。比如：最近的新闻故事《蛇咬美女，美女没事蛇却死了》，你看到故事标题，如何虚构这个故事？当你知道蛇是被硅胶毒死时，你会发现，真实的故事亦蕴含着意想不到的情节。正因为此，真实的故事一直是电影创作的灵感与源泉：

（1）根据真实新闻故事改编而成的电影：《聚焦》《为奴十二年》《萨利机长》；

（2）根据历史记载拼凑而成的电影：《教父》《墨攻》《新龙门客栈》；

（3）新闻故事情节与电影故事情节有某种巧合性。

新闻故事《中国女留学生德国夜跑被杀　遗体袒露距住所200米》情节：李洋洁案经过37次开庭审理，结案陈词显示，一名德国女性谎称需要人帮忙搬箱子，将跑步归来的李洋洁诱骗入住宅中，给男友虐待、强奸被害人制造机会。

电影故事《沉默的羔羊》情节：杀人狂野牛比尔假装腿脚不便，以帮忙搬动沙发为由将女青年骗至货车上，并趁机将女青年杀害。

3. 生活与电影

历史是过去的生活，导演郑大圣说：“我把二十四史当作电影剧本来看。”新闻是当代的生活，作家东西说：“我每天的创作从早间新闻开始。”

导演贾樟柯：“我想用电影去关心普通人，首先要尊重世俗生活。在缓慢的时光流程中，感觉每个平淡生命的喜悦或沉重。‘生活就像一条宁静的长河’，让我们好好体会吧。”

首先，我们要观察生活，更要体悟心灵，同时要把生活中心灵的感悟、想象的情景直观化，因为编剧是利用视觉化的生活材料来展现世态人情。

任何艺术创作都需要体验生活。体验生活的体，由人与本构成，意思是以人为本；体验便是用身体验证，感同身受。举个例子：电影《这个杀手不太冷》中，玛婷达缺失母爱，又要遭受姐姐的欺凌，也得不到父亲的保护，她遇到里昂后，问了里昂一句话：“生活一直这么苦吗？还是只是小时候。”里昂回答：“总是如此。”两句台词，同样的意思，但是，在两人的内心中，浮现的生活画面是不一样的；同时，观众也可能会浮现出其感受到的不同生活：

（1）2014 年冬天，一位农民工顶风冒雪守在火车站等生意。他脸色蜡黄直流鼻涕，偶尔哆嗦一下，大口地吃着蛋糕。

（2）一位 60 岁的大伯，佝偻着背，背着 50 斤的泡沫箱一步一步艰难前行……

（3）一位面容憔悴的父亲，正默默看着两个女儿吃炸鸡，但自己什么都没点。他收入不高，说自己不饿。

（4）城市街头，一位环卫老奶奶，带着自己的小孙儿认真地清扫街道。

（5）平俫和哥哥分别在 15 岁和 4 岁双目失明，他们的母亲看着两个儿子相继失明，也哭瞎了双眼。

其次，我们要将生活浓缩成有个性的形象和有情趣的故事，因为故事可以呈现繁杂的现实与奇妙的心灵。

著名编剧邹静之说编剧史建全老师：“每次去，家里总有客人，各种年龄，各色人士，这哥那弟，一聊都够写部戏的。原来总是说深入生活，其实，你要不在那个环境里活着，谈不上深入，门都摸不着。凡是抱着写作的目的去看生活的，一定浮皮潦草。”

比如，某女研究生和她的男朋友一起外出租房，上午搬进租的房子，晚上又搬回来了。如果你缺乏对生活的敏感，这个可以成为你电影中的某个情节的故事，就会如同落叶一样，永远腐烂在泥土里。她为什么晚上又搬回来了？你会有很多种猜测，比如男女矛盾，比如父母阻拦，等等。事情的真相是：通过与旁人聊天，他们得知这个房间刚刚去世了一位老人。

现在，我们将上面的故事移植到我们的电影情节中来：A 是个正直的小伙子，暗恋女孩 B，但是女孩嫌弃 A 身高只有 1.6 米；C 是个伪君子，C 追求 B，两人一起租房子准备过夫妻生活。眼看 A 没有希望了，但是故事一转，C 和 B 当晚就分开了，并且，C 因为这件事留下了阴影，B 与 C 的裂缝就开始产生了。

再次，融通古今中外，集万物为一物。我们可以从历史书里看到人的困惑，看到人的生存方式，看到人的一生之起起伏伏。那么我们回来设计我们的人物的时候，就会潜移默化地有所帮助。

编剧史建全老师指出：“如果我们读过朱元璋，我们就可以知道他是怎么在艰难困窘中撑下来的；如果我们读过司马迁，我们就可以知道他是怎么不屈服的。如果我们读过斯巴达，读过古希腊传说，读过《圣经》，读过伊斯兰教义，读过抗美援朝的史料，读过法国大革命，读过抗日战争文献，读过各个历史时期我们的国家一路走来的经历，读过‘文革’逸闻，读过上海滩大佬的传记……那么我们就可以知道很多很多不屈服于命运的人，我们脑子里有这么多人，再去设计一个人的命运，岂不是驾轻就熟。”

同时，史建全老师认为有了故事灵感时就应该“快乐写作”，他说：“你要带着一个轻松的心态去写作，这点我们得向米卢学习，他执教中国足球队时提出一个口号‘快乐足球’！写作也是一样，让我们快乐地写作吧。”

最后，我们用导演吴宇森的一句话来总结：“你总也写不出剧本的原因多半是你对自己期望太高了，先写一个烂剧本看看，下一个总会好一些的。”

第一章　场景：影视剧本的基本叙事单位

剧作者通常会以场景为基本单位进行分场景剧本创作，导演虽然以镜头进行叙事，但是又以场景为基本单位组织拍摄，剪辑师亦同样重视场与场之间的转与连，因而把场景作为影视剧创作分析的基本单位，既符合影片的自然呈现方式，又契合影片叙事的内在特点。

在剧本创作与影片拍摄的过程中，场景又被称为一场戏。我们通常把发生在同一时间、空间之内的一段内容称为一场戏。显然，场景既是一个空间概念，它指的是在同一个空间范围内所发生的情节；也是一个时间概念，它指的是发生在一个具体且是连续时间段内的情节。如果情节发生的空间变了，时间没有变，场景随之改变，这样不同的场景一般通过蒙太奇的方法结构在一起；如果情节发生的时间变了，空间没有变，场景亦随之改变，这样不同的场景会按照时间的顺序组合在一起。当然，有时为了意义表达的需要，我们将时空切换频繁且统一在某一叙事内容中的一组戏亦称为一场戏。

第一节　“时间＋空间”的故事载体

每一场戏都离不开其特定时空环境。场景中的时空环境范围广泛，包括剧作中人物活动的具体场所以及自然、社会环境，甚至人物本身。除了时空环境，人物关系以及情节片段均是场景的主要内容。好的场景设计要创造性地体现出剧本的规定情境，并有利于人物刻画和现场拍摄。可见，场景的选择，对一场戏的展开具有十分关键的作用，它不仅构成了这场戏的物质空间，同时亦为这场戏的呈现与发展提供了内在的动力。正是基于此，每一场戏除了序号外，需要标注出这一场戏所发生的具体时空环境。

毫无疑问，剧本是一场戏接着一场戏写下来，如何分场，如何确定一场戏发生的时空场所，对于剧本创作来说至关重要。正因为此，王家卫认为“场所先于故事”，他说：“我用画面写作。而且对我而言，电影剧本最重要的就是要知道它所发生于其中的空间。因为如果你知道这个空间，那么接着你就能够决定，那些人物在这个空间里面做什么。这个空间甚至可以告诉你，那些人物是什么人，他们为什么在那里，等等。倘若你在脑海中有一个场所，其他事情都会一点一滴地出现。”由此可知，优秀影片是以优秀场景为基础的，优秀场景一般会达到如下的目标：或揭示人物的相关信息，或深化人物情感，或推动剧情发展。我们以刘恒的《云水谣》第62场戏为例：

外景，战壕，晨，小雪

两副担架抬着伤员逶迤而来，王金娣背着医药箱跟在后面，不时为伤员掖一下被子。她的右臂吊着绷带，却英姿飒爽，东张西望，满脸喜气，远不是受伤那天的狼狈相了。担架在十字路口拐弯，她已经跟着拐过去了，又退回来，往另一个方向看。在壕壁的斜坡上，一个披着棉袄的人背对着她，正在刷牙。因为没有水，只能让雪在嘴里化成水，一耸一耸刷得很辛苦。她凑过去，歪着脑袋端详他。

王金娣：嘿！

陈秋水吓一跳，看着她，没认出来。

王金娣：你贵姓？是徐大夫吗？

陈秋水：什么事？

陈秋水不想分散精力，继续刷牙。王金娣把眼睛瞪圆了，抬手在他头顶上拍了一下，又拍了一下，呛得他咳嗽起来。

陈秋水：胡闹！你想干什么？

王金娣：你说干什么？我都快疼死了你还扇我耳光，你忘啦？

王金娣咯咯笑起来，伸手遮住他的下半张脸，做戴口罩状。

王金娣：没错！就是你……一双冷酷的眼睛！

陈秋水（想起来了）：你是83师的……

王金娣（夸张地敬礼）：83师司令部直属卫生队卫生员王金娣，向军部战地医院军医陈秋水同志致以最崇高的革命的敬礼！

陈秋水（用牙刷回礼）：向胆小爱哭怕疼……眼睛大头发短的假小子致敬！

俩人哈哈大笑，像老朋友似的。

陈秋水：你的伤怎么样？

王金娣：好多了。

王金娣把茶缸夺过去，倒掉里边的雪。

陈秋水：干什么？

王金娣（神秘）：一个小礼物……我敢保证，你一定喜欢！

她从干粮袋里掏出两大块冻硬的米饭，扔在茶缸里。

陈秋水：天哪……一年多没见过稻米了！（啃不动）是米饭吗？

王金娣：别着急。

王金娣拿出包着自制保温套的军用水壶，把热水倒进茶缸，又从挎包里掏出小铁勺，戳一戳搅一搅，加点水再搅一搅。她是一个非常细致而且非常善于生活的女孩子。陈秋水用欣赏的目光看着她细腻的动作，更吸引他的似乎不是漂亮姑娘，而是那些食物。

王金娣：再加点儿青菜，就是我们上海人爱吃的菜泡饭了……听说过菜泡饭吗？

陈秋水：别搅了，再搅就凉了。

他把茶缸抓过去，却不好意思了，跟对方谦让起来。王金娣笑着推他的胳膊，他顺势找个避风的角度，靠着壕壁吃起来。王金娣移到他对面，满足地看着他，目光里生出了另外一些复杂的意味。

王金娣：你是台湾人？

陈秋水：听谁说的？

王金娣：在卫生队换药，都说缝得太漂亮啦，是军部那个台湾人缝的吧……慢点儿吃。

陈秋水（匆匆抬头）：谢谢你的礼物……你们上海人了不起，水泡饭也这么好吃。

王金娣：卫生队的人都说上海人娇气。

陈秋水：……为什么？

王金娣：我喜欢刷牙。

陈秋水（笑）：怪不得你的牙这么白……别听他们的！

王金娣：就是吗！上海人怎么了？台湾人也喜欢刷牙！

陈秋水：你说得很对……上海人喜欢吃米饭，台湾人也喜欢吃米饭！

两人高兴地笑起来。

陈秋水：台湾一个伟人曾经说过，一个人牙好意味着心好，所以要好好刷牙……你的右臂有伤，可以用左手试试……

镜头从战壕上拉起来。陈秋水一边吃一边比比画画，王金娣听得入了迷。

一场戏的开始首先要标出序号、故事发生的时间以及场所。序号的作用表明这场戏在整个剧本中所处的位置，并与前后两场戏区分开来。故事发生的时间以及场所构成故事的时空环境，是故事得以发生的物质载体。正如悉德·菲尔德在《电影剧本写作基础》中所说：“每个场景都具有两样东西：地点与时间。这两个要素将事物固定在框架内。任何场景都处在特定的空间和特定的时间中。”

所选《云水谣》这一场戏，其时空环境为战争中的雪地。清晨，沉寂的战壕、寒冷的雪为王金娣与陈秋水创造出了一个二人空间，又很好地与人物火热的内心形成对比。再次重逢，看似偶然，其实里面倾注了王金娣的一份执着的爱情。王金娣以水泡饭赢得了陈秋水的好感，并以刷牙以及对牙的共同看法进一步建立情感。面对王金娣刷牙的习惯，“卫生队的人都说上海人娇气”，王金娣受到孤立，而唯独陈秋水认为“一个人牙好意味着心好”，两人情感建立及其升温便具有了一个内在的基础。值得一提的是，“一个人牙好意味着心好”这是王招娣的父亲说的，体现王招娣父亲对陈秋水的影响。可见，这一句台词既呼应了剧情，又含蓄地表达了对王招娣的思念。

一般而言，好的场景具有呈现、增生、激发、呼应等相应功能。

一、呈现功能

在《卡萨布兰卡》中，德国少校军官史查沙出场，选择机场这一特定场景，其中好处有这些：一是引出渴望乘坐飞机离开卡萨布兰卡的伊莎、拉斯路等人，巧妙交代重点场景，为伊莎、拉斯路两人的离开做好必要的铺垫。二是强调史查沙作为闯入者身份，为情境激发做好准备，并与史查沙机场被枪杀形成前后呼应，机场开始，机场结束。

在《卡萨布兰卡》中，伊莎来到瑞克的私人卧室，从公共场所咖啡馆到瑞克的私人卧室的变化，表明伊莎是以昔日的恋人身份来私会瑞克的，瑞克也因此有重拾初恋的感觉，这就是特定场景带来的情绪变化。

二、增生功能

在《肖申克的救赎》中，肖申克监狱中新旧犯人的进与出，为人物关系的建立与变化提供了多种可能。影片快要进入高潮，引入新犯人汤米，汤米与安迪迅速建立亲密的师生关系，并因此揭露安迪蒙冤的真相，激化戏剧性情境，推动剧情快速往前发展。显然，犯人汤米是监狱场景具有增生功能的一个标志。

在《卡萨布兰卡》中，瑞克咖啡馆，鱼龙混杂，来自世界各地的人都从这里获得出境证，正是这种特别的场景设定，保加利亚陌生女人得以来到瑞克身边倾诉，瑞克被她的爱情感动，决定无私帮助，从而得到陌生女人感激的吻以及员工感动的吻，一方面，感激与感动进一步触发了瑞克，为瑞克帮助昔日恋人埋下了伏笔；因为保加利亚陌生女人与伊莎的行为形成对位，都是为了帮助爱人而愿意牺牲自己；另一方面，巧妙呈现瑞克温柔的内心。

三、激发功能

在《大红灯笼高高挂》中，雁儿的卧室挂满了灯笼，这个特定的场景具有较大的不稳定性，在特别的时刻一定会带来情境激发，颂莲在得知雁儿告密后，就以雁儿无权悬挂红灯笼一事对雁儿进行打击报复。

在《活着》中，紧接着福贵赌博后的一场戏，便是展示福贵家的日常生活，场景选择在福贵家的老屋，全家人随之出场，父子对骂，加强老屋命运的悬念。紧接着的赌博，福贵输掉老屋，福贵父亲在老屋签字画押后气愤而亡。老屋，在前后相连的几场戏中，成了激发剧情的一个因子。

四、呼应功能

在《肖申克的救赎》中，监狱食堂用餐，这一相似场景出现多次，以相似场景表达情感的细微变化，呈现人物关系的变化，从而形成了场景与场景的呼应。

在《入殓师》中，每一次入殓场景，都与其他入殓场景形成呼应，而所有的场景联结在一起，便组成了一次完整的入殓仪式。

值得指出的是，并不是一个场景必须具有这四种功能，但是至少要具备其中一种或者两种。在场景的设计上，必须遵循戏剧冲突原则，具体要注意如下一些事项：

1. 场景暗示剧情发展

在电影《勇敢的心》开端部分，有三场婚礼，这三场婚礼分别为：英格兰一教堂内，爱德华王子与伊莎贝尔的婚礼；苏格兰一村庄的空场上，一对平民的婚礼；山林中，华莱士与美伦的婚礼。显然，我们从婚礼所发生的具体环境中得知，第一，王室与平民之间的对立；第二，环境恶化，剧情发展。华莱士与美伦在山林中秘密举行婚礼，不是因为浪漫，而是因为面对爱德华鼓动并赋予贵族夺取苏格兰平民新娘初夜权的野蛮行为的压力所致。从村庄空场上公开举行婚礼到山林中秘密举行婚礼，剧情充满张力，如果英格兰贵族知道了，又会怎么办？影片的剧情正是朝着这一方向去发展的。

每一个具体的时空环境里，完成部分任务，突破部分困境。《海军陆战队》里，性格略显内向的约翰·特里顿为了营救心爱的女人凯特，需要面对五个穷凶极恶的珠宝大盗。于是，在沼泽地里，匪徒自相残杀，其中一个匪徒因此丧命。接着，在河边的小木屋里，约翰杀死了罗梅的两位手下；在走向码头的路上，约翰杀死了罗梅的女伴；最后，在码头旁，约翰杀死了匪首头子罗梅。每一个具体的环境，分担部分的戏剧任务，使得剧情紧凑而不呆板。具体的环境，形成了主要人物的动作线。

与此同时，场景还牵涉到人物境遇与人物命运的变化。在《肖申克的救赎》中，安迪首先在洗衣房工作，与此相应，洗衣房的偏僻与黑暗成了三姐妹的帮凶，性侵犯亦时有发生；但是随着安迪银行家身份产生了作用，为监狱长与各位狱警合理逃税赢得了生命的转机，从而得以进入图书馆工作，接下来的故事场景便都和图书馆相关。当安迪从汤米嘴中获知真相并萌发了要法庭还他清白的念头时，监狱长诺顿威胁安迪不合作就会重新将其关到同性恋房间。显然，在诺顿的眼中，洗衣房与图书馆亦是成为安迪不同生命境况的象征。在《泰坦尼克号》中，头等舱的奢华与三等舱的逼仄，亦都是人物境况的外在显现。

2. 场景蕴含情境激发的内在因子

在《大红灯笼高高挂》中，颂莲初次拜访二太太卓云，卓云的女儿忆真出场；接着，拜访三太太梅珊，三太太的儿子飞澜出场。显然，在这两场戏里，忆真与飞澜都是作为一个情境激发的因子出现的，一方面更好地证实了梅珊与卓云往昔生男生女的生死斗争；另一方面，又开启了新一轮的生男生女的斗争，并给颂莲假怀孕提供灵感，带来剧情的发展。

在《教父》中，精明、不受人支配且会用刀的大毒贩索洛佐，既缺乏流动资金，又缺乏政府保护人，因此渴望得到教父堂科列奥的帮助，并承诺堂科列奥可以分享 30% 的贩毒收入。一边是高额的利润，一边是不参与贩毒的人生原则，让堂科列奥感到犹豫。在索洛佐与堂科列奥的会面中，逊尼脱口而出“塔塔格利亚家族真会保证我们的投资”，这一句台词暴露了堂科列奥家族之间隐藏的矛盾，并直接导致了教父堂科列奥遭受暗杀。

3. 场景提供脱困方法

编剧不管写什么题材，最后都落在人的身上，把人在各种挫折当中应有的意志、品质都呈现出来。值得指出的是，具体场景在很多时候就包含了人物脱困的方法。比如《杀人不分左右》，玛丽与其同伴均是受到匪徒的致命攻击，一个是在山林，受到近距离的刀刺，没有幸存的可能；一个是在湖中，受到匪徒枪击，远距离的逃生，使匪徒不能就近查看，这就给了玛丽活着的可能。在《这个杀手不太冷》中，最后危急时刻，里昂用斧头挖通通风口，让玛婷达逃生；在《泰坦尼克号》中，露丝用消防柜里面的斧头砸开手铐，与杰克一起逃生。这两把斧头都来自具体的场景之中。

在《雌雄大盗》中，克莱德控制住德州骑警法兰克队长，邦妮恶作剧与法兰克合影，并准备邮寄给大众报刊社。邦妮亲吻法兰克队长，法兰克队长吐了邦妮一脸唾沫，从而激怒了克莱德，顺便把法兰克推到水里，准备淹死法兰克。在哥哥的劝阻下，克莱德将法兰克队长扔到了靠岸的小船上，被反绑的法兰克就随着孤舟在风的力量下滑向了湖水中央。显然，这场戏选择在靠山的湖边，安静，经过的人少，为戏的发展提供了必要的逻辑；有孤舟，有湖，为情境激发后准备了发展的空间；将反绑的法兰克推向湖中央，既符合克莱德处罚法兰克的念头，又为法兰克的幸存提供了可能，这就为剧情的发展做好了充分的铺垫。

第二节 “动作 / 反应”的故事节拍

电影剧本是由戏剧性情节和鲜活的人物组织而成的一个起承转合的故事。电影剧本与小说比较，更加重视起承、转折、矛盾、误会、巧合、冲突等基本要素，而贯串这些基本要素的是人物动作。剧中一个人物发出动作，相应地便会有他人的反应。一般而言，一个动作带来一个反应，由此组成故事的节拍。可见，节拍是故事的最小的单位。依据节拍理论，电影便是由动作与反应连缀而成的故事。

我们以一则新闻为例：2017 年 10 月 1 日，斯蒂芬·帕多克朝参加音乐节的人群开枪，造成 58 人死亡，500 多人不同程度受伤，成为美国史上最严重枪击事件。斯蒂芬·帕多克朝人群开枪这一动作，带来一系列的他者反应，并由此构成一个“动作 / 反应”网。其中，警方反应：积极围捕，并迅即展开调查，称斯蒂芬·帕多克在枪击案发前，曾参与豪赌，并向菲律宾一银行汇款 10 万美元，但与恐怖势力无关，属于“独狼式”袭击，同时，需要枪手女友玛丽卢·丹利回国配合调查；美国国家反应：全国出现新一轮禁枪大讨论，白宫已降半旗为枪击死难者哀悼，特朗普于 10 月 4 日前往拉斯维加斯与警方及受害家属见面；国际反应：习近平向特朗普致慰问电。

在这些反应中，美国警方的每一调查发现，都会带来新的动作与反应，从而推动事件不断往前发展，直至上升为一部电影。如此，我们能得出一个基本的事实，人物动作与他者反应是可以连缀而成一个具有发展动力的故事。

我们再以电影《大话西游之月光宝盒》的开场为例：影片开头，一个女人向强盗窝走来（人物动作），负责放哨的哑巴向众强盗报告（他者反应1）；二当家准备打劫这个女人（他者反应2），这是积极反应，而盲人认为是官兵，不能轻举妄动（他者反应3），这是消极反应；众强盗大口吃肉，哈哈大笑（他者反应4），中性反应，交代人物关系及其社会环境。随着二当家的积极反应上升为群体反应，来到强盗窝的女人表明身份，乃远近闻名的强盗头子春三十娘（面对被打劫后的人物新动作），羊与虎易位，众强盗惊恐（他者反应）。春三十娘秀了一手漂亮的功夫，将一串串金钱飞掷于各强盗头顶，“金钱落地，人头不保”，再次以技艺表明身份，众强盗跪地求饶（他者反应1），大当家鼓动大家反抗（他者反应2），大当家率先反抗，众强盗纷纷响应。春三十娘凌空踢人（人物动作），众强盗纷纷倒地，再次屈服于武力（他者反应1），大当家继续鼓动众强盗反抗，春三十娘瓦解众强盗斗志，大当家屈服（他者反应2）。

显然，春三十娘来到强盗窝，打破了强盗平静的生活，带来一系列的反应，在这些反应中，有积极的，推动剧情朝既定方向发展；也有消极的，阻碍剧情发展，或者是引领剧情往另一个方向发展；还有中性的，在中性反应中，有一种基本作用是呈现，比如交代人物关系，强化社会环境，还有一种基本作用是伏笔，成为后面某一段剧情发展的基础。随着一个动作造成的众多人物的反应，便构成了人物反应网。在众多反应中，有一个反应成为主要反应，把握剧情方向，不断推动剧情向前发展。

毫无疑问，“动作 / 反应”是拆解电影故事的一种基本手法，不过，我们在赏析与创作时，要注意不同线索之间的平行剪辑。一般而言，“动作 / 反应”指的是同一情节线上的动作及其反应，而电影结构一般都由双线或者多线组成，单情节线的电影难以满足当代大众观影的心理需要。具有主副情节线的电影，主情节线上的“动作”并不是一开始就和副情节线上的“动作”相互作用，而是进入高潮前才互相碰撞，形成“动作 / 反应”链。

我们以影片《国家公敌》启动事件为例：河边，雷诺要韩斯利议员支持电信安全与隐私权法案（人物动作），韩斯利议员以该法案侵犯公民隐私权而拒绝通过（他者反应）（人物动作），雷诺指使手下将韩斯利议员注射致死（他者反应）。如此，“动作—反应（动作）—反应”构成了《国家公敌》的启动事件，属于主情节线。随着启动事件的完成，影片进入副情节线叙事——第一场戏：律师迪恩代理案件，准备起诉控制工会的黑社会老大潘提诺（人物动作）；第二场戏：迪恩从前女友蕾秋处购买关于潘提诺的录像带证据（他者反应）（人物动作）；第三场戏：迪恩拿着录像带与潘提诺谈判，并受到潘提诺威胁（他者反应）。

将副情节线叙事巧妙地设置为伏笔后，影片又进入主情节叙事，如此，副情节线与主情节线构成平行剪辑。在主情节线的启动事件里，雷诺扫除了政治障碍，有望顺利通过电信安全与隐私权法案，韩斯利议员因此失去了生命。如此，雷诺杀害韩斯利议员成为这个启动事件的主要动作，并因此会带来一系列的他者反应。也就是说，故事要朝前发展，必须以他者的反应来推动。显然，警察的反应完全遵循雷诺暗杀的意图，贼喊捉贼的反应无非是进一步掩盖事实真相，而真正具有推动故事发展的反应是拍摄大雁迁徙的齐丹尼无意中拍摄到议员被杀真相（被动动作），从而引起雷诺手下某警员的警觉，警员汇报并发出指令，调查 8K-6392 棕色吉普车（他者反应 1），从而建立起史丹尼与雷诺团伙的人物关系；接到报告的雷诺决定监听史丹尼电话，并派退役士兵暗杀史丹尼，抢回录像带（他者反应 2）；史丹尼用电话通知反战朋友，称拍摄到韩议员被谋杀真相，正在拷贝谋杀录像带（主动动作）（被动动作 + 主动动作 = 完整动作）；杀手来到史丹尼门外（他者反应），史丹尼逃跑（人物动作），杀手追击（他者反应）；史丹尼与购买女性内衣的迪恩巧遇，请求帮助，并将拷贝的录像带塞进迪恩的购物袋里（人物动作）（主副线相交，迪恩成为主副线共同人物）；迪恩不明真相，将名片递给史丹尼（人物反应）（被动卷入）；史丹尼继续逃跑（人物动作），杀手继续追击（他者反应）；史丹尼发生车祸致死（人物动作）。

从影片《国家公敌》可以看到，位于每一条情节线上的动作，都有相应的反应与其构成一个节拍，不断推动处于该情节线上的剧情往前发展。当然，我们讲“动作 / 反应”，要明确三点：（1）“反应”也是动作，人物 A 发出动作 1，他人 B 产生反应 2，人物 A 发出动作 3，这是一条“动作 / 反应”链，位于“动作 / 反应”链上的动作与反应是互为“动作”与“反应”的；（2）“动作”是指人物的主要动作，或者说，是指指向人物目标的关键动作；（3）“动作 / 反应”链可以根据戏剧性任务拆解成数个单元，比如《国家公敌》中的启动事件便是一个小单元。

第三节　“继往开来”的故事章法

悉德·菲尔德在《电影剧本写作基础》中强调，我们在创作一个场景前，首先应该弄清楚场景的目的是什么？为什么要这个场景？它是如何推动故事向前发展的？在场景的主体中都发生了什么事情？进入这个场景前，他（她）在哪？在这个场景中，作用在人物身上的情感力量是什么？他们是否影响到场景的目的？简言之，当我们开始创作一个场景时，要先确定这一场景的目的，然后找到场景内的组成部分和要素。一个优秀场景的组成一般分为三部分：进入、主体与结束，均分别承担着场景的目的。一般而言，进入部分，需要承接上一场戏，或者间接承接前面的一场戏，这是“继往”；主体呈现本场戏的主要内容，呈现剧情相关信息，积蓄剧情发展力量；结束部分，或者以主体呈现的结果推动剧情，或者引入其他信息预示剧情，承担着启下的功能，这是“开来”。如此，通过“继往开来”以及主体部分的呈现，这一场景既完成了相应的叙事内容，又成为故事情节序列中的一部分。

我们以《隐藏人物》中的一场戏为例：

A. 跳舞，稍后

凯瑟琳与吉姆跳舞，他跳得很好，她舞步有些僵硬。

吉姆·约翰逊：恐怕我是说错话了，戈布尔太太，我离开得太久了。因为疏于练习，我已经不太会聊天了。

凯瑟琳：嗯。

吉姆·约翰逊：我希望你给我一个机会，从头来过。

凯瑟琳：嗯。

吉姆·约翰逊：事实是……我很希望能更多地了解你。

凯瑟琳：嗯。

他对她微笑。

吉姆·约翰逊：你是个难伺候的顾客。

凯瑟琳：你还没有说“对不起”。

她比他想象的更难对付。

吉姆·约翰逊：是的。当然。对不起，戈布尔太太。

凯瑟琳：为什么呢，约翰逊先生？

吉姆·约翰逊：因为低估了你。或者任何一位像你这样的女性，虽然我不相信这样的人会有许多。

凯瑟琳：好吧，练习效果显著。

他们继续跳舞，深情对望。

音乐骤然停止。一名播音员的声音插入。

电台播音员（收音机里）：由于突发新闻，我们中断了汉普顿爵士乐队的演出节目。苏联宇航员，尤里·加加林，已经成为第一个太空人。

气氛顿时冷下来。众人停住舞步。你可以听到一根针掉落的声音。

电台播音员（收音机里）：加加林在一百零八分钟内，完成了环绕地球轨道一周的飞行。

这是一个十分标准的场景，具有承上、呈现与启下三个完整的部分。用吉姆·约翰逊“恐怕我是说错话了，戈布尔太太，我离开得太久了。因为疏于练习，我已经不太会聊天了”承接上一场戏：

B. 庭院，稍后

凯瑟琳和吉姆·约翰逊走在草坪上。

约翰逊：牧师提到你是美国航空航天局的一名“计算师”。你的任务是什么？

凯瑟琳：我们为空间计划做计算，飞船发射和着陆需要这些数字。

约翰逊：航空。听着就头大。他们让女人处理这种——

他收住话头。太晚了。不进反退了。

约翰逊：嗯。我不是这个意思。

凯瑟琳：那你是什么意思？

约翰逊：我只是吃惊，这么繁重的——

凯瑟琳止住他。

凯瑟琳：约翰逊先生，你现在最好什么都不说。

约翰逊：我没有任何不敬的意思——

凯瑟琳：我想让你知道，我是西弗吉尼亚大学研究生院的第一个黑人女生。随便给我哪一天，我都可以分析出排气量、摩擦力和速度的压力水平，借助余弦、平方根和解析几何进行过一万多次运算。全凭手算。在西区计算组有二十个聪明能干的黑人女性。能够为国效力，我们感到很自豪。

凯瑟琳扶了扶她的眼镜。

凯瑟琳：所以，是的……在美国航空航天局，他们会让女人做些事情，约翰逊先生。但不是因为我们穿裙子……而是因为我们戴眼镜。

她走开了。吉姆·约翰逊目送她离去。他无言以对，并且强烈地被她吸引。

在B场戏的基础上，吉姆·约翰逊以道歉的方式开始对凯瑟琳的追求。这两场戏与种族歧视的副线形成呼应。种族歧视本是指一个人对除本身所属人种外的人种的蔑视与排斥，这种不正当的看法并不存在同一种族人群之内。而同属黑人的吉姆·约翰逊，由于受到美国种族歧视的影响，对黑人妇女亦产生偏见。如此，吉姆·约翰逊对凯瑟琳的偏见与NASA对黑人妇女的歧视形成互文：吉姆·约翰逊产生偏见——通过了解，吉姆·约翰逊改变看法——吉姆·约翰逊获得爱情；NASA内部白人对黑人妇女的歧视——黑人妇女优秀的表现——白人主动放弃歧视，黑人妇女赢得尊重。

A场戏的主体主要呈现约翰逊的努力，从而使得两人的情感往前迈了一大步，为进入婚姻奠定了坚实的基础。在B场戏中，凯瑟琳骄傲地指出，她们在美国航空航天局工作，“不是因为我们穿裙子……而是因为我们戴眼镜”，这让约翰逊感觉到自己的无礼与失态，因而提出“我希望你给我一个机会，从头来过”的请求，约翰逊主动认错并积极改正错误，赢得了凯瑟琳的芳心，从而出现了“深情对望”的情感阶段。随着感情表达的主要目的的完成，这一场戏的结尾巧妙引入电台播音员的新闻播报，既完美地结束了这一场戏，又顺利地过渡到下一场戏：

C. 内景，NASA放映室，日

不新鲜的空气，高度的紧张，死一般的寂静。新闻片在播放尤里·加加林环绕地球轨道飞行的太空舱。

电台播音员（收音机里）：在太空竞赛中，这对美国是毁灭性的一击。

尤里·加加林向一群祝福他的苏联人挥手致意。

新闻片突然停止播放。灯光亮起。

哈里森站在侧面，倚靠着墙壁。斯塔福德、山姆和露丝坐在他的团队成员中间。“水星7号”的宇航员们也出席了，坐在后面。他们深受打击。没人说话，也没人移动，就像有人死了。

最后，约翰·格伦开口了。

约翰·格伦：好吧。他们这一拳够狠的。现在，我们接着干我们的，学习怎样飞入太空。

他走出去。其他宇航员跟在后面。

C场戏与A场戏以同一新闻进行转场，转场自然。这两场戏的逻辑结构也是一样：A场戏，尤里·加加林环绕地球轨道飞行的新闻打断了两人深情凝望的情感交流，并破坏了聚会的温馨，这是苏联进入太空的新闻对美国国民的影响；C场戏，苏联进入太空的新闻打断了美国航空航天局的日常工作，并对以哈里森为首的从事航空航天研究工作的科学家及其宇航员的内心产生冲击。用“动作/反应”理论来说，尤里·加加林环绕地球轨道飞行的动作，引起了凯瑟琳与哈里森等人的强烈反应，自然就会产生新的动作。共同的反应，会带来方向一致的动作：加快研究速度，突破研究困境。

C场戏与A场戏的结构是一致的，不同的是，C场戏借助转场来完成承上，其启下是用约翰·格伦的台词“现在，我们接着干我们的，学习怎样飞入太空”以及“他走出去。其他宇航员跟在后面”的外在动作来完成的。

D. 内景，空间任务组，日，稍后

哈里森走进空间任务组。团队全体成员要么坐在办公桌前，要么站在自己的岗位上。气氛冰冷，鸦雀无声。哈里森走到房间的前面。摘下眼镜。

阿尔·哈里森：很感谢诸位留下来。我知道，天已经很晚了，看过刚才的影片之后，我想每个人可能都急于回家。但是，在下班之前，我只想再问一句，在双方的竞赛中，我们怎么就落在了后面？有人回答吗？保罗？

斯塔福德没有答案，摇了摇头。

阿尔·哈里森：我认为格伦说得很好。他们比我们干得更漂亮。我不得不认为，这是因为苏联人比我们聪明，或者他们有更多的技术，再或者他们对此事更上心。但我真的不明白吗？这可能吗？他们可能比我们更重视吗？

哈里森走到房间中央。

阿尔·哈里森：我们是在为我们的生命而战！诸位，我刚刚看见了七张面孔。他们认为我们去不了太空。我们聚集在此，不是为了搞一场史诗级的兜风。所以，从现在开始，全力前进，有两件事需要你们弄明白：（1）加班会是生活的常态；（2）为了追赶和超越这些混蛋，所付出的额外的时间，不会反映在你们的薪水上。如果有人做不到，我可以理解，并且感谢你们以前的工作。如果做得到，就给你们的妻子打电话，据实以告。从我开始。

哈里森走向他的办公隔间。

D场戏用台词“两件事”以及“哈里森走向他的办公隔间”的外在动作完成转场，并用“加班会是生活的常态”以及“给你们的妻子打电话，据实以告。从我开始”开启了下面六场戏：

E. 内景，阿尔·哈里森的办公隔间，接前景

哈里森拿起电话，按号。等待。他走到窗口前，向外看。

空间任务组的每个成员都在打电话。轻声跟他们的妻子、丈夫、孩子说话。

保罗·斯塔福德。露丝。山姆·特纳。最后……凯瑟琳，约翰。没有人离开。

F. 蒙太奇——谢泼德做发射准备。

G. 内景，NASA 飞机库，日

宇航员在训练。“水星 7 号”的全尺寸模型太空舱悬在空中。能朝着各个方向转动。艾伦·谢泼德在里面。哈里森从地面上观看。

H. 内景，空间任务组，另一天

凯瑟琳在埋头工作。这话毫不夸张。她在跟感冒搏斗。斯塔福德往她的桌子上又倾倒了一堆数据表。

斯塔福德：今天结束之前。

他走了。凯瑟琳抓起张纸巾，擤鼻子。

I. 技术部走廊，另一夜

多萝茜站在通往 IBM 计算机室的走廊尽头，抓着她的包。透过窗户，她看到哈里森独自站在 IBM 面前。擦眼镜。被这台巨大的金属机器折磨得精疲力竭。最后……他走出去。关灯。走向走廊的另一头。

J. 白房间里，接前景

多萝茜重新打开灯。IBM 仿佛不怀好意般凝视着她。她走到键控穿孔机前，坐下。拉开抽屉。里面赫然出现一本《IBM 用户手册》。成功。

多萝茜：让我们看看你是由什么构成的。

这六场戏构成平行蒙太奇，分别是对 D 场戏与 A 场戏的一种呼应，每一场戏的主要目的都是呈现剧情信息，表达尤里·加加林环绕地球轨道飞行的新闻对哈里森、宇航员、凯瑟琳以及所有美国航空航天局工作人员的影响。这六场戏省略了一个共同的承上：那就是哈里森的“两件事”，并指向一个共同的启下：继续努力工作。

第二章　场景的物质构成

语言，是影视剧本的物质材料，体现影视剧本的文学性。根据语言所表现的内容，一场戏可以分为叙述语言与人物台词；当然，也有许多场景只有叙述语言，没有人物台词。

第一节　剧作语言特征

影视剧本是以影视艺术的独特视听思维方式来构思和写作的文学形式，其主要功用是用文字表述和描写未来影片，为影视导演提供工作的蓝本，因而影视剧本兼有影视和文学的双重属性。一般而言，影视剧本包括文学剧本、分镜头剧本和导演完成台本三个部分。文学剧本则是分镜头剧本与工作台本的基础，是影视与文学相结合而成的一种特殊文学样式，相对于影视艺术来说，影视剧本是半成品，而从文学的存在形式来看，影视剧本又是完整的文学作品，那么作为一剧之本的剧作语言，具有什么样的基本特征呢？

一、特质：视觉化

影视文学兼有影视与文学的双重特性，不仅要有可读性，还要具有可拍性。一般而言，影视文学的终极对象不是阅读者，而是影视剧观众。可以这么说，影视文学是影片前的影片，所以影视文学创作者要有强烈的银幕意识，所思所想均要能顺利地转化为银幕形象。正如苏联电影导演普多夫金所说：“编剧必须记住这一事实，即他所写的每一句话将来都要以某种可见的视觉造型的形式出现在银幕上，因此重要的不是所写的字句本身，而是他写的这些字句必须能在外形上表现出来，成为造型的形象。”简言之，影视文学创作者要高度重视文本的具象可感。我们试比较一下小说《动物凶猛》与电影剧本《阳光灿烂的日子》（根据王朔小说《动物凶猛》改编而成）的不同：

A. 文学剧本《阳光灿烂的日子》第二十个场景：

20. 日，内，米兰家

小旗子，一双手将它抚平。（摇）一张笑容灿烂的照片。

马小军双腿跪在床上，他慢慢下床挪动着脚跑。

笑容灿烂的照片。

马小军看得出神。

照片。

马小军看着看着听见画外脚步声，他起身出画。

马小军拉开里屋门。

（主观视线）锁在动。

马小军闪出画右。

门开。

（主观视线）低角度看见房门打开，一双腿走进来，步伐轻盈，走出画，听见钥匙声，一会儿入画在床前站定。

马小军在床下，一副紧张的神情。

（主观视线）这双腿坐在了床上，片刻又站起，裙子顺腿滑下，接着右脚抬起，将裙子挑起。她走到柜子旁，打开衣柜，取衣服，然后走到床前，取衣服，坐在床上。

马小军甚为紧张，一只手入画。拿鞋，马小军本能地向后退。她麻利地将凉鞋穿上，起身踏了两脚。

马小军紧张地注视着。

她已经换上了另一条裙子，向门口走去。

马小军紧张地注视着，画外传来关门声，马小军终于呼出一口气，他瘫在地上。

B. 小说《动物凶猛》中的相应章节：

另一个房间虚掩着门，我推门进去，发现是少女的闺房，单人床上铺着一条金鱼戏水图案的粉色床单，床下有一双红色的塑料拖鞋，墙上斜挂着一把戴布套的琵琶，靠窗有一张桌子和一个竹书架，书架上插着一些陈旧发黄的书，这时我看到了她。

我不记得当时房内是否确有一种使人痴迷的馥郁香气，印象里是有的，她在一幅银框的有机玻璃相架内笑吟吟地望着我，香气从她那个方向的某个角落里逸放出来。她十分鲜艳，以致使我明知道那画面上没有花仍有睹视花丛的感觉。我有清楚的印象她穿的是泳装，虽然此事她后来一再否认，说她穿的只不过是条普通的花布连衣裙，而且在我得到那张照片后也证实了这一点，但我还是无法抹杀我的第一印象。为什么我会对她的肩膀、大腿及其皮肤的润泽有如此切肤的感受？难道不是只有在夏日的海滩上的阳光下才会造成如此夺目、对比鲜明、高清晰度的强烈效果？

除了伟大领袖毛主席和他最亲密的战友们，那是我有生以来第一次见到的具有逼真效果的彩色照片。即便有理智的框定和事实的印证，在想象中我仍情不自禁地把那张标准尺寸的彩色照片放大到大幅广告画的程度，以突出当我第一眼看到她时受到的震撼和冲击。

黄昏，我才从那幢楼里怏怏不乐地出来，与下班下学回来的大人小孩擦肩而过，我们班的一位也住在这幢楼里的女同学看到我从楼里出来，停住脚若有所思地望着我。

那个黄昏，我已然丧失了对外部世界的正常反应，视野有多大，她的形象便有多大；想象力有多丰富，她的神情就有多少种暗示。

通过两段文字的比较，剧作语言精练、简约，叙事线索清楚，不刻意追求修辞等文学色彩，而多是些具体形象、细致传神的造型语言，无论是视觉形象，还是行为动作，都具有可视性，让人一目了然。而小说语言运用反问、对比等修辞以及多种表达手法，行文富于变化，以语言的美来加强阅读的质感。譬如“我不记得当时房内是否确有一种使人痴迷的馥郁香气，印象里是有的”“除了伟大领袖毛主席和他最亲密的战友们，那是我有生以来第一次见到的具有逼真效果的彩色照片”“那个黄昏，我已然丧失了对外部世界的正常反应，视野有多大，她的形象便有多大”等抒情性的语言，均具有十分强烈的语言感染力。

二、结构：蒙太奇

影视文学区别于传统文学作品的一个显著标志就是影视文学必须依照蒙太奇思维来组织叙事。蒙太奇（Montage）来自法语，原意为建筑学上的构成、装配，借用到电影创作中有组接、构成之意。蒙太奇作为剧本场景、段落的结构手段与叙述方式，选取富有表现力的细节与片段，来表达人物、情节、主题的内涵或者一些本质性的事物，从而创造出独特的电影时间与空间，激发观众联想，增强观影享受。

剧本创作重视蒙太奇思维，说到底，强调的是编剧的组合思维。在同一场戏里或者相互连接的戏中，编剧或者将即将发生关系的人物，或者将象征性的物件组合到一起，初步建立起或对立或亲密的人物关系；或者将事件的前因后果有艺术地铺陈出来，建立起情节发展的因果序列。

我们先看运用空间组合的一个例子：

广告公司，日，内

米尔德里德来到了艾宾镇广告公司门口，在米尔德里德的背后，是艾宾小镇的警察局。米尔德里德推门走进了艾宾镇广告公司。

米尔德里德走到窗边看到一只甲虫仰面朝天，挣扎着想要翻身。

韦尔比似乎意识到了什么：我猜您是安琪拉海耶斯的母亲吧！

米尔德里德：对，我就是她的母亲。

米尔德里德把那个甲虫翻过身：我叫米尔德里德。（米尔德里德看向窗外对面的警察局。）我什么时候才能看到登好的广告牌？

韦尔比翻看日历：哦，星期日……复活节那天怎么样？

米尔德里德：那天可再合适不过了。

《三块广告牌》的编剧在米尔德里德进入艾宾镇广告公司准备租用三块广告牌时，有意识地将警察局拉入大众的视野，在无形中建立起一个冲突的空间：艾宾镇广告公司与警察局，韦尔比、米尔德里德与警察。

再看运用时间组合的一个例子：

夜，外，滑铁卢桥

滑铁卢桥上。

夜雾浓重。

玛拉独自倚着桥栏杆，似乎向桥下望着什么……

一阵皮鞋声。一个打扮妖艳但面孔浮肿的中年女人走来，她看见玛拉。

女人：（很熟识地）是你啊，玛拉。你好……你不是嫁人了吗？

玛拉：（嗫嚅地）没有。

女人：那个凯蒂跟我说的，说你跟了个体面的人。我说：哪有这好事?

玛拉：是啊——

女人：别泄气，反正就是这么回事。到火车站去吗？唉，我现在是到哪儿都没法儿啦……

（她耸耸肩叹息着走开）

玛拉两眼呆呆地望着她的背影，望啊望着……对她来说一切都绝望了，她脸上有一种从来没有过的镇静神情。

桥上，一长队军用汽车亮着车灯，轰轰隆隆地向桥头驶来。

玛拉转过头去，望着驶来的军用卡车。

车队从远处驶近。

玛拉迎着车队走去。

车队在行驶，黄色车灯在浓雾中闪烁。

玛拉继续迎着车队走。

车队飞速行进。

玛拉迎面走去。

车队轰鸣，越来越近。

玛拉迎着车队走，越来越近。

玛拉宁静地向前移动，汽车灯光照耀在她脸上。

玛拉的脸，平静无表情的眼神。

巨大的刹车声，金属相磨的尖厉声。

车戛然停止。人们惊呼。

人们从四面八方向有着红十字标记的卡车拥去，顿时围成一个几层人重叠的圈子。（镜头推进）人群纷乱的脚。

地上，散乱的小手提包。一只象牙雕刻的“吉祥符”。

一只手拿着“吉祥符”。（《一路平安》音乐声起）

二十年后的罗依，头发已斑白，面容衰老，穿着上校军服，凄切地站在滑铁卢桥心栏杆旁。他望着手里拿着的“吉祥符”，苍老的两眼闪现出哀怨、悲切和无限眷恋的神情。

（画外玛拉的声音）：我爱过你，别人我谁也没有爱过，以后也不会。这是真话，罗依！我永远也不……

（强烈的苏格兰民歌《一路平安》将玛拉最后的声音淹没）

歌声在夜雾弥漫的滑铁卢桥上空回荡……桥上，孤独地走着苍老的罗依。

罗依坐上汽车。

汽车驶去……

《魂断蓝桥》最后一场戏通过蒙太奇思维的成功运用，不仅创造出了一个崭新的电影时空，而且也为舒缓有致的影视节奏和赏心悦目的运动感奠定了坚实的基础，从而使得文本具有了独特的魅力。再就是，道具“吉祥符”的巧妙运用，将相隔二十年的时空巧妙地连接在一起，使得玛拉与罗依这两个连接镜头之间的转场变得相当流畅而不着痕迹。尽管相隔二十年时光，但是观众感觉不到其间转场的存在，如此的转场出神入化，造成了很强的视听效果，确实为电影增色不少。

再看不同时空中人物与人物组合的例子：

A. 内景，陪审团房间，白天，1946

镜头沿着一张长长的桌子，依次拍摄每一位陪审员。这些正直虔诚的子民边咂着油乎乎的嘴唇边啃着玉米棒，正全神贯注地享用着法庭提供的炸鸡晚餐。

声音（画外音）：有罪……有罪……有罪……有罪……

我们看到陪审团团长站在桌头，统计着表决结果。

B. 内景，法庭，白天，1946

安迪起立站好。法官望着他，在法官身后的墙上是蒙着眼的正义女神的浮雕。

法官：你的无情与冷酷令我感到震惊，迪弗雷纳先生。看着你，我就会感觉全身发冷。现在，我以缅因州赋予我的权力宣布你被判处连续两次无期徒刑。审判到此结束。

他敲响了手中的小木槌。

C. 一扇带铁栏杆的大门

门被打开，发出巨大的响声。门里是一个空荡荡的房间。

镜头推进。七个面无表情的人，顺着长桌并排而坐。他们面前是一把空椅子。这是肖申克监狱的听证室。

D. 内景，肖申克监狱听证室，白天，1947

瑞德走进来，摘掉帽子，站在椅子旁边。

第一个人：请坐。

瑞德坐下，挺直腰板。椅子让他觉得很不舒服。

第二个人：我们从你的档案中了解到，你被判处终身监禁，现已服刑二十年。

第三个人：你觉得自己改过自新了吗?

瑞德：是的，当然，先生。我已经吸取了教训。老实说，我已经洗心革面，不会再对社会造成危害。我说的是事实，无半点儿虚假。

那几个人看着他，其中一个人强忍住没有打哈欠。

特写——假释表格。

一个大橡皮章盖下来：表格上出现了红色的“驳回”二字。

E. 外景，操场，肖申克监狱，傍晚，1947

顶端布满了电线的高高的石墙，每隔一段距离就有一个监视塔。操场上有100多名犯人。有的在玩接球，有的在玩掷双色子，还有的在聊天或做着交易。现在是放风时间。

瑞德出现在渐晚的天色中，他头上戴着帽子，毫不招摇地弓着腰穿梭于活动的人群中，与犯人们打着招呼。在这儿，他可是个重要人物。

瑞德（画外音）：我想，在每一座美国监狱里都有像我这样的犯人。我能帮你得到你想要的东西。香烟；如果你有特殊喜好，也可以弄到一小袋大麻卷烟；为了庆祝你孩子高中毕业我可以帮你搞一瓶白兰地。几乎所有东西，只要合情合理。

他扔给一个人一盒烟，手法迅捷，如同变戏法。

瑞德（画外音）：没错，我就是这儿的西尔斯与罗巴克。

从主监视塔上响起了两声短促的警笛。所有人都将注意力转移到大门口。外面的门打开，门外开进来一辆灰色的监狱巴士。

瑞德（画外音）：所以，当 1949 年，安迪·迪弗雷纳找到我，要我帮他搞一张丽塔·海沃斯的海报时，我对他说没问题，而事实却远非我想象。

犯人：新来的！今天有新来的！

瑞德跟海伍德、斯基特、费洛伊德、古格、厄尼，还有斯努兹站在一起。所有的犯人都拥到围栏前，想逗逗新来的犯人，只有瑞德和他这帮人爬上露天座位，舒服地坐在那里。

在影片《肖申克的救赎》的开场中，安迪因为妻子及其情夫被枪杀而处于被审判的尴尬境地，最后安迪被判断有罪的证据：第一，邻居证词，称安迪对他妻子说了“别想活着去雷诺”的话；第二，野外有可疑的子弹以及酒瓶上都有安迪的指纹；第三，安迪的妻子及其情夫死亡。现象与结果之间，并不产生必然联系，却被定性为“残忍而冷血的谋杀”。律师充满情感的描述，彰显着法庭的荒诞。紧接着，瑞德请求假释失败，只好继续他的监狱生活，并通过瑞德的主观视角来写监狱生活，为安迪的到来做好准备。随着安迪被关进肖申克监狱，安迪、瑞德的生活发生了交集。显然，这五场戏用的是蒙太奇结构，把处于不同时空环境的人物组接在一起，实际上是强迫观众接受二者未来可能的人物关系。

三、内容：冲突化

影视是叙事性和造型性相结合的一门艺术，是用镜头来讲故事的艺术，而任何故事都是动态的。这种动态，不仅仅是表象上的运动，更不是那些情节肤浅、一味打斗的动作，而是要具有一定的内涵，有着内在冲突的动作。谭霈生老师指出：“冲突使人物的动作具有明确的目的、集中统一、不断发展；动作使冲突及其发展进程具体、直观地体现出来。动作与冲突是不可分割的，两者的辩证统一，构成了戏剧艺术特有的魅力。”由此可知，动作是戏剧艺术的基本手段，是戏剧艺术的根基。

在剧本创作中，编剧要善于灵活运用戏剧性动作来揭示人物性格，推进剧情发展。戏剧性动作与一般行为意义上的动作的区别就是，戏剧性动作是能够引起新动作的动作，蕴含戏剧性的动作是影视艺术魅力的基本保证。因此，编剧在每一场戏中，都要考虑戏剧性动作带来的冲突。我们以《霸王别姬》中的五场戏为例：

1. 剧院，日，内（字幕：一九七七年　中国北京）

大花脸与刀马旦缓缓步入剧院，剧院闲置，没有一个观众。

画外音：干什么的。

大花脸：噢，京剧院来走台的。

画外音：哎哟，是您二位啊？我是您二位的戏迷。

大花脸：是啊？哎哟。

画外音：您二位有二十多年，没有在一块唱了吧？

大花脸：二十一年。

刀马旦：二十二年。

大花脸反应过来：对，二十二年了。我们哥俩都有十年没见面了。

刀马旦有些迟疑：十二年，十一……

大花脸：是，十一年了，是……

画外音：都是“四人帮”闹的，明白。

刀马旦：可不，都是“四人帮”闹的。

画外音：现在好了。

刀马旦：可不，现在好了。

大花脸：是，是。

画外音：您二位等一会，我去给您开灯去啊。

大花脸：噢，唉！您受累了（鞠躬）。

大门关闭，打灯光，灯光聚焦舞台，强光打在两人身上，音乐起。

字幕：霸王别姬

2. 街道，日，外（字幕：一九二四年　北平　北洋政府时代）

艳红带着小豆子急匆匆在街道行走，小豆子手上裹着厚厚的布，头上戴着帽子，一个穿着马褂长衫戴着瓜皮帽的男子窜出一边说一边跟着走：哟，这不是艳红吗？老没见，你可想死我！（伸手抚摸艳红的脸）

艳红推开男子的手。

男子拉住艳红的胳膊：哎！

艳红再度推开男子，走了。

男子停住，然后指着艳红离开的方向：臭婊子，你！

艳红抱着小豆子在街道急行。这个时候我们看到孩子的嘴上裹着布，看不到脸。

艳红驻足在一个街头卖艺的一个摊子边，摊子上一群娃娃正表演《大闹天宫》。

艳红跟小豆子都在饶有兴致地看表演。周围众人对表演纷纷叫好。

戏到一半，一个娃突然朝着人群跑去，被人挡住，又朝另一个方向奔去。

画外音：小癞子又跑了。

班主：好小子，我看你往哪儿跑。去给我追回来。

众娃娃去追小癞子。

班主手持铜锣抱拳：各位爷，多包涵着点啊！

侧边一男子飞起一脚踹中铜锣（哐当），几个人围了上来。戏班上的一人抱拳：爷儿们，爷儿们，您高抬贵手。

男子逼上班主身前：什么下三烂的玩意儿，也他妈敢在这儿露脸？（揪住班主衣襟）周围的人来拉架。

围观者互相推拉，人群分开，小癞子被小石头抓了回来。被按跪倒在地。

男子抓住班主转圈，围上来的人越来越多。

小石头隔着人群望着班主。

男子继续抓住班主转圈，叫骂声。

小石头：我操你们大爷。各位爷们都站好甭动，真钱买真货！我小石头今天玩个真的，让爷们开开眼。（摸脸，脸上的油彩花了）

小石头伸手，旁边有人递上一块青石砖。小石头看了看青石砖，先用头在砖上抵了抵，然后用砖拍头，砖碎了。周围叫好。

男子松开班主，笑了。周围人丢钱。摊上的人捡钱。

艳红和小豆子看得很认真。

3. 大院，日，内

小石头趴在条凳上，班主站在其身后，手持刀胚子压在小石头的背上，两人的后面有一人手持短鞭，侧头看着。

小石头：哎哟。

班主：嚷嚷什么？我还没招呼呢！

班主抽打小石头：你个狗屁大师兄，你他妈连个猴儿都演不了……日后还能做人？别当你今天玩了个邪，拍了个砖你以为我就能饶了你啊？那是下三烂的玩意儿！（小石头嚷嚷）

说完，班主扔刀离开。

大人教训娃娃们：我叫你们跑，跑！

小石头看着训练场外。

艳红跟娃出现在训练场外。

艳红朝着训练场行万福礼。

屋外传来磨剪子的叫卖声。

4.客厅，日，内

小豆子的帽子跟脸上的布被揭开，露出姑娘的头型打扮，清秀的脸，班主从上到下检查小豆子的身体，艳红站在一旁。

班主拉开小豆子手上的布，露出一只有六指的手。

班主推开小豆子的手：您这孩子，没有吃戏饭的命，您带回去吧。（转身坐在椅子上）您想啊，他这一亮相，那台底下看戏的人不都吓跑啦！（伸手比兰花指）

屋外，传来磨剪子的叫卖声。

艳红身子冲着小豆子坐在椅上，脸朝着班主，呜咽：不是养活不起……实在是男孩大了留不住，这才来投奔您来了。您老好歹收下他！（抹鼻涕）您只要收下他怎么着都成，您别嫌弃我们。艳红顺势跪下。

班主：别介。都是下九流，谁嫌谁呀？他祖师爷不赏饭吃，谁也没辙！

班主站起，虚扶艳红。

艳红领着小豆子急匆匆地走出大院。

5. 胡同，日，外

艳红拉着小豆子蹲在角落，两人相对，艳红拉起脖子上围着的布，盖住小豆子的脸。

小豆子：娘，手冷，水都冻冰了。

艳红扶着小豆子走到路边一个条凳前，拉过六指的手放在条凳上，一手按住，另一只手抄起菜刀抵着条凳，对准了第六指，毫不犹豫地就切了下去。

小豆子抽搐。小豆子拉开脸上的布，看着流着鲜血的手。

《霸王别姬》的开端五场戏，场场精彩，第一场戏运用倒叙手法，引出故事冲突的主要背景，并巧妙点题。第一场戏主要用台词来交代冲突。“有二十多年，没有在一块唱”，这一句台词本身就蕴含冲突，然后一个回答“二十二年”，一个回答“二十一年”，不同的回答带来了冲突的紧张性。

第二场戏，艳红一出场，就受到轻薄男人的公然调戏，艳红拒绝，受到轻薄男人的谩骂，小小冲突交代了艳红的身份与社会地位；紧接着，戏班班主正招呼大家看戏，小癞子逃跑，陌生男子砸场，冲突逐渐升级，幸得小石头砸砖头救场，形成的冲突弱化。

第三场戏，小石头以拍砖头救场，赢得观众的喝彩，但是在师傅的眼中是下三烂，因此，师傅用刀胚子抽打小石头，建立起小石头的行为与班主的观念之间的冲突，通过冲突来交代戏班的教育方式及其教育理念。

第四场戏，仍旧蕴含着小豆子六指与一个刀马旦要求的冲突，只是这一个冲突没有在第四场戏得到解决，而是推迟到第五场戏，艳红用菜刀切下小豆子的六指，化解了第四场戏建立起来的冲突。在化解第四场戏的冲突的同时，第五场戏也同样以冲突的形式呈现出来：艳红希望小豆子留在戏班与小豆子要跟随母亲回家之间的冲突。

五场戏，每一场戏都暗含一个戏剧冲突：“文革”中，人物命运与政治运动的冲突；北洋军阀时期，戏班与社会环境的冲突，小石头与班主的冲突，有六指的小豆子与戏班规矩的冲突，小豆子与母亲之间的冲突。故事便是在这样的小冲突中往前发展的。显然，五场戏除了内在的逻辑外，一个显著的外在的标志便是场所、时间变了，一场戏随即转换成另一场戏。时间与场所构成了这一场戏的独特时空，可见，每一场戏，都是特定的时空环境下的一场戏。

第二节　叙述语言

叙述语言的主要功用为剧情说明，是导演、演员等影视创作人员进行二度创作的基础。简言之，剧情说明是指编剧在影片故事讲述中对所涉及或关联的某些元素及信息进行说明与交代。剧情说明的内容广泛，一般包括故事发生的时间与地点、人物身份、社会背景及人物关系、事件的来龙去脉、导致戏剧化的关键信息，等等。

一般而言，剧情说明主要包括环境描述、动作描述与声音说明。完整的场景环境描述可分为前进式与后退式两大类型。前进式场景环境描述是指编剧在描写该场戏的主要人物所处的时空环境，遵从由大到小、由远到近的顺序，具体说来，先大外景，再小外景，最后身边环境；与之相反，后退式场景环境描述遵从由小到大、由近到远的顺序，具体说来，即由身边环境，到所处的室内，再到室外，最后交代整个大外景。

一般说来，大外景是指人物活动所涉及的大环境，即是某一场戏或者几场戏得以推进故事的大空间，主要包括自然景观与社会性景观。但在某一场戏的文字说明中，大外景可以承前省略。小外景是指人物活动的较小空间里的环境，如庭院内外。身边环境是指人物身边小范围的物件及其动植物等。

1. 大外景—小外景—人物身边环境。(《大红灯笼高高挂》)

郊外林间土路上。

压抑的婚庆锣鼓声中，一队抬着红色嫁妆的迎亲队伍晃悠悠地向远走去。队伍的脚底下扬起层层灰尘。

一个一身学生打扮的女子提着一个小木箱从右侧小路走出，侧目看了看刚刚过去的迎亲队伍，背身径直走自己的路。

清脆的脚步声嗒嗒嗒地靠近镜头。

2. 小外景—人物身边环境。(《菊豆》)

崖根凹处。

骡子横靠在崖壁，鞍韂上搭着雨布。天青盘腿坐在骡子的肚子下面，他头上是叔叔的礼帽，大红绸子横一道竖一道缠在赤裸的身上。他把拧干的褂子抖开，搭在喜背子上，又从腰后解下毛巾，想擦脸却又没了主意，在雨幕中烦乱地坐着。他在雨声里似乎听到了什么，猛地转过头。

他听到了女人尖厉的叫声。

3. 小外景—室内环境—身边环境。(《肖申克的救赎》)

顶端布满了电线的高高的石墙，每隔一段距离就有一个监视塔。操场上有100多名犯人。有的在玩接球，有的在玩掷双色子，还有的在聊天或做着交易。现在是放风时间。

瑞德出现在渐晚的天色中，他头上戴着帽子，毫不招摇地弓着腰穿梭于活动的人群中，与犯人们打着招呼。在这儿，他可是个重要人物。

以上是前进式场景环境描述的三种形式，后退式场景环境描述与此相反，即由身边的环境，到室内外，最后交代整个大环境。后退式的场景环境描述，可以形成一定的叙事悬念，也可以表达某种特定的情绪。

1. 身边环境—大外景（离情别绪）。（《勇敢的心》）

威廉和伊莎贝尔在告别。他们紧紧拥抱着。

威廉终于抽回了被伊莎贝尔紧紧拉着的手，跨上马离去。

伊莎贝尔目送着他远去……

2. 身边环境—大外景（茫然情绪）。（《泰坦尼克号》）

杰克独自站在泰坦尼克号船头的甲板上，任凭海风吹打着面颊，吹拂着他那淡黄色蓬松凌乱的头发。杰克的眼睛里第一次失去了光彩，失去了往日的自信。他直视着茫茫大海，眼光中没有焦点没有目标，茫然得就像这艘泰坦尼克号，行驶在漫无边际的海面上，好像永远没有尽头没有彼岸……

3. 身边环境—小外景（叙事悬念）。（《大红灯笼高高挂》）

飞蒲："我母亲叫我有事，那我先走了。"

望着飞蒲挺拔的身影，颂莲有种说不出的失落。

（远景）朝阳下，弄堂穿门之外，二人不约而同转身，透过长长的弄堂，望穿秋水。

值得一提的是，编剧在说明与交代有益剧情发展的相关信息时，并不是简单地呈现，而是需要精心设计，有艺术地表达出来，使得所呈现的信息与故事的讲述水乳交融。要达到这一点，在说明与交代相关信息时就需要遵从一些基本原则。

首先，戏剧性原则。影视创作者在交代相关信息时，往往用一些富有戏剧性的台词或者事件巧妙地呈现给观众，尤其是通过对立人物的叙述，很容易将观众带入其中。我们以《偷自行车的人》中的一场戏为例说明：

罗马，风和日丽的晌午时分。

“职业介绍所”古老的楼房。石砌的楼梯从街上直通二楼。在高高的梯磴上站着“介绍所”的职员，一个上了年纪的神情疲乏的人，戴着眼镜。他嘴上叼着一截灭了的香烟头。他在按着名单叫那些今天有可能找到工作的失业者。下面是一群饿得有气无力、渴望着干活的人在紧张地听着他发话。他们都把头昂起来，期待地朝上面望去。可是幸运的人并不多。

“安东·里西！里西在不在？”职员问。

“里西！”一个青年工人接过去喊着。

没有人答应。看样子，里西没有在这儿。

“里西，里西！”马上又有几个人喊着。

由于幸运的里西始终也没有出来答话，那个青年工人就到处找他去了。

他发现里西坐在水龙头旁边的阴影下。

“你怎么在这儿消消停停地坐着呀？”小伙子一边跑，一边兴奋地嚷着，“快去！在叫你哪！”

安东跳起来，随着来找他的这个工人匆匆赶回“介绍所”那边去。那个职员还在跟失业的人们谈话。

“今天不要建筑工人，”职员说，“你们的意思要我怎么样？我也是没法子啊！耐心一点……我们一定给每个人都安排个工作。我在这儿不就为的是这个吗……我们尽力去做就是了……”他一眼看见安东，又说：“今天倒是有里西一个工作。”

“有工作？”安东叫了起来。

他仿佛还不相信自己的幸运，试探地看着职员。有一刹那工夫，安东的嘴唇上浮现出一个怯懦的微笑……可是这微笑顿时又不见了。

里西是个身段挺拔的漂亮的年轻人。瘦瘦的一张脸，长着一对突出来的颧骨。一身很好的西服虽说已经磨得很旧了，但你看了还是会以为：他有职业，而且是过着好日子的。

“是的，你有工作了……贴广告去。”职员给他明确说，“这封介绍信你带去交给那边。这是地址。”

失业者们紧紧地把他们围起来。大家紧张地看着里西把介绍信接过去，然后就像奉到命令一样，又一齐把目光掉过来盯住那职员。

“我们就什么工作也没有吗？”有个穿一身破烂军服的失业者问。看样子他是个退伍军人。

里西仔细打量着介绍信，又是惊奇又是兴奋地说了一句：

“啊，我的天，真是太好啦！”

“我们呢？……有什么工作给我们做吗？”那个失业者还在一个劲儿地问。

“今天倒是有两个车工的缺。可你们诸位都不是车工。”职员解释说。

“我不是车工，这眼下就该饿死啊？”

安东把介绍信捧在眼前，转身走到一边去了。他像着了魔一样，盯住了介绍信就挪不开眼睛。

“喂，里西！”职员忽然想起来，“别忘了带一辆自行车去。你应该带着自行车去上工！这在介绍信上也注明了的。”

“自行车？”里西反问一句。

他的脸色显得很不安了。现在他只想多赢得一点时间。

“我那车可已经……过几天我就有车了。”

“唉，那不成！”职员反对说，“你这会儿就得有一辆！……否则我不派你去。”

“这有什么关系？……头几天我就跑跑路也行。”

“是这样，里西！”职员还是坚持着，“你实话实说吧，到底有没有自行车？你要是没有，我就另外派人，省得叫你去了。”

有几个失业者一心一意地听着这段谈话。

“我有自行车！”一个失业者插嘴说。

“你当是就你一个人有车吗？”又有一个失业者打断了他的话，“我也有自行车！”

“我也有！……我也有！”可以听见好多声音这样说。

“可是你是个建筑工人，”职员对第一个插嘴的失业者说，“根本不是干这一行的。”

“那就给我改行好了！”失业者喊道。

“这可办不到！……嗯，你到底怎么样，里西？这自行车你倒是有还是没有？”

“我……我会有的，”里西急忙向职员保证，“明天我准有车去上工！”

“反正你小心吧……请你注意：没有自行车，你到了那边也是白搭。”

“怎么，你以为我还要为一个工作在这儿等上两年吗？明天我一定带着车去。一定！”里西坚决地说。

所选的这一场戏是很富有戏剧性的。庞大的失业人群，很少的工作岗位，许多工人已经“饿得有气无力、渴望着干活”。作为失业人群的一员，里西亦经历了许多次的失望，只好“坐在水龙头旁边的阴影下”暗自叹息。可是在这个关键时刻，“职业介绍所”的工作人员喊到他的名字，准备将这个贴广告的工作介绍给他时，渴望工作的他却没有听到，幸好朋友的提醒，里西才从水龙头旁边的阴影下走出来去迎接阳光一样的介绍信。不过，这份工作需要一辆单车，尚无单车的里西顿时紧张，几个拥有单车的失业者趁机发难，想夺走属于里西的工作。里西被迫承诺明天早上一定带着单车上班。如此，通过这种戏剧性的交代，单车的故事就开始了。

其次，相关性原则。这一原则的要求就是，我们在交代相关信息时，一定要对剧情产生或强或弱的作用。如果你场景中交代的信息，与剧情无关，就应该删掉。我们以《末代皇帝》两场戏为例：

8. 太和殿，冬日，内

溥仪，这个三岁的男孩，身穿明黄色的五爪金龙袍，坐在巨大的雕龙宝座上。

醇亲王跪在宝座旁。

双手握着的巨大的传位宝玺盖在黄绢上。

宝座下一些人井井有条地等待着登基大典的开始。

溥仪已待得不耐烦了，爬上宝座站了起来，使劲甩着两条小胳膊。

醇亲王想制止又不敢起身："嘘……"

溥仪仍自顾自地舞弄着。

醇亲王示意溥仪静下来，哄着他说："快完了，快完了。"

内务大臣看看醇亲王，面露不满之色。

挂在门口的黄绸子透进耀眼的阳光。

溥仪指着门外兴奋地叫："看！"爬下宝座向门外跑去。

9. 太和殿，冬日，外

风把黄绸帘子吹起，小小的溥仪跑到黄帘子下向大殿外张望。

几千名朝臣贵族跪在丹陛上下，典礼官高声唱道："跪拜！"几千人一起叩头在地，向新皇帝参拜。

小溥仪看到这么多人拖着长长的辫子，跪在地上比他还矮，觉得很有意思，认为这一定是一场游戏。

忽然，人群中传来一阵清脆的蝈蝈叫声。

小溥仪立即兴奋地叫着："蝈蝈！"

小溥仪在跪在地上的老朽中穿走，到处寻找那"蝈蝈"鸣叫的地方，他终于停在一个朝臣面前。

四十多岁的陈宝琛抬起头来。

溥仪问："蝈蝈在哪儿？"

陈宝琛从胳肢窝下掏出一个编织精巧的蝈蝈笼："皇上，它是我的朋友，在我的怀里它又舒服又暖和，是它陪我走了好远的路才到这儿的。"

陈宝琛打开笼子盖，蝈蝈爬了出来。

小溥仪好奇地看着这只淡绿色的小动物——蝈蝈。

陈宝琛讨好地："您看，它给皇上磕头呢。从现在起，它就是皇上的了。"

所选两场戏为小溥仪的皇帝登基大典。慈禧太后去世，三岁的小溥仪被指定为皇帝，并成为皇帝大典的主角。皇帝登基乃全国最重大的庆典，所写事情极多，但是两场戏却写得十分精练。第八场戏，除了五爪金龙袍、雕龙宝座、传位宝玺等标志性的事物外，主要凸显了醇亲王"快完了，快完了"的台词，"快完了"无疑是对清王朝以及小溥仪命运的一种暗示，十分契合剧情。第九场戏，除了跪拜、辫子等标记时代性的事物外，主要凸显了"蝈蝈"这一道具。"蝈蝈"既呈现出了小溥仪的儿童心态，又暗指清政府的政治游戏化，同时，"蝈蝈"还承担着连接剧情的功用。溥仪重游太和宫，从皇帝宝座下找出蝈蝈笼，现实与历史在一只蝈蝈笼子中交融与碰撞。

再次，动态性原则。相关信息的交代与说明，要避免相对静止的画面，而要最大限度地让画面动起来。影片的热开场所遵循的就是动态性原则。我们以《逃离德黑兰》开端10场戏为例：

1. 外景，美国大使馆（德黑兰），早上

示威人群举着（美国总统）吉米·卡特和被废黜的（伊朗国王）沙阿的模拟像。他们反复高喊着口号，一只只拳头在空中挥舞。

叠印：德黑兰——1979年11月4日

年轻的男男女女们——约莫三分之二的男人和三分之一的女人。差不多一半的年轻女人都戴着披巾。很多人身上都围着印有阿亚图拉·霍梅尼照片的塑料围裙。

来到罗斯福门：这里摆着在被废黜的伊朗国王沙阿的政权统治之下被杀害的学生们的照片。

标牌上用英文写着："美国遣返沙阿"——"为谋杀伸张正义"。几个伊朗警察也在人群里——他们更像是旁观者而非维护和平的人。

一名男子发狂似的用力刺沙阿的模拟像。

一名伊朗学生用超8毫米摄影机拍摄这个场面。

2. 外景，美国大使馆（德黑兰）的场地，早上

在大使馆的大门里面，我们听得到抗议的喧闹声。场地上有三幢主要的建筑物：办公处，这是大使馆的主楼；大使的官邸；领事馆。

我们看到这一处有围墙的大院是安全的：填充沙粒的陷阱，还有领事馆窗户上面的那些钢栅。

3. 内景，美国大使馆—领事馆办公室，早上

透过那些钢栅往外看的视点镜头。

鲍勃·安德斯站在窗户旁边的一把椅子上，注视着使馆大门外的示威人群，他四五十岁左右，是位领事官。

鲍勃·安德斯：今天参与狂欢的人更多了。

马克·莱吉克，二十九岁，也是位领事官，他来到窗边跟安德斯一起往外看。

4. 外景，罗斯福门，早上

接着，在一段著名的资料镜头里，简单的事情发生了。一名穿着针织套衫的年轻男子爬上大门，并且设法跳到大门的另一边。

现在，我们看到那个著名的镜头的反打镜头。它不再是资料镜头。

我们正看着汤姆·埃亨的视点，他四十八岁，是这里的中央情报局站长。

5. 内景，海军陆战队岗哨，早上

在大使馆场地上的一个永备发射点里，美国海军陆战队年轻的罗基·西克曼中士，也可以看到那些示威者们强行穿过草坪。

西克曼中士（对着无线电报话器说）：……阿帕奇堡垒被突破，请指示。

6. 外景，罗斯福门，早上

大门前的抗议变得越来越吵闹——它的能量和人数都在扩大。

一群学生——男人都蓄须——这些人更激烈、更有组织性。他们挤到抗议人群的前面。

女人们举起一面旗。这是信号。

似乎得到了信号，伊朗警察离开大门。一个女人从她的披巾下面掏出一把大断线钳，把它递给一个蓄须的学生。那个学生开始切割锁闭大门的链条。

一名身穿绿色军上衣的年轻男子举起拳头，我们看到他的衣服里藏了一把手枪。

更多的学生翻越围墙——一个接一个地跳到另一边。

7. 内景，海军陆战队岗哨，早上

西克曼中士：他们翻墙了——

8. 外景，罗斯福门，早上

然而过不了多久，不需要翻墙了，因为大门的锁链被切断，示威者们洪水般地涌入使馆大门——

9. 内景，办公处办公室，早上

这里是大使馆的神经中枢，混乱在加剧。每个人手里都拿着一部电话。这里就像一间急诊室，病人就是整栋大楼。

安·斯威夫特，三十一岁，副政治事务官，她的耳朵贴着电话听筒——试图听到华盛顿的报告。

安·斯威夫特：外面有几百人——（看向窗外）不，几千人，有几千人。

10. 内景，领事馆办公室，早上

马克·莱吉克和鲍勃·安德斯注视着窗外，紧张不安，那些申请签证的伊朗人则更是惊恐万状。

鲍勃·安德斯：这些窗户应该是防弹的吧？

马克·莱吉克：又没测试过。

影片开场，伊朗革命激进分子先是团团包围美国在德黑兰的驻伊大使馆，继而猛攻，并抓走了52名人质。与此同时，六名美国人趁乱逃脱并躲到了加拿大驻伊大使馆中，营救避难的美国人并逃离德黑兰的故事由此拉开序幕。显然，影片以动态的画面交代了六名美国人被困的背景以及身处的困境，能很好地将观众带入故事当中去。

最后，分散性原则。分散性原则，既可避免交代信息时出现沉闷感，又能很好地将关键信息巧妙隐藏在剧情发展之中，暗设悬念，加强观众观影期待。在《泰坦尼克号》中，影片的转折点是轮船撞上冰山。在故事的讲述中，编剧间或地交代一些相关信息，而这些信息都是为轮船撞上冰山做铺垫的。

1. 船速很快：

莫迪立即将轮机车钟的船速推至“全速”位置。

指令传入机房，并继续传向每一个部门。

于是，整个机房全速运作起来。

2. 船速很快（强调）：

船长汇报没有点燃最后四个锅炉的原因。按照经验和常识，不是极特殊的情况，像泰坦尼克号这样大型的轮船，最后的四个锅炉只是备用的。

3. 冰山信息：

船长听到有冰山的消息就像听到晚餐的食谱一样心情轻松，毫无紧张担忧之感。也许冰山的出现的确对泰坦尼克号航行毫无妨碍，也许史密斯先生凭二十六年的船长经验经历过无数次航行碰到冰山的情况，有足够的把握顺利应付。

4. 救生艇不够：

此时的露丝努力让自己忘掉烦恼，正在思考着一个与此次泰坦尼克号的航行有着密切关系的问题。她是个心很细、爱动脑筋的姑娘，她的与众不同常常表现在爱提问题、会提问题，以及对事物的反向思维上。当人们众口一声地赞美泰坦尼克号，对它的安全性能表示百分之百的信任时，她却在考虑泰坦尼克号在危急之时的营救功能，于是，她坦率地提出了自己的疑虑。

露丝：安德鲁先生，有个问题……我刚才做了心算，把救生艇的总数乘以每一条的运载数量……对不起，怎么好像装不下船上所有的乘客?

安德鲁很喜欢和这位聪明大胆的姑娘交谈，他承认露丝问到了一个很重要的问题。

安德鲁：大概能装一半。露丝，你很细心。我在这边的甲板上也安了架子用来挂救生艇，有人说要那样的话，甲板就会显得太挤了，所以，我的建议被否决了。

安德鲁边说，边对露丝比画着、解释着。卡尔听到了他们的谈话内容。卡尔：这是“不沉之舟”，用不着救生艇。

露丝看了卡尔一眼，没有说话。

安德鲁：放心吧，小露丝，我为你选的船是坚不可摧的，救生艇只是摆设……往前走吧，我们去参观发动机。

安德鲁领着露丝朝机房走去，卡尔又往回走去陪鲁芙了。

忽然，穿着西服外套、戴着礼帽的杰克出现在露丝面前。他早已趴在救生艇上等着露丝路过这里，此时一下子翻过身来，让露丝一时没有认出来。杰克闪电般地拉住露丝，把她拽进了一间机房。

5. 接近冰山区域：

杰克看着舷窗外的夜色。大西洋上冰冷的空气从舷窗外吹进来，使得杰克冷得缩起了脖子。

露丝已经穿好衣服，正从内室走出来，浅色的连衣裙把她的身材恰到好处地烘托出来，更显得婀娜多姿。

6. 进入冰山区域：

守望员莱伊呵着白气，不停地跺着脚。在华氏31度的气温下值班对任何人来说都不是一件舒服的事。对于这样的天气，在毫无月色的夜晚里，冰山是对行船最大的威胁，唯一避险的办法是靠人工观察，因此，他们的责任重大。虽说几个小时就要换一次班，但是用不了一个小时，在瞭望塔上的人就已经快冻僵了。

7. 找不到望远镜（台词）：

迈达特（大声地）：瞭望塔用的望远镜搁哪儿去了？

拉托：启航以后就没有看见。我会按时查看的。

8. 进入冰山区域：

货舱里，汽车的车身在摇动。车窗的玻璃上已经是雾气迷蒙。一只裸露的胳膊用力地向上伸着，张开的手掌痉挛地在窗玻璃凝结的雾气上留下几道痕迹……

车内。杰克和露丝赤裸着身体，紧紧地拥在一起。刚才剧烈的动作使得汗水浸透了他们全身……突然，她感觉到杰克的身体在轻轻地颤抖。

9. 值班人员的疏忽，延时报警：

几乎被冻得失去知觉的弗利和莱伊的目光被下面的这一幕所吸引。

他说话时，哈气的白雾使得眼前的景物模糊了。当雾气散去，他突然发现，船首前方有什么东西在晃动……

弗利使劲眨了眨眼睛，当他再仔细辨认时，似乎又看不清什么。他将头探向前方，终于，他看清楚了，那是——

上面所选录的信息分属于不同的场景，这些关键信息的交代巧妙地分散在九场戏中，完美地融合在故事的讲述之中。

第三节　人物台词

台词既是刻画人物性格的重要手段，又是推动剧情的内在力量，因而人物台词是否符合人物的身份、性格及其戏剧性需求，是一个剧本成败的关键。

一、人物台词的内涵

人物台词就是我们通常意义上说的对话，是指两个或两个以上的剧中人物的交谈活动，是电影剧作者塑造人物的基本手段之一。由于人物台词既能传达交谈人的心理活动，又能与对手交流，影响彼此的心理、情绪、情感、思维和行为方式，具有感染力和号召影响力，故又称之为“言语动作”。人物台词的主要功能是：描绘说明、推动剧情、加强造型表现力、刻画人物性格、揭示人物内心世界。运用的基本要求通常是：符合人物的身份特征和性格逻辑，具有性格特色色彩；符合人物关系和规定情境，具有动作性、造型性、生动性和鲜明性；具有精练、简明、生动、含蓄的特征，必要时蕴含丰富的潜台词，与画面及其音响、音乐等表现元素密切配合，做到生活化、口语化、哲理化。

二、人物台词创作应该重视叙事节奏

瑞典导演伯格曼指出：“电影主要是节奏，它在段落的连接中呼吸。”

可见，节奏在电影中的重要地位。从某种程度上说，节奏是影视作品生命的脉搏。完美的节奏让影片扣人心弦，富有艺术魅力，并引起观众强烈的情感共鸣，而缺乏节奏感的影片无法将观众带入，基于此，电影节奏一直受到电影创作者的重视。不过，由于电影节奏最终由导演、剪辑和演员共同完成，他们通过戏剧性动作，光线、色彩、声音元素的灵活运用，景别的巧妙组合，镜头的化、叠、划等转换特技以及蒙太奇的叙事技巧，确实能营造出跌宕起伏、引人入胜的剧情节奏。因而这种重视在过去很长一段时间都停留在影像节奏的把握上，而对剧作结构节奏缺乏必要的关注。正如莱翁·慕西纳克所说："有一个奇怪的现象，那就是还没有看到有人在写作剧本时，就试着把这种节奏安排进某些数字的比例关系中，即赋予某种节拍。"

电影剧本的节奏决定了未来影片节奏的基调，是电影节奏的基础。剧本节奏紊乱，会直接导致电影总体节奏的失败。当有人问及《疯狂的赛车》为何没有《疯狂的石头》那样富有感染力时，宁浩毫不犹豫地回答："我觉得问题基本上出在剧作上，就是写得不好吧。忙着应付事件，这事儿到哪儿了，那事儿到哪儿了，所以，在电影中就损失掉很多东西。"由此可见，重视剧作结构节奏的营构具有十分重要的意义。从语言的角度来进行区分，电影剧本一般分为叙述性语言和人物语言，人物语言主要包括对白、独白与旁白（画外音）等形式。人物语言又简称台词，是电影语言的重要组成部分，有着塑造人物与推动剧情发展的重要功用。因而，台词的叙事节奏直接决定了人物动作的节奏与剧情发展的节奏，阅读《疯狂的石头》电影文本，亦可以强烈地感觉到这一点。

为了更好地探究台词的叙事节奏，我们以《疯狂的石头》的文学剧本中的台词与电影台词进行比较研究，以便更好地为影视剧作者提供创作与修改经验。《疯狂的石头》从剧本文字到电影影像，其中的人物对白经过岳小军、张承、宁浩等人的多次讨论与修改，用宁浩本人的话来说，这种集体创作很"适合我，我比较懒，喜欢多找几个人聊聊"。经过"几个人聊聊"

后的剧本台词或删减，或增添，与电影台词相比，变化很大。不可否认，富有叙事节奏的电影台词极大地调动了影片的喜剧元素，增添了喜剧看点，为影片成为低成本成功的典范之作奠定了坚实的基础。那么，影视创作者又是如何让台词富有叙事节奏呢？通过深入比较研究，我们认为富有叙事节奏感的台词要满足以下三点：

首先，台词要富有动作性。影视艺术里面强调的动作，并不是单纯地局限于人物的表情活动与形体动作，更为重要的是指影视作品中冲突呈现的状态。我们通常所说的“有戏”指的就是该部影视作品具有很好的冲突，冲突来自矛盾，矛盾是冲突的酝酿阶段。正如宁浩所说：“真正凝聚一个东西的力量是每个人的欲望，这是一个故事的核心和动力，也是传统叙事所讲的，一切的出发点源于人物的动作。”人物的动作源于欲望并表现欲望，欲望又产生矛盾，并形成冲突，因而蕴含潜在动作的台词更易引起观众的观影兴趣。我们以剧本的第 31 场为例：

包世宏与三宝将翡翠放进展台时，三宝不小心碰了一下包世宏，使得燃着的烟头掉在展台的绒布上并烧出一个小黑疤，整场戏只有包世宏一句台词：“八百万？谁买呀？”而在电影中，这一句台词扩展为：

包世宏：打开。

三　宝：八百万，刨了税我得中两次大奖了。

包世宏：在我这里就值四千八。

三　宝：我给你八千四，你把它给我吧。

包世宏：你娃鬼迷心窍了。（包世宏动作太快，烟头掉展柜里，将绒布烧出一个黑色疤痕）

包世宏：你看，你看，眼睛瞎了啊……差点闯了大祸。

厂　长：哎，啥事？

包世宏：没事，没事。……我觉得那个灯……

显然，宁浩等人以经验作为依据，随着剧情的演绎对原创剧本的台词进行了删减与添加，其中一个重要的标准便是让台词更加富有动作性。其扩展后的台词具有两个显著特征，第一，三宝“你把它给我吧”完成了一个潜在动作的建置，这句台词直接导致了包世宏对三宝的留言“包头，咱有钱了，等我好消息”的误解，认为三宝偷偷地将翡翠进行了调包，为包世宏和三宝的冲撞埋下了伏笔，而将翡翠真正调包的谢小盟以及三“土贼”搁置一边，从而加强了影片的喜剧效果。第二，强调了烟头将绒布烧出小黑疤这一突发动作，这样便构成了特定的音画体系，形成了一个戏剧情境，使得这个小黑疤参与叙事，后来包世宏发现翡翠两次调包正是以这小黑疤为参照物。可见，通过台词来渲染动作的建置，让动作本身变得有意味，而冲突的发展又烘托出台词的意义和情感内容，极大地增强了台词所引起的戏剧悬念。

同样，剧本第 116 场戏，四眼雇请的国际大盗麦克盗窃翡翠失败，致使冯董购买该工厂一再延迟。冯董：“你他妈给我找的高手高手高高手呢，到现在他妈联系不上！明天石头就拍卖了！事儿全他妈坏你头上了！一个破石头你都搞不定。”修改后的电影台词，冯董：“你给老子找的高手在哪里呀，到现在都联系不上！一个破石头都搞不定。我再跟你说一遍，老子的资金进去已经两个月了，到现在连一块砖都看不到，老子要是血本无归，老子先放你血。”从剧本台词到电影台词，冯董的期待与欲望更加鲜明，一句“老子要是血本无归，老子先放你血”加强了语境假设，暗示了剧情的发展，极易引起观众的心理期待，从而增强了戏剧效果。当冯董的弩箭穿透四眼的胸膛时，观众才猛地想起冯董的这句台词所蕴含的力量，从而增强了观众的愉悦心理。

其次，台词不仅要与剧情紧密结合，同时还要蕴含着推动剧情发展的力量。影片的叙事构成了情节的发展，影视创作者在设计情节时往往借助转折、抑扬、张弛、蓄放、延宕、呼应、反弹、离合、重复等艺术手法，铺陈出跌宕起伏而又引人入胜的剧情故事。综观这些艺术手法，最终都是为了营造出影片的前后呼应、回旋反复的节奏感。对于这一点，李迅在探究《疯狂的石头》的成功时亦同样指出："精练的剪辑、细致的情节铺垫、密集的笑料、对重点细节视觉呼应的强调，都是国产影片极为罕见的。冯小刚的喜剧是单一路嘴皮子喜剧，《石头》则是视听平衡的喜剧。"这种"对重点细节视觉呼应的强调"在《疯狂的石头》的台词中十分常见。

剧本第四场戏发生在面包车里，两人的对话主要围绕收音机播报的新闻和包世宏的工作展开：

收音机里传出新闻播报："……一颗价值连城的翡翠出现在我市……工艺品厂……这在世界上都是极其罕见的……"

三　宝：唉，是不是说咱们厂？

包世宏：行了吧，咱们厂能有那玩意，还至于要破产倒闭？

三　宝：你真不干了？

包世宏：要不我考这驾照哪，我小舅子还等我跑夜途呢……

三　宝：你这病跑夜途成吗？

这时，车顶忽然传来咣当一声。包世宏连忙踩刹车。

与第四场戏对应的电影台词：

画外音：本期中奖号码为 03、09、10、14、15。

包世宏：雷劈死你八次，你中不了一次，你还买。

三　宝：医生说连自行车都不让你骑，你还开车。

包世宏：你不要跟别人说啊，我拿厂里的车练手艺啊。

画外音：近日我市工艺品厂在公共厕所改造施工中意外发现价值连城的翡翠原石。

三　宝：哎，包哥，在说我们厂子呢。

包世宏：你穷疯了吧，你还指望天上掉美元啊。

咣当一声，车窗挡风玻璃让高空而下的可乐罐砸开了一个大大的窟窿。

与剧本台词相比，电影台词仍旧保留了翡翠话题，引出了全剧的叙事焦点。除此之外，不同点亦格外明显，剧本台词将焦点落在包世宏何去何从上，主要为深度塑造包世宏这个人物形象服务，但是包世宏跑不跑夜途与此时的剧情发展联系不够紧密，因而容易给人带来静态的沉闷之感。电影台词将注意点引向包世宏驾车这一进行动作，首先让观众漫不经心地听过，而紧接着的可乐罐砸碎车窗玻璃和与四眼宝马车撞车情节的离奇出现，让观众猛然发觉围绕驾车展开的对白其实是一种相当高明的铺垫与暗示。

如此呼应，符合大众的观影期待，既让观众感觉到情节发展的曲折离奇，又让观众觉得故事的真实、流畅与自然。尤其是“指望天上掉美元”话声刚落，紧接着的是高空而下的可乐罐的“咣当”声，增添了影片的笑点，加强了喜剧的幽默效果。正是谢小盟高空投下的可乐罐，将围绕翡翠而形成的警匪关系的四起人物巧妙地联系起来，守卫翡翠的包世宏与三宝，偷窃翡翠的四眼、三“土贼”与谢小盟。显然，这种呼应是一种艺术化的节奏，避免了影片情节的松缓而充满着一定的艺术张力，不断给观众制造兴奋点，从而很好地调动起观众的观赏兴趣，让观众时刻感觉到出乎意料又在情理之中。可见，富有叙事节奏的台词不仅能推动剧情发展，更为重要的是，它能带着观众一起参与剧情的发展。也正是因为此，宁浩在回忆《疯狂的石头》制作时，明确指出：“我觉得拍这样的戏，单场之内就需要有比较准确的戏剧表现和节奏。”只有有了单场的富有韵律的运动节奏，才会有整部影片完美节奏的产生。

再次，富有叙事节奏的台词要精练，同时还要巧妙地结合画面进行共同叙事。一般而言，无法扩展成画面的叙述性台词容易让电影产生凝滞感，破坏剧情的节奏，损害电影的艺术魅力。对于这一点，英国著名电影评论人欧纳斯特·林格伦早就明确指出：“通常有声电影中的视觉部分是比较重要的……有声电影中使用对话应该考虑这个事实。”我们以剧本中的第六场戏为例：

6. 工厂厕所，日，外

厂长正仔细研究厕所围墙上的一个大窟窿，身后跟着两个工人。

厂　长：这个厕所就是用当年的废料搭建的，这都能让张师傅找到，不简单。

小李子凑到厂长耳边，小声说了一句什么。

厂长点点头直起身，指挥工人：把这几面墙都拆了，再仔细找找！

他跟着小李子走开。

小李子：咱们请谁来开这工？

厂　长：我已经叫人到北京请吴爷了。

小李子：那可得花大价钱，值吗？

厂　长：我在这厂里干了三十年，还没见过这么好的料。不请他谁玩得了？

与第六场戏相对应的电影台词：

（厂长正仔细研究厕所围墙上的一个大窟窿，身后跟着小李子和另一个工人。）

厂　长：小李子，这是不是原来我们剩的玉料？

小李子：是呀，你偏心眼啊！你们男厕所要全部用玉石来砌。

厂　长：拆！拆！拆！都拆了，把这石头拿到车间，让张师傅好好看一下啊。

剧本中的第六场戏，有时间上连续的三个典型画面：厂长仔细研究厕所围墙上的一个大窟窿；小李子凑到厂长耳边低语；厂长与小李子一起离开。由文字变成影像，三个典型画面精简成一个画面，剪辑掉后两个画面，台词亦由六句话变成三句话，这从时间上大大加强了影片的节奏感。为了配合台词的精简，影片将剧本中台词所提及的吴爷这个人物删去，显然，将张师傅和吴爷两个人物合并，避免次要人物繁杂，这也是出于节奏上的考虑。正如宁浩说："单线故事比较容易找节奏，哪儿松哪儿紧，哪儿人物多一点，哪儿事件多一点。"另外从艺术手法的把握上，电影台词比剧本台词更具有跳跃性，很艺术地交代宝石出现的背景，然后故设悬念，从而引起观众的好奇心，吸引观众随着剧情的曲折迂回而产生情绪波动，一直延宕到第 13 场戏才道出厂长"翡翠搭台，经济唱戏"的真正意图。如此处理，极易产生层次分明的节奏感，从而加强了整部影片的节奏。

台词的精简亦可以借助画面叙事来实现，在很多情况下，用画面代替台词，不仅大大节省了剧情发展的时间，同时更容易唤起观众某种情绪的感应。法国先锋派电影理论家莱翁・慕西纳克就曾经指出："节奏是一种心灵上的需要，它通过一种下意识活动补充了人的空间感和时间感。"可见，电影节奏是以时间与空间上的形式呈现的，同时只有与观众的心灵节奏合拍，才能震撼观众的情感，引起观众的情绪波动。剧本第 10 场戏的修改正是基于这一理念，三个"土贼"以搬家为幌子将某一居民家洗劫一空，整场戏加上画外音共 13 句台词 200 多字，尤其是该受窃居民的女邻居"你别买了，我先看看老刘家有醋没"，"嘿！老刘家搬走了！上礼拜借你那两百块钱还你了吗"等与剧情发展毫不相干的台词，将会严重影响影片的节奏。为了避免剧情的凝滞与缓慢，不至于让次要情节冲淡主要情节，宁浩等人将台词精简为短短三句 34 字，再加一个搬着大包小包的东西拥挤在楼道口的画面，便将三人的身份交代得清清楚楚，从而加快了影片的整体叙事节奏。

简言之，检测一部影片节奏的好坏，一个十分重要的标准就是影片的带入感，具体说来，就是影片所讲的故事能对观众产生什么样以及何等程度的刺激，观众是否进入剧中人的情感世界，是否融入剧中人的生活当中去。要使影片具有神韵、有力度的最佳节奏，离不开剧作结构所蕴含的节奏，因而广大的剧作者（家）在创作剧本时，必须有强烈的节奏意识，力求在叙述语言和人物语言中营造出完美的节奏。

第三章　场景的叙事功能

一场戏的叙事功能指的是影视剧中的每个场景在整个叙事过程中所承担的功能。每一个故事都有其起承转合的结构，分处于故事情节起承转合各个阶段上的一场戏，也就承担着其相应的叙事功能，或引入事件，或建立关系，或过渡场面，或激发情境，或展开冲突，或呈现结局，共同将故事有艺术地呈现给观众。

第一节　毫发毕现：引入与呈现

为了让情节发展合理以及人物情感真实可信，影视创作者在故事发展的过程中会巧妙地呈现一些相关的必需信息，这些信息如同养料充分的土壤，将人物动作这一粒种子培育成一棵枝繁叶茂的参天大树。在所呈现的信息中，我们可以将其大致分为四大类：介绍富有戏剧性的情境，展示人物身份及其性格，介绍富有矛盾张力的人物关系与交代蕴含一系列动作的任务。

一、介绍富有戏剧性的情境

俄国诗人、剧作家普希金说：“在假定情境中的热情的真实和情感的逼真——这便是我们的智慧所要求于戏剧作家的东西。”法国剧作家小仲马也说过：“剧作家在设想一个情境时，他应该问自己三个问题：在这种情况下我应该做些什么事？别人将会做些什么事？什么事是应该做的？谁不觉得这种分析是必要的，谁就应该放弃戏剧，因为他将永远不会成为一个剧作家。”显然，作为戏剧家普希金与小仲马，都强调情境的重要性，因为在他们看来，一切动作与事件都源于戏剧性情境，正如谭霈生老师所说：“戏剧情境是促使人物产生特有动作的客观条件，是戏剧冲突爆发和发展的契机，是戏剧情节的基础。”戏剧如此，电影亦是如此。在影视剧本创作中，介绍富有戏剧性的情境，亦是影视剧本创作的一个重要环节。

我们以《隐藏人物》为例：

A. 外景，NASA，兰利研究中心，日，稍后

美国国家航空航天局铺展开来的园区：飞机库、风洞、研究所办公楼，四周是高耸的带刺铁丝网和其他安保设施。

警车慢下速度，停到路肩旁边，多萝茜的车呼啸而过。白人警察向她们挥手。

镜头上升，飘向……

B. 外景，太空，日

从黑暗而浩瀚的太空……眺望地球这颗行星。寂静无声。如诗如画。平和安宁。然后：轰鸣声响起，由弱变强。镜头摇摄，发现……一艘巨大的火箭喷出烈焰，穿越地球的大气层向上飞行。在火箭顶端，太空舱摇晃着，摩擦着，吱嘎作响。声音震耳欲聋。

然后我们听到一个讲俄语的声音，简明果决，仿佛出自军人之口。这个声音随即被翻译成土耳其语……正是这样。

最后：嘶嘶啦啦的英语无线电通话声。郁闷。紧张。

嘶嘶啦啦的声音（无线电）：速度近似值：17400 英里／小时。

发射角度：42.46 度。完毕。

C. 内景，白宫，接前景

椭圆形办公室。肯尼迪总统收到一份简报。他忧心忡忡。一名助理的声音——

总统助理（画外）：关于苏联助推火箭的最新情报尚未抵达，总统先生。

D. 内景，美军中央司令部，接前景

房间里挤满了美国军方高层人士。吉姆·韦伯，美国航空航天局局长，一个严厉的、大权在握的人物，在前排中心。所有眼睛都看着雷达屏幕，屏幕上勾勒出火箭的轨迹。

嘶嘶啦啦的声音（无线电）：助推器分离。出发。

太空，接前景——

助推器回落到地球，分离的太空舱从我们眼前飘过，进入黑暗的太空。

E. 内景，弗吉尼亚州，汉普顿，NASA 跟踪控制室，接前景

阿尔·哈里森站在一个挤满了工程师的控制室里。他身体前倾，目不转睛地盯着呈现火箭轨迹的大屏幕。

嘶嘶啦啦的声音（无线电）：入轨……去吧。

太空，接前景——

太空舱翻转，露出……苏联鲜红的锤子和镰刀标志。这是斯普尼克 4 号。

苏联军方通讯插入：

苏联军方广播员（俄语，带英文字幕）：系统安全。确认。成功进入轨道。

F. 椭圆形办公室，日，稍后

肯尼迪总统揉揉眼睛。

G. 美军中央司令部，日，稍后

气氛极端沉重。电话铃声响起，吉姆·韦伯拿起听筒。

H. 弗吉尼亚州，汉普顿，NASA 跟踪控制室，接前景

哈里森心烦意乱，走出了房间。

I. 放映室，日，接前景

一部黑白影片在放映，是苏联人的新闻发布会。一位苏联科学家抱着一条身穿太空服背心的结实的小狗。小狗名叫兹多奇卡，这只血统不纯的杰克拉西尔梗犬，是世界上第一位太空旅客。它汪汪吠叫。

苏联科学家（俄语，带英文字幕）：兹多奇卡准备再次出发。（向身旁示意）我们的同志伊万也去。

科学家身旁：一个套着太空服，标有姓名牌“伊万·伊万诺维奇”的人体模型被塞在椅子里。苏联记者开怀大笑。

苏联科学家：现在是时候了。俄罗斯母亲将会率先把人类送往太空。

吉姆·韦伯沙哑的声音插了进来。

吉姆·韦伯（画外）：该死的狗！该死的人体模型！

韦伯从椅子上起起身。放映机的光束从他背后掠过。放映室里挤满了军界高层和 NASA 的工程师。包括阿尔·哈里森、首席工程师保罗·斯塔福德、助理工程师山姆·特纳，还有哈里森的秘书露丝。

吉姆·韦伯：接下来就会有个 160 万吨当量的热核弹头不偏不倚地落在得梅因。

哈里森站起来，抬了抬手。新闻影片戛然而止。灯亮了。葬礼般

的死寂。直到保罗·斯塔福德不合时宜地开口了。

保罗·斯塔福德：这可真是个飞跃，先生。

不智之举。韦伯转身看向斯塔福德。

吉姆·韦伯：见鬼，他是谁？

哈里森出面帮自己的手下说话。

阿尔·哈里森：他是保罗·斯塔福德……我们的首席工程师，韦伯先生。我想他的意思是说，这个猜测，至少对我们这边来说，是很危险的。

韦伯伸出手指，冲斯塔福德摇了摇。

吉姆·韦伯：你知道什么才是真危险……无所作为。无所作为和犹豫不决。

苏联人用间谍卫星盯着这颗行星。天知道拍了什么照片。总统要求立即做出回应。决不允许再延误。艾伦·谢泼德、约翰·格伦，你们的鲍勃叔叔。随便哪一位都行，只管把人送上去，哈里森。对于一个没把任何东西送进太空的空间计划，我们没法替它辩护。

韦伯走出去。众人也纷纷离去。

《隐藏人物》的故事发生在美国20世纪60年代初期，在国内，美国依然实行着部分的种族隔离政策；在国际上，美苏两个超级大国正处于冷战对抗阶段，从一般的常规军备到毁灭性的核武器，从地球到太空，美苏军备竞赛如火如荼。作为对立国的苏联已经抢先一步把卫星发射到了太空，因此美国总统与美国人民，都希望尽快成功发射火箭进入太空，直至登上月球，并以此来平衡苏联与美国的力量。这给美国航空航天局带来巨大压力，美国航空航天局积极应对，从全国范围内招募杰出人才助推火箭升天。电影中的三位黑人女性角色，凯瑟琳、玛丽、多萝茜因而进入NASA工作。

所选《隐藏人物》中的A、B、C、D、E、F、G、H、I（《隐藏人物》剧本原文没有标注场数，为了方便分析，特以大写字母标注场数。下同。）

这九场戏，其主要目的是呈现影片故事发生的戏剧性的情境，A 场戏，凯瑟琳、玛丽、多萝茜进入美国航空航天局，并描述了美国航空航天局的基本特征；B 场戏，苏联的火箭在太空飞行，与 A 场戏形成潜在的对比，苏联的航空航天事业已经走在美国前头，自然会激发出美国航空航天局工作人员的戏剧性需求；C 场戏是美国肯尼迪总统对苏联火箭的关注；D 场戏是美国航空航天局局长吉姆·韦伯对苏联火箭的关注；E 场戏是美国航空航天局总工程师哈里森对苏联火箭的关注；C、D、E 三场戏平行剪辑，并以苏联火箭在太空飞行这一事件贯串，同一时间，不同空间，总统—局长—总工程师，由远及近，一步一步逼近凯瑟琳、玛丽、多萝茜工作的空间；F、G、H 顺承 C、D、E 三场戏，分别写出美国总统、美国航空航天局局长、美国航空航天局总工程师的压力，总统把压力与任务传递给美国航空航天局局长，美国航空航天局局长又把压力与任务传递给美国航空航天局的工程师。

如此，A、B、C、D、E、F、G、H、I 这九场戏完成了戏剧性的情境交代：（1）特殊的时空环境，美苏冷战，苏联航空航天事业暂时领先美国；（2）人物关系，凯瑟琳、玛丽、多萝茜三位黑人女性，成为身负重任的哈里森的手下；（3）特定事件，苏联火箭在太空飞行，激起了美国加速火箭研究的戏剧性任务。

二、展示人物身份及其性格

在戏剧性情境中，人物关系是最有活力的，而人物身份及其性格又是人物关系的基础与组成部分。在《肖申克的救赎》中，安迪因为银行家这一身份，才能得以与监狱长以及监狱队长等人建立不一般的警察与犯人间的关系；在《教父》中，迈克因为具有部队服役这一经历，才能在家族危机中脱颖而出成为新一代教父。

与人物身份相比，人物性格更显得重要。在影视剧中，重要人物出场，一般会对其性格进行一个基本的定位与展示，有的是用一个故事，如《这个杀手不太冷》中的里昂出场：机智，勇敢，遵守规则；《非常人贩 2》中的马丁出场：善良，勇敢，遵守规则；有的用一句台词或者一个动作，如《隐藏人物》中凯瑟琳、玛丽、多萝茜的出场。

我们以《隐藏人物》开端四场戏为例：

A. 外景，道路，日

镜头俯拍天地间一段孤零零的道路。四面八方都显得茫茫无际。

一辆 1955 年生产的雪佛兰英帕拉停在路肩，发动机罩掀开。

B. 汽车，日，接前景

凯瑟琳·戈布尔（现在 38 岁）坐在副驾驶座上，盯着窗外。神驰太空。

字幕：弗吉尼亚州，汉普顿，1961 年

一声叫喊打破了沉默——

多萝茜（画外）：试着发动一下！

车外面，一双腿从车下伸出来。

多萝茜（画外）：凯瑟琳？

多萝茜·沃恩（40 多岁）从底盘下方挪出来。她生性严谨，聪明绝顶，坚忍不拔，在机械方面天赋卓异。

多萝茜：玛丽?!

在车子后面，玛丽·杰克逊（30 岁上下）正坐在树干上涂口红。她有一种生机勃勃的美，性格直率，无拘无束。

玛丽：凯瑟琳！别再盯着太空看起来没完啦！把这该死的车发动一下！

玛丽使劲儿敲了敲后车窗。凯瑟琳一个激灵，醒过神来。

凯瑟琳：我听到了。我不聋。

玛丽：有时候我不太相信。

凯瑟琳挪到驾驶席。给油，把油门踩到底。

凯瑟琳：开始发动了。

她转动钥匙点火。咔嗒，咔嗒，咔嗒。引擎呜呜作响，汽车不启动。

多萝茜：是启动器的事儿。绝对是。

玛丽：这启动器要害我们迟到了。每天开着这堆破烂上班，我们早晚都得被炒鱿鱼。

多萝茜：欢迎您步行十六英里。

凯瑟琳：或者坐在公共汽车的后面。

玛丽：都不选。我搭便车。

玛丽伸出拇指，做出搭便车的手势。

这时，玛丽远远看到有一辆警车驶过山坡……

玛丽：姑娘们。

多萝茜和凯瑟琳循声望去。看到警车疾驰而来。

多萝茜：待在出故障的汽车里不算犯罪。

玛丽：身为黑人也不是犯罪。

凯瑟琳下车，多萝茜站起身。

凯瑟琳：管住嘴，玛丽别满嘴跑火车，我们可不想进监狱。

玛丽：我尽量吧，宝贝。

警车停在她们身后。一个态度粗暴的白人警察下车，走向她们。沉默。然后……

白人警察：你们仨的汽车坏在了这里，可不是个好地方。

玛丽忍不住回嘴。

玛丽：不是我们挑的这地方，警官。是这地方挑的我们。

白人警察不待玛丽说完就截断了她的话。对她的反驳不感兴趣。

白人警察：你没学过礼貌吗？

玛丽摇了摇头。

玛丽：没有，先生。

白人警察：带身份证件了吗？

凯瑟琳插话。

凯瑟琳：当然带了，我们是要去上班。去兰利。

凯瑟琳拿出她的 NASA 身份证件，举起来让他查看。

凯瑟琳：国家航空航天局，先生。

多萝茜举起她的 NASA 身份证件，解释道——

多萝茜：我们是做计算工作的，目的是把我们的火箭送进太空。

警察把注意力转回到玛丽身上。

白人警察：你们仨都是？

玛丽摸出她的 NASA 证件。

玛丽：没错，警官。

白人警察：唔。

他拿过玛丽的证件。仔细研究。查看背面。是官方正式证件。

白人警察：国家航空航天局。不同寻常啊。还真不知道他们雇用了——他收住话头，没接着说“有色人种”，或者更糟的词。

多萝茜：有相当多的女性为空间计划工作，先生。

她帮他解了围。他看向天空。耿耿于怀。

白人警察：该死的苏联人正盯着我们，人造地球卫星。

他的脑子转到别的事上了。

白人警察：你们见过宇航员吗？“水星”计划的？

玛丽从牙缝里挤出一句谎话。

玛丽：当然见过。

白人警察：艾伦·谢泼德？约翰·格伦？

凯瑟琳：我们一直跟这些先生一起共事。

白人警察的爱国心瞬间点燃。

白人警察：那些小伙子可是我们最顶尖的人物，绝对是。我们得赶在苏联人前头把人送上去。全国都指望他们呢。

多萝茜：那当然。

玛丽：不过车坏在这里，怕是赶不及上班了。

白人警察蹦了起来。

白人警察：对，对，你们需要拖一下车或怎么着吗？

多萝茜示意凯瑟琳把螺丝刀抛给她，凯瑟琳照办。

多萝茜：不用，谢谢您，警官。我想我找到毛病在哪儿了，就在这儿。只需要绕开启动器……

多萝茜钻到引擎盖下拿螺丝刀横串电池两极。火花闪烁！引擎发动了。

多萝茜：好极了。搞定。

白人警察：见鬼。至少我可以护送你们一程，想想看，你们要迟到了。

凯瑟琳：哦，我们不想麻烦您。

玛丽插嘴。

玛丽：这可太好了，警官。

该死的玛丽。

C. 外景，道路，日，片刻后

警车以每小时一百英里的速度疾驰。多萝茜的车紧随其后。

D. 内景，多萝茜的车，日，接前景

玛丽开车就像疯子一样。热爱驾驶的每一分钟。

多萝茜坐在副驾驶座上，紧抓仪表板，指关节都发白了。凯瑟琳在后座，拽着车顶的把手。祈祷。

多萝茜：开慢点儿，玛丽！你离得太近了！

玛丽：他说跟着他。

多萝茜：他没说让你撞他的车屁股！

凯瑟琳：亲爱的主啊……恳求您……我简直不知道该怎么说！

玛丽：我告诉你怎么说：1961年，弗吉尼亚州，汉普顿，三个“有色”女人正在公路上追逐白人警察。女士们，这是神谕的奇迹！

玛丽尖叫！多萝茜爆笑。最后……凯瑟琳也笑了。

玛丽给油。汽车向前冲。

这是三位主人公第一次集体出场，用两个带有压力的小事件来呈现人物性格：一是汽车抛锚，三位主要人物面临步行、上班迟到的困境；一是白人警察巡逻，三位主要人物面临种族歧视的困境。

在汽车抛锚的困境中，凯瑟琳、玛丽、多萝茜各处一方，多萝茜“生性严谨，聪明绝顶，坚忍不拔，在机械方面天赋卓异”，其出场台词“试着发动一下”，其出场动作为躺在地上修车，显然，多萝茜讲求实干，并有领导天赋，与她是黑人组长的身份相符。玛丽的出场动作是“正坐在树干上涂口红”，出场台词是“凯瑟琳！别再盯着太空看起来没完啦！把这该死的车发动一下”，直观呈现了她“有一种生机勃勃的美，性格直率，无拘无束”的个性，在影片中，玛丽一直是充当活跃气氛的美丽使者。凯瑟琳的出场动作是坐在驾驶室里对着太空出神，其出场台词“我听到了。我不聋”，说明凯瑟琳是个服从者，别人说什么她便做什么，这与她在影片中一直充当哈里森的计算者的身份相符。

随着白人警察的到来，三人的不同反应，进一步凸显个性。她们三人一人一句台词，除了体现个性外，每一句台词都巧妙地指向种族歧视，多萝茜说“待在出故障的汽车里不算犯罪”，潜台词是：如果车没有故障，白人警察很有可能就会找我们的麻烦；玛丽说“身为黑人也不是犯罪”，其潜台词就是：身为黑人，在很多时候就是一种犯罪；凯瑟琳说“管住嘴，玛丽别满嘴跑火车，我们可不想进监狱”，其潜台词就是：作为黑人，一言不合，就有可能被送进监狱。显然，三人个性不一样，对黑人受到种族歧视的理解与感受不一样，多萝茜温和，玛丽奔放，凯瑟琳坚忍，与后面开车追赶白人警察的反应一致。

值得一提的是，白人警察作为环境人物（或者称为过渡人物），其出场不仅构成三位女性的困境，凸显她们的鲜明形象，同时，还承担着两个重要任务：一是直指影片故事发生的主要背景，美苏两个超级大国之间的“冷战”对抗；一是证明美国国内种族歧视现象的存在。另外，白人警察对凯瑟琳、玛丽、多萝茜的态度，正是本部影片哈里森等人对她们的态度：歧视—尊重—友好。

三、介绍富有矛盾张力的人物关系

剧情是随着主要人物的诉求与目标的方向发展的，围绕主要人物的诉求与目标就会形成一系列的人物关系。在这些人物关系中，有两类最基本的人物关系：一是对立人物与主要人物形成的两极关系；一是在两极关系基础上生成的三角关系或者多边关系。值得一提的是，我们说的人物关系，不仅指家庭关系、职业关系和敌友关系，而且指人物之间的性格关系。谭霈生老师指出：“性格关系是指这一人物与那一人物在特定的情况下进行交往时，双方都具有鲜明的个性，因此，人物的交往就体现为这一性格和那一性格的交流、撞击。”这种“交流、撞击”可以进一步具体理解为：“对某一人物来说，与其他人物的相处、交往，都会成为他（她）行动的影响力和推动力。”由此可知，确定人物关系在情节发展中具有重要作用。因此，剧作者一般都会在故事的开始处巧妙地建制好人物关系，并将设计好的人物关系以故事的方式呈现给观众。

在《人鬼情未了》中，电影开场，森、慕莉、卡尔三人抡锤砸开墙壁，呈品字形站在洞口，往空屋里面张望。慕莉与卡尔在两侧，靠前；森在中间，居后，构成一个典型的三角关系。森、慕莉、卡尔三人之间的人物关系充满张力，成为推动剧情的潜在力量。镜头切换，三人继续砸墙，并排成一直线的角度拍摄，森在中间，显然，森成为卡尔接近慕莉的直接障碍。

人物出场的镜头语言，隐含着人物的矛盾关系。

慕莉面对空屋的巨大空间，发出了美的感叹；而卡尔却说道："稍加粉饰，双倍价钱出售。"慕莉怼卡尔："你财迷心窍。"这三句台词的作用：（1）交代了慕莉与卡尔不同的价值观，这就说明了慕莉选择森而不选择卡尔做恋人的内在原因；（2）凸显卡尔贪婪与爱财的人物性格特征，为卡尔因财谋杀好友森埋下伏笔。人物性格定位，贪财与爱好艺术，人物爱好充满张力。森发现玻璃瓶子里面有枚1898年的古币，两个时空，与阴阳两界形成呼应；1898年的古币成为伏笔，这是慕莉最终相信并接受游魂状态的森的关键道具。

继续交代人物关系：三人之间，慕莉与森贴近，暗示恋人关系，古币是吉祥之兆，成为小小的激励事件，触发慕莉欣喜地亲了一下森，森将慕莉托举起来，森顺势抱着慕莉，明确恋人关系。慕莉蜻蜓点水亲吻森的双唇，卡尔肩扛铁锤，注视两人的亲昵。特别注意细节：卡尔潜意识地晃动铁锤柄，铁锤在肩上动了动，这个动作反映出卡尔邪恶的内心，同时加强了故事的悬念。

显然，在《人鬼情未了》的开场，艺术地交代了森、慕莉、卡尔三人之间极不稳定的关系，并借助空屋鬼魅气氛的渲染，凸显这一不稳定的关系的悬念感。这种三角人物关系交代，在影视剧作中十分常见，比如《美丽人生》中的基度兹与黛莉的第三次相遇：

城市街道，外景，白天

基度兹一边在街道上走着，一边和朋友费鲁齐唠叨道：每天早上，她把钥匙扔下来。

基度兹正说着，猛地抬头看见上次遇到的女孩。离他们不远处，有两个姑娘走过，是黛莉和她的女友埃莱娜，后者也是小学教师。

基度兹：看！那女教师好标致，我害上单思病。连做梦也梦见她，来，我给你介绍。

他正朝姑娘们走去，突然停了下来，躲在费鲁齐身后，像个雕像，一动不动。

基度兹：噢，该死……

费鲁齐：怎么啦？

这时，鲁道夫停下汽车。他从车内走出，经过费鲁齐身边，向两位姑娘走去，他十分殷勤地向她们问好。

基度兹：别动，那家伙就是那个戴鸡蛋帽的蠢货，市政府官员，如果他看见我，会把我揍死的！他走了吗？

基度兹的脸紧贴着费鲁齐的后颈，后者两眼盯住那个纨绔子弟和两位姑娘的一举一动。

费鲁齐：没走，他在跟她们讲话呢！

基度兹：讲什么？

费鲁齐：我怎么知道。

基度兹：他在干什么？

费鲁齐：他在道别，他的汽车跟我的一样！

鲁道夫吻了吻黛莉的面颊，经过费鲁齐身边，向汽车走去。

费鲁齐：他走了！

基度兹：别动！

那辆同费鲁齐一样牌子、一样颜色的汽车（比他的亮堂、保养得好）开走了。黛莉和埃莱娜朝笔直地站在那里的费鲁齐走去。当她们走到那座“雕像”前时，基度兹像个淘气的小精灵，笑着跳了出来。

基度兹：早安，公主……您好吗？他摘下帽子。

黛莉感到惊奇和有趣。埃莱娜吓坏了。

黛莉笑起来，她像看魔术师一样看着基度兹。

黛莉：又是你……怎会这样巧？

基度兹把黛莉介绍给费鲁齐：这就是从天上掉到我怀里的公主！

埃莱娜：啊，他是那个替你啜毒的人。

黛莉：是的。（对基度兹，愉快地）你总是这么突然出现在我面前。咱们总是这么相遇……

基度兹：我们可以约见……今晚 8 点？

黛莉（微笑）：不，还是这样好……

埃莱娜：黛莉，我们走吧，快迟到了！

黛莉（对基度兹）：希望又可以再碰见。再见！

基度兹：再见，公主。

基度兹（对费鲁齐）：见到吗？她多么迷人。喜欢我突然出现。

黛莉回头看基度兹。

这是典型的人物关系交代，基度兹与朋友费鲁齐巧遇黛莉及其朋友埃莱娜，追求黛莉的政务官恰在此时出现，于是形成了一个推动剧情发展的三角关系：基度兹—黛莉—政务官。这一三角人物关系最后以政务官的出局而变成两人的爱情关系，显然，从“基度兹—黛莉—政务官”到“基度兹—黛莉”，人物关系发生了改变，剧情自然得到了发展。正如宋方金老师所总结的创作经验：“无转折的人物关系是失败的。没有人物关系的变化就什么也没有。”

在《勇敢的心》的中，王子在与法国公主伊莎贝尔的婚礼上，王子依据仪式亲吻伊莎贝尔时，目光却深情投向菲利普，菲利普亦在看着王子，如此，建立起了一个三角关系：伊莎贝尔—王子—菲利普，与另一个三角关系形成呼应：华莱士—伊莎贝尔—王子。两个三角关系互相作用，不断推进剧情往前发展。其中，“伊莎贝尔—王子—菲利普”这一三角关系以菲利普被爱德华推出窗外摔死而结束，而“华莱士—伊莎贝尔—王子”这一三角关系一直到影片结尾，以华莱士的牺牲而结束。

四、交代蕴含一系列动作的任务

影视剧是以人物为中心的叙事艺术，剧中人物的动作又是源于人物的任务、使命、动机与追求。外在的任务可能成为一种潜意识的动作，或者是主动有为的动作，如此，外在的任务便上升为人物的戏剧性需求，正如弗莱塔克所说：“所谓戏剧性，就是那些强烈的、凝结成意志和行动的内心活动。”在影视剧中，每一个重要人物或主要人物均有一个强有力的戏剧性需求，正是因为具有强有力的戏剧性需求，影片的情节才得以发展。因此，介绍与交代人物的外在任务或者内在的需求，是影视剧本创作者的又一重大任务。

我们以《沉默的羔羊》中的一场戏为例：

大楼内

克拉丽丝跑进楼内，随意地和迎面走来的同学打着招呼。她穿过一间大房子，里面一排排男学员正站在桌前练习着擦拭武器。克拉丽丝穿过几道房间，又紧走几步，赶上了一架已经挤满了人的电梯。电梯里是一群穿着红色运动服的男学员，在他们当中，克拉丽丝显得有些瘦小、文弱。

电梯把克拉丽丝带到了楼上。她穿过一条走道，顺着一块写着“行为科学处”的牌子找到了该处的办公室。

两名在外间的警官正在交谈着什么。其中的一位黑人警官看到在门口犹犹豫豫的克拉丽丝，便中断了谈话问道：“找克劳弗德吗？”

“是的，先生。”克拉丽丝答。

“他很快就回来了，进去等吧。”黑人警官朝过道里边指了指。

克拉丽丝朝他点点头，然后走进克劳弗德的办公室。迎面是一张办公桌，桌上台灯亮着，四周堆了不少东西，显得有些拥挤。周围的墙上也贴满了各种各样的东西。克拉丽丝向前走了几步，倒背着手，随意向四周打量着。

猛然间，正面墙上有什么东西吸引了她的目光，她显得有些吃惊地把手从背后放了下来，紧紧地盯着那面墙看着——墙上贴满了照片，其中几幅照片上是赤身裸体的女尸的全景或局部的肢体，惨白吓人。在照片的下方，一张报纸上的大字标题更加令人触目惊心：

“比尔剥了第五张人皮！”

克拉丽丝望着那硕大的黑体字，惊奇地站在那里。

“斯塔林，早晨好！”一个声音从门口传来。行为科学处的负责人杰克·克劳弗德出现在那儿。他戴着一副眼镜，身材瘦高，一副知识分子的模样。

“很抱歉叫你等，你的导师说你很出色，学习名列前茅。”克劳弗德一边说着，一边走到办公桌前，脱掉外衣，在椅子上坐了下来。他看起来既老道成熟，又十分干练。

“但愿如此，还没公布成绩。”克拉丽丝以腼腆地一笑回答克劳弗德的夸奖。

克劳弗德望着眼前的这个姑娘，直截了当地说：“有项工作，我想到你。也不算什么工作，不妨说只是件有趣的事情。请坐。”他看到克拉丽丝仍站在那儿，便做了个手势。

“是，先生。”克拉丽丝挪了一下对面的椅子，坐下来。

克劳弗德继续道：“我记得你出席过我主持的研讨会，你对胡佛时期的民权问题大胆直言，我给你打的分是A……”

“是A-。”克拉丽丝笑着纠正了一下。

“……主修犯罪和心理学，暑期实习，这儿还写：将来毕业后想到行为处工作……”克劳弗德低头看着手中的材料发问。

克拉丽丝又笑了一下，点点头：“是的，先生。我很想来。”

“我们跟系列杀手进行对话来研究其心理行为，可以帮助我们破案。大部分罪犯乐意与我们谈话。”克劳弗德说到这里突然抬头问：“你易受惊吓吗？”

克拉丽丝嫣然一笑，摇摇头：“不至于。”

“他是唯一拒绝和我们合作的人，今天想派你去。”

“是谁？”克拉丽丝问。

“神经病医生汉尼鲍尔·莱克特。”

“食人狂汉尼鲍尔？”克拉丽丝有点吃惊。

克劳弗德没有直接回答克拉丽丝：“我不指望他会跟你交谈，但我必须说我们的确努力过。如果他不愿合作，只要照直报告他的情形就行了——他看起来怎么样？他的牢房怎么样？看他是否在画画，画些什么？等等。”

说着，克劳弗德从桌上拿起一沓文件放在克拉丽丝面前：“这是莱克特的档案，我们的问卷和你的工作证。”他把准备好的东西一件件地扔了过来。

克拉丽丝接过这些东西低头看着。

“星期三早上八点交报告行吗？”克劳弗德问。

“好的，”克拉丽丝点点头，起身准备离去，忽然又回过头来问道，“对不起，先生，请问为什么这么急？汉尼鲍尔坐牢这么多年，他跟野牛比尔有关吗？”

克劳弗德有点惊异于克拉丽丝敏捷的思路，他抬头看了她一下，说：“但愿如此，希望你专心去干，斯塔林！”

“是，先生！”

克劳弗德此刻又有些不放心地叮嘱道：“对汉尼鲍尔·莱克特要千万小心，齐顿医生会告诉你跟他接触的一切有关程序。不论什么原因都别违反这些规则。别告诉他任何私事。斯塔林，你不会愿意记得他的。只完成你的任务，但千万别忘了他是什么人，相信我……”

“为什么？”克拉丽丝有些迷惑不解。

墙上的报纸新闻“比尔剥了第五张人皮”，既交代了克劳弗德与斯塔林交谈的背景，又巧妙暗示斯塔林的终极任务：抓获比尔。若想抓获比尔，神经病医生汉尼鲍尔·莱克特是一个关键人物，因为汉尼鲍尔认识比尔，会有意无意泄露比尔的相关信息。于是，便有了斯塔林的任务：会见食人狂汉尼鲍尔。在《沉默的羔羊》整个影片中，斯塔林会见汉尼鲍尔·莱克特成为叙事的节点，并构成一条叙事线；他们之间的每一次会面，都会将剧情往前推进一大步。

第二节　接二连三：过渡与连接

我们在第一章第三节“‘继往开来’的故事章法”里面已提到，一场完整的戏由引入、主体、结局三部分组成，引入与结局都有连戏的作用。综观戏与戏的连接方法，常见的有如下六种方式：因果连接法、人物连接法、台词连接法、平行连接法、引入式连接法以及悬念连接法。

一、因果连接法

“动作/反应”理论告诉我们，影片情节是由动作与反应构成的动作反应链组成。动作与反应之间互为因果，如果动作与反应分属不同的场景中，就构成了场景之间的因果关系。这种互为因果的关系，将一场又一场的戏连接成为一个整体，这就是因果连接法。换一句话说，上一场戏是这一场戏的因，这一场戏又成为下一场戏的因，戏与戏之间互为因果，不断推动剧情往前发展。我们以《教父》中的五场戏为例：

64. 白天，康妮寓所

康妮和卡洛的寓所。康妮穿了长衬裙，在听电话。浴室内有人在冲淋浴。

康妮：是谁？

电话中女人声（吃吃地笑）：我是卡洛的朋友。只要告诉他我今晚没有空，我不能见他。我要出门去。

康妮脸涨得通红。

康妮：你这个不要脸的娼妓。

对方挂电话声。

她摔上电话时，卡洛刚从浴室中出来，边摸着上身。

卡洛：什么事？

康妮：你的女朋友，说今晚没有空。你这个杂种，竟敢把我的电话号码告诉你的相好。我要跟你拼命，你这个杂种。

她冲上前去，拳打脚踢。卡洛大笑，她扑向卡洛，用手抓他，她的大肚子在薄薄的衬裙中看得很明显。

卡洛（为自己辩解）：你疯啦。她在开玩笑。我根本不认识她，她是个混蛋。

他把她推过一旁，继续走向卧室去穿衣。

康妮：不许出去！待在家里。

卡洛：好吧，好吧。那么弄一些什么好吃的。

这使她安静了下来，站了一会儿，气喘得凶；然后点头，走进厨房。

卡洛穿着整齐，洒了一些科隆香水，康妮出现在门口。

康妮：弄好了，都摆在桌子上了。

卡洛：我现在还不饿。

康妮：吃掉它，已经在桌子上了。

卡洛：你这个天吃星。

康妮：你才是个天吃星。

康妮转身进入厨房。稍后，听到摔盆子的声音。卡洛慢腾腾地往外走，康妮把大批碗盆往水斗里摔，把牛肉、辣椒等摔到了房间地上。

卡洛：你这个不要脸的宠坏了的小捣蛋，把地扫干净，否则我揍你。

康妮：我才不干。

她站着不动，又想打他。卡洛慢慢地从腰里抽出了皮裤带，把裤带在手里叠成一个圆圈。

卡洛：扫干净！

把裤带抽向她的臀部。她走进厨房，拿起一把菜刀。举起。

卡洛：科列奥家的女人也会杀人？

他放下皮带，走向老婆。康妮突然用力向他屁股上刺去。卡洛避开，夺下，夺时划伤了手。康妮回身逃跑，卡洛绕着桌子追。抓住，猛掴耳光。

康妮挣脱，逃进卧室。

康妮（狂叫）：当心孩子。当心孩子。

康妮逃，卡洛追。康妮逃至屋角，钻入床下。

卡洛追进床下，抓着一把头发将她拖出，连打耳光直至康妮大哭。卡洛将她甩到床上，用力扭她大腿。

卡洛：胖得简直像猪。

卡洛出房。康妮在床上哭泣。边哭，边拿起床边电话，轻声说话。

康妮：妈妈……妈，我是康妮。我不能再说话啦。不，我不要跟逊尼说话。

听得出电话传给了逊尼。

65. 白天，教父家

在厨房内。妈妈不理解女儿的耳语似的电话，把电话传给逊尼。

逊尼：是我啊，康妮！

康妮（画外音）：逊尼，派一辆车子来接我吧。我当面跟你说，没有什么事，逊尼，你不要来，派汤姆来，我请求你，逊尼，你不要来，没有什么事，我只是想回家。

逊尼脸部变成红色。

逊尼（自我克制着）：你等着，你等着。

汤姆进屋，知道发生了什么，知道无能为力。

逊尼走出屋子，坐上汽车，开走。汤姆出屋，走向一群保镖。

汤姆：跟着他。

逊尼汽车在琼斯海滨堤上疾驶，后面一辆车紧跟，是科列奥家的保镖们。

逊尼自己驾驶，怒容满面。

逊尼在汽车中，驾车返回，仍显得呼吸急促，怒容满面。然后，想想可笑，又悠然自得。不觉失笑，越笑越响。在一座付费小屋前停车，伸出手臂，手中持一硬币，正欲付费。

68. 夜景，付费小屋

逊尼伸手至付费小屋，手中拿着硬币。

一辆轿车突然绕到他车前，把他拦住。突然一排机枪声。小屋前后窗玻璃均粉碎，是从拦住他的汽车内射出来的。他的汽车的玻璃被击穿，车门上弹孔累累。他的手，握着硬币，往下掉。肩上、臂上纷纷中弹，看来狙击手目的未达不罢休。

突然，他猛吼一声，像一头野牛，冲出汽车，一梭梭子弹无情地向他射去。

脸上也中弹，最后，他倒地不起。

69. 夜景，教父起居室

汤姆脸色苍白，静坐着。然后……

汤姆（慢慢地）：好吧！去找克莱门萨，要他马上到这儿来。他会告诉你做什么的。

人们离去。他一言不发，木然地站在起居室中央，他向厨房望去。隐约看到妈妈。

汤姆上楼，默默地向教父房中走去。开教父房门，入内，教父睡在病床上，吃了镇静剂。汤姆踌躇不前。他鼓起勇气，但不敢告诉老人家。关上门。

70. 夜景，教父办公室

汤姆一人在办公室喝酒。听到汽车声，他抬起头来。各纵队长来到。听到脚步声。

开门。进来的是堂科列奥。穿了拖鞋和睡袍，慢步进入。走到他的软圈椅内，坐下。他脸色严峻，注目看着汤姆。

堂科列奥：给我一些甜酒。

汤姆起身，倒了一杯给他。

堂科列奥：我妻子在床前痛哭。现在，在我的窗前，我见到了各纵队长在午夜时来到我家集合。因此，我的军师，你该告诉你的堂了。究竟出了什么事?

汤姆（平静地）：我跟妈妈什么也没有说。我正想上楼叫醒你。

堂科列奥：你该先喝一些酒。

汤姆：对。

堂科列奥：好。喝过了。

稍停片刻后。

汤姆：他们在堤上对逊尼开了枪。（稍停片刻后）他们把他打死了。

教父双眼下垂。闭眼。可以感觉到教父一下子全垮了。半晌后，把双手手指交叉，注视着汤姆。

堂科列奥：此事不必深究了，不要去搞复仇。（稍停片刻后）军师！去安排与五大家族会谈，战争该停止啦。

教父起身，摇摇晃晃地走离办公室，转身……

堂科列奥：打电话给波拿塞那，要他为我办一件事。

然后离去，汤姆打电话……

汤姆：我是汤姆·哈金，是堂科列奥要我打电话给你的，是他要我打的。

波拿塞那（画外音）：是，我知道，我听着。

汤姆：你要为堂办一件事……

所选《教父》这几场戏构成因果序列：康妮与卡洛结婚后，夫妻一直不和，这是交代事实，也从一个侧面说明为什么影片从婚礼开始。因为夫妻不和，逊尼偶尔发现妹妹康妮被卡洛打伤，逊尼将卡洛在大庭广众之下狠狠地教训了一顿。如此："卡洛—逊尼—康妮"的人物关系建立。这一人物关系被堂科列奥对立阵营人物利用：卡洛教训康妮（因）——康妮打电话告诉妈妈，被逊尼知道（果）（因）——逊尼驱车去教训卡洛（果）（因）——逊尼在收费站被乱枪打死（果）（因）——汤姆犹豫是否告诉堂科列奥（果）（因）——堂科列奥决定五大家族会谈（果）（因）。显然，这一系列因果事件，已经将剧情往前推进一大步：五大家族战争——五大家族会谈。

二、人物连接法

一般而言，每一场戏都有其主要人物，正如一个影片有其主要人物一样。不过，值得一提的是，每一场戏的主要人物与影片的主要人物并不是完全重合的。有时，次要人物会成为某一场或者某几场戏的主要人物。在一些影视剧中，有些次要人物是专为主要人物或摆脱困境或加重困境而存在的，这些次要人物一开始就与主要人物建立初步关系，然后就被按住不提，当主要人物面临困境时，次要人物或以帮助者身份或以帮凶身份出现。如此，次要人物就起到了连戏的作用，就将前后几场戏连接起来了。我们以《美丽人生》中的两场戏为例：

A. 饭店，内景，夜

基度兹激动地跑下楼梯，朝多拉走去，恰在这时，鲁道夫也正朝多拉走去。基度兹瞥见鲁道夫，急忙从一张桌子上拿起一盆花遮住自己的脸。他像被人痛打的落水狗，垂头丧气地往回走。

鲁道夫："过来，多拉，我想让你认识一个人。"

基度兹的脸从花盆后面慢慢露了出来。他看见鲁道夫挽着多拉的胳膊朝客人们走去。基度兹听见有人叫他。是上尉的声音。

基度兹转过身来，看见德国上尉腋下夹着一大本书。搬运工将行李往门外送去。基度兹拿着花盆，迎了上去。

基度兹：李医生，你去哪儿?

莱辛上尉：我接到急电，要立即回柏林。为什么拿着一盆花?

基度兹：给您的，为您送行。他把花盆递给了上尉。

上尉（笑）：我只要一枝花。他从花盆里摘下一朵花。

上尉：给我的太太，这是基度兹送的花。和你交友，是人生一快，你是一位很有才智的服务生。

基度兹：谢谢上尉……您是一位很有修养的顾客。

上尉：谢谢。

基度兹：再见，李医生。

上尉转身正要离去又突然转回来：猜猜这个谜语。一提起我，我就消失，我是谁?

基度兹做思考状，上尉把基度兹难住了，十分高兴，摇摆着肩膀，又将谜语复述了一遍：一提起我，我就消失，我是谁?

上尉扬着手中的那枝花，消失在转门里。

基度兹站在那里沉思着。门口老服务员听见了他们的对话。

老服务员："他说了什么?"

基度兹瞪大眼睛并放着光：沉默！妙，一提起我，我就消失：沉默。

B. 集中营刷过墙的大屋，内景，白天

囚徒们光着上身，沿墙站在那里等待检查身体。他们前面有位戴着白手套的军官和一名女助手，一个手持冲锋枪的士兵凶恶地监视着大家。

体检是在一间用石灰刷过墙的大屋里进行的。在大屋远处的一个角落里，只有几位军人围坐在一张桌子前，桌上有咖啡和一大堆文件。

基度兹看见军医走近时大吃一惊。医生对囚徒快速地进行检查：看眼睛，手，脚……然后他对女护士低声地说着什么，她赶紧记录下来。现在，他走到基度兹面前。基度兹立刻认出了他：就是多年前他在大饭店认识的那个莱辛上尉。但上尉没有认出他来。他快速地检查了基度兹，然后对女护士低声说了几句话后，便检查下一个。基度兹鼓足勇气走上前去。

基度兹：一提起我，我就消失。它是沉默！

上尉突然停了下来，女护士对基度兹喊道。

女护士（德语）：安静！

莱辛转身看着基度兹，后退一步，对女护士做了个手势。

基度兹：它是沉默！

上尉面露笑意，他仔细察看这张似曾见过的面孔。

上尉：大饭店？

基度兹点了点头。上尉检查下一位，并且认真地思考着。

上尉（面向基度兹）：基度兹！

基度兹略带惊喜地点了点头。

上尉朝大屋一角的下级军官叫着。

上尉：弗朗兹？

坐在桌旁的一个军官迅速走了过来。医生迎上前去，用手指着基度兹，快速地对他讲着话。

那位下级军官立即朝基度兹走去，用头向他示意跟随着他。基度兹从队伍中走出来，跟军官离开。

在《美丽人生》中，德国军医作为一个环境人物，对于身处德国集中营的犹太人基度兹，无疑是希望与转机。不过，德国军医与基度兹私交尚在其进入集中营之前，并且中间有很长一段时间是缺席的，当原来出场时的人物在环境变化的情况下再次出场，这个人物就成了这几场戏的一个纽带，实际上，这个人物已经起到了连戏的作用。如此，因为德国军医的存在，B 场戏的出现就没有突兀感了。

当然，作为再次出场的人物且承担一个关键角色时，那么有必要对其人物关系与人物性格再次定位，这就需要特定的道具或者特定的事物来进行辅助接戏。在 A 场戏中，德国军医讲出谜面，“一提起我，我就消失”；在 B 场戏中，基度兹回答出谜底“沉默”，谜面与谜底形成了呼应关系。在猜谜这一爱好上，德国军医没有变，以此寓意德国军医的人物性格及其与基度兹的人物关系也没有改变。

三、台词连接法

台词连接法，简单地说，就是创作者利用人物台词将不同场景连接在一起的方法。台词连接法主要有两大类型，一类是“说曹操，曹操到”式的连接，上一场景提到某个人物、事件或者场所，下一场景便表现出相应的内容；一类是“台词 + 动作”，上一场景以人物台词表达出相关内容，下一场景便以人物动作表达出来。我们以《骗中骗》三场戏为例：

23. 亨利卧室。

亨利来到卧室；胡克仍待在洗澡间里。两人的交谈仍在继续着。

胡克（画外）：“在这之后，你进行过大的诈骗没有？”

亨利：“我处于潜逃之中，一直被联邦局调查人员追赶着。要不是比利把我安顿在这里，恐怕我仍在潜逃之中过日子。朋友，不要装傻了，你是心中有数的。”说着，他从冰箱内取出一杯冰倒入盆内，问道：“你准备在这里吃早饭，还是已经吃过了？”

胡克："已在路上吃了一点。"

亨利："朗尼根也在跟踪你吗？"

胡克："我不知道，没有人看见我。"

亨利："你老是不知道。"说着，他把脸浸入盆里的冰水中。

24. 乡村俱乐部。白天

绿色草坪上有几个人正在玩高尔夫球。佛洛伊德走近多伊尔·朗尼根，"多伊尔。"

朗尼根："什么事？"

佛洛伊德："我刚和芝加哥通过话。他们昨晚干掉一个骗子，是个黑鬼。"

朗尼根："另一个家伙呢？"

佛洛伊德："正在寻找。"

朗尼根："科姆斯把这事交给谁了？"

佛洛伊德："他把这事交给了赖利和科尔，昨晚他们监视了另一个家伙的住房，但那家伙一直没有露面。估计他已匆匆离开。你认为还有必要追踪他吗？"

朗尼根用眼光示意佛洛伊德看看前面不远处打高尔夫球的人群："你瞧见那位穿红衣衫的家伙吗？他叫丹尼·麦科伊。他为卡内洛经营几家不受起诉的非法交易，期待着好运气。"他继续介绍道，"我与丹尼从六岁起就认识。佛洛伊德，你要仔细瞧瞧他的面孔。要是他发现我被一个赌棍击败，我就把他杀掉。谁要是想妨碍我的芝加哥行动，我也会把他杀掉。你明白吗？"

佛洛伊德连忙点头："明白了，先生。"

朗尼根赞许道："好小子。"

25. 游乐场。

亨利骑在旋转木马背上。比利在窗口边观看。

比利："今早上感觉好些了吧，亨利？"

亨利："好些了。"

比利："今天可以早点开放游乐场吗？我们今天有好几件事情要做。"

亨利："当然可以。"

比利："检查一下主要齿轮行吗？昨天出了点毛病，把一个孩子的头给摔坏了。"

亨利和胡克骑在木马上，交谈着。

亨利："比利是一位了不起的伯爵夫人，她在这里还开了一间漂亮的店。"

胡克："你打算在这里待一辈子吗？"

亨利："我可能会更糟糕的。"

胡克见亨利信心不足，心情有些着急："冈多夫，我究竟还要不要向你学习骗术呢？"

亨利："干吗那么着急？"

胡克："我很想与朗尼根交交手。"

亨利："你了解他吗？"

胡克："了解。他杀死了卢瑟。他在南部地区开了不少赌场和一家食品加工厂，还有几家银行……"

亨利打断他的话："是呀，纽约和芝加哥一半的政客都是他的人。假如他发怒，没有一个人能平息他。"

胡克："不过我倒想劝劝他。"

亨利："为什么？"

胡克："因为我对如何干掉他还了解不多。"

亨利："你不能单枪匹马。需要有像你这样的一伙人并有足够的钱，使他们看起来像个样子。"

胡克："我认识不少人。"

亨利："你不能像街上的酒鬼那样。"

胡克："我从不和酒鬼混在一起。"

亨利："即使你弄到了他的钱，你必须和他继续赌博。你把他的钱骗到了手，而又要让他不知不觉。"

胡克："你害怕他吗？"

亨利："你这话正好击中我的要害。"

他笑道："我只是不愿头脑发热……寻求报复，半途而归，俗话说到手的一切总是不够的。"

胡克："你能召集到一伙人吗？"

亨利："自卢瑟出事后，恐怕召集二至三百人就有困难了。"

亨利跳下了木马，赞许道："卢瑟说你学东西学得很快，但愿这是千真万确的。"

《骗中骗》三场戏是典型的台词连接法。第 23 场戏，亨利问胡克"朗尼根也在跟踪你吗"，这一句台词，看似无意，其实是在为这一场戏转场做好了准备。下一场戏就是朗尼根在追问手下对胡克等人的监视与追踪情况，当手下建议朗尼根放弃对胡克的追踪时，朗尼根用别人的故事强调必须杀死胡克，进一步加强胡克的命运悬念。随着朗尼根必须杀死胡克的戏剧性需求的引出，这一场戏又巧妙完成了转场，又转到胡克的日常生活。通过与亨利交谈，胡克亦交代出了自己的戏剧性需求："我很想与朗尼根交交手。"如此，新的戏剧性情境得以建立，影片亦将随着情境激发往前发展。

四、平行连接法

简单说，平行连接法就是并列表现两个或两个以上的人物动作。它既可以用在同一场景中，又可以用在不同场景中。平行连接不同场景之间的人物动作时需要注意两点：第一，如果是不同叙事线上的人物动作，这些人物动作会相互交错作用，并会在一定的情境中呈现出来；第二，如果是同一情节线上的人物动作，这些人物动作或者缘于前面某一个场景，或者要集聚于后面某一个场景。我们以《教父》中的几场戏为例：

15. 夜景飞机内

“星座”号直达客机机舱内。汤姆·哈金是这班夜航客机内少数旅客之一，看去就像一个普通的青年律师。他被婚礼的那些麻烦的准备工作搞得够厌烦了。座椅边上是一只鼓起的公文包，他闭目养神。

16. 夜景，蜜月旅馆

蜜月旅馆内：卡洛和康妮。卡洛穿了一条短衬裤，坐在床上，正从提包中拿出信封内一沓沓的现钞。康妮在大理石的大型浴室内梳洗。然后，爱抚着卡洛的肩膀。

17. 夜景，教父办公室

教父坐在办公室内。卢卡·勃拉西坐在近旁。

堂科列奥：卢卡，我很担心这个索洛佐。尽力搞清楚他，通过塔塔格利亚家族，使他们相信你能在重赏之下脱离科列奥家族。然后把他的神通搞清楚……

18. 夜景，露茜·曼琪妮寓所

公寓内走廊，逊尼两步并一步上楼。房门有叩门声，轻声叫。

逊尼：是我，是逊尼！

开门，伸出两条手臂，紧紧抱住拉进房间。

19. 夜景，卢卡住屋

卢卡·勃拉西的小小卧室。一个人，仅穿内衣，跪在地上，从床底下拉出一只锁着的小小皮箱。打开，取出一件防弹背心，穿在羊毛内衣外，然后穿上衬衫及上装。拿出手枪，迅速拆开，检查一遍，又装备起来，离房。

20. 夜景，旅途中

迈克和凯在一辆火车上，正赶往新罕布什州。

穿得臃肿不堪的卢卡，一人坐在地铁车厢内。

汤姆·哈金坐在“星座”号客机内。从公文包内拿出一些文件和照片。

一张照片上是杰克·伍尔兹和十五个电影明星的合影，他的左边站着一个可爱的小童星。哈金在阅读其他文件。

这几场戏发生在教父堂科列奥女儿的婚礼后，在婚礼中，汤姆·哈金、卡洛、康妮、逊尼、露茜·曼琪妮、卢卡·勃拉西、迈克、凯都出现在婚礼中，婚礼结束，这些人又都走在自己的生活轨道上。这些人物活动或先或后又产生新的戏剧性动作，剧情亦随着这些人物的活动往前发展。这几场戏，人物活动的空间不同，但是时间大致相同，所以形成了一组戏，并用蒙太奇的方式并列起来。

五、引入式连接法

编剧在一场戏的结束处，往往巧妙地引入新话题、新人物或者新事件，作为下一场戏的开始。我们以《教父》中的两场戏为例：

25. 教父家起居室

索洛佐被引进教父的四周都是玻璃的办公室。两位主要人物被介绍后拉手。两人都表示十分尊重对方。弗莱德搬来了折椅，人们坐成一圈：堂科列奥、索洛佐、逊尼、汤姆、弗莱德、克莱门萨和泰西奥。堂科列奥似乎显得略为有些愚蠢，带着这样一帮子侍从，而索洛佐却是单枪匹马。然而，可以清楚地看出，只有索洛佐和教父两个人是这场戏的主要人物。

索洛佐：我的买卖主要是海洛因。我有罂粟田、制药厂，马赛也有，西西里也有，马上可以投产。我进口的方式非常安全，损失最多百分之五，完全没有风险，利润优厚。

堂科列奥：你找我的目的是什么？承蒙光顾，不胜荣幸，但请明言。

索洛佐：我需要二百万流动资金……更重要的是，我需要一个与上层人物有关系的朋友。一旦伙计们出事时，可大事化小、小事化无。请同我交朋友吧！

堂科列奥：那么，我的家族可得多少利润？

索洛佐：百分之三十。第一年，你可得四百万美元，以后会更多。

堂科列奥：那么，塔塔格利亚家族得多少呢？

索洛佐向汤姆点头。

索洛佐：是从我的份额中给他们的。

堂科列奥：这样说，我光凭财政支援和法律保护得百分之三十，不要去担负经营上的职责，是吗？

索洛佐：如果你认为二百万美元现钞仅仅是财政支援，那么，我不得不向您祝贺，我敬爱的科列奥先生。

长时间的沉默，在场的每一个人都感到一种紧张感，都在等待着教父的答复。

堂科列奥：我愿意见你是因为我听说你是一个说话算数的人，是值得尊重的人。（暂停）但是，我拒绝同你合作。（全屋子的人都似乎有着同样的意见。）我告诉你我的理由。政界中我有很多朋友。但是，如果我干的不是赌博而是贩毒的话，他们就不会那么友好。他们认为赌博有些像喝酒，不是一种恶行……而他们认为贩毒是无耻的犯罪。

索洛佐深深地吸了一口气。

堂科列奥：我也不一定是这个意思……人们靠什么过活不干我的事。但是你的建议风险太大。我一家十年来过得不错，我再也不想冒这个险。

索洛佐：你的意思是说你的百万美元没有保障？

堂科列奥：不。

索洛佐：塔塔格利亚家族也会为你的投资做出保证。

这使逊尼惊奇不止，他不禁脱口而出。

逊尼：塔塔格利亚家族真会保证我们的投资？

索洛佐第一个听到了这话，他慢慢地转向逊尼。屋里的人都感觉到逊尼已经冒了出来。

堂科列奥：年轻人嘛总是贪婪的，他们也不懂礼貌。他们该用耳朵听的时候却偏用嘴去讲。但是，我对孩子们有一种情感上的弱点，我把他们宠坏了。可是，索洛佐先生，我的拒绝合作还是无可挽回的。

索洛佐点点头，懂得这是逐客令。他又看了逊尼一眼。站起身，别人也跟着站起。他向教父躬身，握手，正式告退。脚步声一点点地远去。堂转身向逊尼。

堂科列奥：桑蒂诺，脑子里的事是不足为外人道的。自从你同那个姑娘搞上后，我看你的脑子已经软化了。

两个职员抬着一只巨大的花篮进来，花篮中英文字“谢谢你”是用花拼出来的。

堂科列奥：谁搞的这个蠢玩意儿？

汤姆：是乔尼送的。今天早上宣布，伍尔兹公司的新片将由他主演。

26. 伍尔兹卧室

宽大的卧室，大床上睡着伍尔兹。巨大的窗户，透过纱窗射进柔和的阳光。镜头推近脸部，他正在翻身，感到很不舒服，发现床单中有什么东西，湿漉漉的。

他醒来，摸着湿漉漉的床单。他看手，手上是血，恐惧的脸。马上掀起床单。被单上、睡衣上都是血，他低声哼着，再把床单掀去，看到一大堆血。他神经质地抚着自己的身体，顺着血迹，从上到下，发现“卡尔托姆”的那颗马头被剁了下来放在他脚旁。血还从颈部往下淌。颈部还可看到白色的肌肉条。他撑起肘部仔细看了一下，马嘴里吐着泡沫，黄色的马眼张大着，布满着血。

伍尔兹想呼叫，但怎么也叫不出声，突然，惨不可言的一声尖叫，撕裂了空间。他毫无控制自己的能力，满地乱滚，浑身是血。

教父特写。点头。

堂科列奥：为我的乔尼致贺。

在第 25 场戏的结尾，堂科列奥正在训斥儿子桑蒂诺时，“两个职员抬着一只巨大的花篮进来”，这花篮引起了堂科列奥的重视，堂科列奥询问花篮来自何处。汤姆告诉堂科列奥这花篮是“乔尼送的。今天早上宣布，伍尔兹公司的新片将由他主演”。这一句台词虽然回答了花篮来自何处，但同时又带来悬念，也就是说，伍尔兹公司的新片为何最终由乔尼主演？堂科列奥给了伍尔兹一个什么样的“不可拒绝的理由”？随着这一新话题，第 25 场戏随着观众的疑问过渡到第 26 场戏，原来伍尔兹价值几十万美元的“卡尔托姆”被人家杀了，同时还把“卡尔托姆”的那颗被剁了下来的马头放在他脚旁。伍尔兹受到了惊吓，只好答应了堂科列奥的请求，并用事实回答了堂科列奥“不可拒绝的理由”是什么。

六、悬念连接法

悬念的设置，通俗地讲，就是为了引起观影者的兴趣与好奇心。所谓“悬念”，指的是人们对文艺作品中人物的命运、情节的发展变化的一种期待的心情。以擅长制造悬念著称的美国电影导演希区柯克曾经说过：“你必须记住观众是抱着某种期望进入电影院的。他们已经在广告上对影片有所了解，所以问题在于你在影片的开端部分怎样制造紧张气氛。”

悬念，从接受的角度说，是观影者对剧中人物命运和遭遇的关心，对所叙述事件的关心；从创作的角度说，则是作品中足以引起读者关心的事件内容。所以，悬念本质上是作品的一种召唤结构。一个悬念从设置、保持到释放，完成了数个情节的连接，这种以“悬念”来连接情节成为众多影视剧作中的一个基本手法。在众多悬念的设置中，有两种基本的手法：

第一种是同类事件设置法。在《勇敢的心》里面，爱德华为了鼓励他的贵族离开本土，积极参与苏格兰治理，便恢复了贵族的“初夜权”，允许贵族占有新娘子的第一夜。在这样的背景下，苏格兰某村庄一对新婚夫妇在村子空场上举办婚礼，突然而来的贵族带走了新娘。紧接着便写华莱士与美伦的恋爱，第一场婚礼的不欢而散与华莱士美伦的恋爱构成了悬念。

第二种是人物台词设置悬念。我们以《勇敢的心》中的一个小段落为例：

A. 内景，白天，英王宫内

汉明顿在向英王报告：“……有关他的传说越来越多，事态有些严重。他正在苏格兰各个城镇招募志愿者……”

英王恼怒地打断了他：“那只不过是一群无知的羊……”，他大声咳嗽着，“……我们只要打击为首者，他们就自然会溃败。好了，挑选一些精锐的杀手来开会。”

一部下说：“陛下，华莱士为人精明，不易中埋伏。”

英王喝一口酒，压住咳嗽继续道：“如果汉明顿告诉我的话没错，他对王妃很好，非常信任她，我要再派她出使，以讲和为名……”

汉明顿提醒道：“陛下，王妃可能会被当作人质，生命会有危险……”

英王冷酷地：“如果王妃被杀，我的儿子会心碎的。可事实上，如果她被杀，法王一定会大怒，和我共同对付苏格兰人……”他冷笑着：“你要知道，做一国之君，一定要险中求胜。”

此时，王妃的侍女在幕后已听到了这一切。

B. 外景，白天，荒原上

威廉和哈米什等人在等待着什么。远处，英王的使者向他们走来。威廉把手中的剑插在地上，和哈米什等迎了上去。

不远处一间木屋里，一英军军官从门缝中向外看着说：“那准是威廉·华莱士。他没拿剑。准备好！”

威廉等走到离小木屋不远处，突然朝屋子冲过来，打倒了站在门口的两名士兵，关上了门。跟在后面的几名苏格兰义军则推起一辆装满木柴的车顶在了门上。希米搬起两块大石头塞住车轮，然后飞快地爬上屋顶，把一桶桶油浇在房顶上。接着，威廉等手持火把走上去，点燃了房子，熊熊大火立刻吞没了房屋。里面的英军士兵大声喊叫着，最终被活活烧死。

C. 外景，夜晚，森林中

威廉骑马独自一人走来。

D. 内景，夜晚，一山洞中

伊莎贝尔在洞口听着外面的动静。良久，没有听到什么动静的王妃转过身来，在洞中焦急地走来走去。就在这时，威廉突然从她背后出现了。

威廉看着伊莎贝尔：“夫人，我收到了你送来的消息。这是你第二次来提醒我，为什么？”

伊莎贝尔没有直接回答他：“下个月将有一批物资运往北方，有食物、武器……”

威廉打断了她：“等等，你为什么帮我？……为什么帮我？”

伊莎贝尔动情地：“是因为你眼睛里的豪情……”

威廉没有再说什么，他把嘴唇慢慢凑近伊莎贝尔，两人的嘴唇碰到了一起，开始了长吻……

伊莎贝尔抱住了威廉……

威廉抱起了伊莎贝尔，把她放倒在地……

在所选《勇敢的心》四场戏中：A（为了叙述清晰，特以大写字母来标注）场景中，爱德华设计捉拿华莱士，引出B场景；观众面对B场景发生打斗后产生了疑问：威廉是怎么识破英王的陷阱的，产生了新的悬念；C场景里华莱士独自骑马，保持悬念；D场景里的人物台词说明其中的缘由，从而构成了一个小段落的叙事：A：设置悬念；B：保持悬念又产生新的悬念；C：继续保持悬念；D：释放悬念。

这四个场景剪裁巧妙，一般而言，每一个场景内的戏均有开端、进展和结尾，为了加强影片的节奏，一般而言，不需要把每一个场景从头写到尾，而往往是从场景最激烈时切入，在冲突还没有完全回落时离开。比如，B场景，一开始双方紧张地对峙，紧接着，便是华莱士与哈米什火烧英国士兵。整个场景干脆利落，富有叙事张力，节奏感强，从而能很好地吸引观众。

第三节　推波助澜：发展与推进

故事情节的发展，在设置好的戏剧性情境里，通过冲突来不断推进剧情。在情节设计中，影视创作者一般用新任务、新人物、新事件、新发现所产生的冲突来推动剧情发展。

一、新任务

主要人物都有戏剧性需求，而主要人物的戏剧性需求，都会遇到来自对立阵营人物的阻碍。如此，实现目标与阻碍目标的动作交错进行，不断推动影片剧情往前发展。

我们以《飞跃疯人院》中的一场戏为例：

病房内浴室

被当作娱乐室的浴室内，病人们围着一张长桌在打扑克，每人面前放着一堆散装的香烟作为赌注。麦克默菲嘴里叼着一支烟，给大家发牌。扩音器里传出调得过高的音乐声，伴随着病人们玩牌的争论声，吵骂声。

马蒂尼手里拿着一根烟，痴痴笑着问麦克默菲：这算多少？

麦克默菲：这算一角，下赌注吧，马蒂尼。

马蒂尼把一根烟折成两半，一手拿一半。

马蒂尼：我赌五分。

他把一半放在桌上，另一半放在口袋里。麦克默菲瞪了他一眼：一角是起码的，马蒂尼。如果你把一支烟折成两半，那一半不是五分，而是狗屁不值。不信你试着抽一抽，你懂了吗？

马蒂尼傻笑着点点头：懂了。

麦克默菲重新发牌，切斯威克、比利等人吵吵嚷嚷地叫喊着，麦克默菲却听不清他们在说些什么。

麦克默菲气恼地：我连自己说话的声音都听不见了。

他扔下扑克牌，起身朝护士办公室走去。切斯威克想阻拦他，被他用手推开。

护士办公室内，皮尔勃刚分完药，端着托盘向窗口走去，和闯进来的麦克默菲撞个满怀。她惊叫一声，吓得连连倒退。拉奇德小姐闻声赶来。

皮尔勃：出去！

麦克默菲：喔，请原谅……我只是想……

拉奇德满脸堆笑：麦克默菲先生，病人是不允许进入护士办公室的。

麦克默菲清了清嗓子：嗯，我只是想……

拉奇德：只要你出去，不论你有什么问题都可以商量，好吗？她又加强了语气：病人是不允许进入护士办公室的，明白吗？

麦克默菲的画外音：好吧。

麦克默菲走出护士的办公室。皮尔勃站在窗口开始发药。病人们排成一队有秩序地领药。麦克默菲一俟比利吃完药，立即插入队伍，挤到窗口：对不起，小姐……是不是可能的话，请把音乐声放低一些，让大家可以说说话？

拉奇德：这音乐是为大家播放的，麦克默菲先生。

麦克默菲：我知道，可是声音能否稍许放低一些，这样大家可以不必扯开嗓门说话了！嗯？

拉奇德：你也许没有意识到。这个病房里有不少老年人，如果声音放低了，他们会听不见的，音乐对他们来说是唯一的享受。

麦克默菲还想争辩，拉奇德看着他按在玻璃窗上的手，打断了他的话：你把玻璃窗弄脏了。

麦克默菲：对不起。

麦克默菲用自己的衣袖擦去玻璃上的指痕。

皮尔勃：麦克默菲先生，吃药吧。

麦克默菲：这是什么鬼药？

皮尔勃：就是药，吃了对你有好处。

麦克默菲：可是……我不喜欢吃一些我不知道的东西。

皮尔勃：放心吧，麦克默菲先生。

麦克默菲：我不是不放心，皮尔勃小姐。我只是不想让别人偷偷地给我服硝酸钾，你明白我的意思吗?

拉奇德:这没关系,皮尔勃护士。如果麦克默菲先生不想要口服药，我们可以安排另一种治疗方法。可是，我认为你不会喜欢的，麦克默菲先生。

麦克默菲一惊，随即转身冲哈丁一笑，学着拉奇德的腔调：你会喜欢的，是吗?

哈丁笑笑，摇摇头。

麦克默菲向皮尔勃要过药来：给我吧。他把药丸倒进口内，接过橘子水一口吞了下去。拉奇德目不转睛地注视着。

麦克默菲冲着拉奇德张大了嘴，向她点点头。

拉奇德：很好!

麦克默菲回到牌桌边，比利、马蒂尼、弗雷德里克森和塞夫尔脱已经坐在桌旁。

哈丁吃完药，把纸杯扔进废物箱，笑嘻嘻地来到麦克默菲身边。

哈丁：告诉我，小乖乖，你刚才为什么不痛骂她一顿呢?

麦克默菲张开嘴，抬起舌根，露出一颗红色的胶丸。他得意地哈哈大笑，把药丸喷到哈丁脸上。哈丁用衣袖擦了擦脸，又回头朝远处的拉奇德望了一眼。

哈丁：喔，你觉得这好玩吗?也许会被她发现的。

麦克默菲：喔，是的，她可以随意摆布你们这些人。你们是否觉得这女人很了不起?

哈丁：不，我觉得你很了不起。

哈丁自顾看报。麦克默菲手中不断地玩弄着扑克牌。

麦克默菲：谁愿意打赌?

哈丁：赌什么?

麦克默菲：只要一个星期，我敢打赌，可以整得她晕头转向。

怎么样？打赌吗？赌注一元钱。

泰伯：我和你打赌。

《飞越疯人院》中的这一场戏，从麦克默菲与比利、马蒂尼、弗雷德里克森、塞夫尔脱赌牌开始，但是打牌时音乐声太大，麦克默菲请求声音低一点，这是麦克默菲与护士长第一次交锋，请求没有得到允许，以麦克默菲失败结束。紧接着，护士长让众人吃药，麦克默菲首先拒绝，但是受到护士长威胁，麦克默菲只好“吞吃”护士发放的药物，来到牌桌旁时，却把药吐了，有限的反抗方式奏效。在哈丁“你刚才为什么不痛骂她一顿呢”的刺激下，麦克默菲和众人打赌“一个星期之内我把她制服”，赌金是一元钱。显然，“一个星期之内我把她制服”这对于麦克默菲来说是一个新任务，新任务意味着剧情的发展与推进。

二、新人物

谭霈生老师指出，戏剧性情境包含三个方面：时空环境，特定事件与人物关系。新的人物加入，必然形成新的人物关系，亦会产生新的戏剧冲突，自然推动情节往前发展。我们以《为奴十二年》中的四场戏为例：

A. 外景，埃普斯种植园 / 棉田，日，1847 年 7 月

奴隶们在田里劳作。一双白色的手出现，摘棉花。是阿姆斯比。他一看就是个生手；而且也无心于此。我们第一眼见到他时，他似乎是个正派人，虽说有点缺乏干劲。用过时的词汇来说，他应该被称为“懒虫”。他跟奴隶们一起干活，唱灵歌。

B. 内景，埃普斯种植园 / 轧棉房，晚上

奴隶们回来，在轧棉房给他们摘的棉花过秤。

埃普斯：威利……？

特雷齐：两百六十磅。

埃普斯：鲍勃？

特雷齐：鲍勃是三百四十磅。

埃普斯：帕西？

特雷齐：五百二十磅。

埃普斯：好姑娘。从没让我失望过。普拉特？

特雷齐：一百六十磅。

特雷齐话音未落，埃普斯已经上前把所罗门揪了出来，扯到等待挨收拾的艾布拉姆大叔身边。

埃普斯：阿姆斯比？

特雷齐：六十四磅。

埃普斯对阿姆斯比说话时声色俱厉，但是没有像对待奴隶那样直接动手。

埃普斯：好好干的话一天应该能摘两百磅。

阿姆斯比：是的，先生。

埃普斯：我相信你能成为一个摘棉花的好手，但是得卖力，小子。加把劲儿吧。

阿姆斯比：是的，先生。

埃普斯吩咐特雷齐处置所罗门和艾布拉姆。

埃普斯：带他们出去。给顿鞭子。

无须动手。奴隶们都很明白自己的处境。他们跟着特雷齐出了轧棉房。

C. 外景，埃普斯种植园 / 奴隶棚屋，夜

惩罚结束后，帕西清洗艾布拉姆大叔的后背，阿姆斯比给所罗门搽药。阿姆斯比一边搽药，一边沉思着说——

阿姆斯比：这是个悲剧。怎么落到这一步的呢？像个下等人一样

在地里摘棉花。简直是农田一景。我一直很有理想，当然，我承认，这理想有时缺乏新意。但也只是有时。我干过监工，你知道。

所罗门：我不知道，先生。

阿姆斯比：别喊“先生”。叫我阿姆斯比就行。就跟在地里喊其他人一样。我一直在种植园里干活，从弗吉尼亚干到亚拉巴马。我能把一百名奴隶管得井井有条，我也的确干过这事。但是在地里吃苦下力？从没想过会有这一天。从没想过。但是造化弄人啊。埃普斯建议跟我合伙干的时候我还说“不”，现在我回来，帽子拿在手里……瞧瞧我混成什么样了。

所罗门：我可否冒昧问一句，您是怎么落到这步田地的？

阿姆斯比：问吧。就当是随便聊天。

阿姆斯比从衣袋里摸出一个酒瓶。

阿姆斯比：我有点太依赖威士忌了，工作上偶尔就靠不住。在你认定我只是个可怜的醉鬼之前，让我介绍一下我的情况：监工这活儿虽旱涝保收，在精神上却很折磨人。我是说，天天抡鞭子抽人，要是有良心的话，肯定自我分裂。要么是在心里给自己找借口，以便硬起心肠……要么就是想法子来平息内疚感。唔，我是想法子平息。

阿姆斯比喝了一口。

阿姆斯比：而且时常如此。

所罗门：你是在哪儿出生的？

阿姆斯比：马里兰。你去过那里吗？

所罗门：……不能说去过。

阿姆斯比：不错的乡村。跟河口这里比，季节分明。没这么潮湿闷热。

所罗门：你干吗要离开？

阿姆斯比：为了发财，当然。我听信了关于南方的传说，以为这里有的是赚大钱的机会。只需要一块地，几季好收成。棉花或者烟草。

然后再找家合适的银行，把钱都存进去。但这些好处是种植园主给自己留着的。我们其他人只能给他们出力。所以我安顿下来，当了一名监工，也没干长。我的梦想已经让位给现实。现在，我只求能挣一份像样的薪水。（稍顿）然后回家。

阿姆斯比又喝了一口酒，向后靠去。

D. 内景，埃普斯种植园 / 阿姆斯比的棚屋，少顷

门开了。所罗门进来。阿姆斯比看到他，有些诧异，不知道该怎么招呼所罗门。所罗门开门见山说明来意。特写：硬币。

所罗门：这是我演奏小提琴的酬劳。没多少钱，却是我在这世上的全部财产了。如果你肯帮我一个忙，我就把这些钱给你。但是，如果你不能答应我的请求，我恳求你不要告发我。

阿姆斯比：你想要我帮什么忙?

所罗门：首先，请发誓，先生。

阿姆斯比：我以我的荣誉发誓。

所罗门：这个请求很简单。我只是请你去马克斯维勒邮局帮我寄一封信。你要永远保守秘密，不得泄露。这封信不会带来任何恶果。但即便如此，如果被人知道这封信出自我手，也会给我带来许多痛苦和折磨。我只是想寻求庇护。先生。

阿姆斯比：现在，信在哪里?

所罗门：……还没写呢。我会在一天之内写完，至多两天。我不太会拼写。

阿姆斯比思忖。

阿姆斯比：我可以寄信，并且接受你给我的酬劳。

所罗门迟疑不决。此时此刻，他不确定自己是否可以将身家性命都交托出去。

阿姆斯比：为了帮助你，我是要冒风险的。我可以冒险，但是我要求有合理的回报。

所罗门把钱递过去。

阿姆斯比：去写信吧。我们会再见面的。两天之后？

所罗门：两天之后……谢谢你。

所罗门出去。

为亚尔尼先生周年庆典拉小提琴时，所罗门十分强烈地感觉到自由人的快乐与尊严，从而希望通过写信告诉家人而获得家人的帮助，摆脱被迫为奴的生活。恰在此时，做过监工的阿姆斯比出现了，他的白人身份立刻引起了所罗门的注意，这是 A 场戏。B 场戏：所罗门似乎还沉浸在演奏小提琴的派对中，所摘棉花只有 160 磅，没有达到 200 磅的最低标准，遭受监工的鞭打。这一场戏的作用有二：一是与拉小提琴的生活形成对比，更加激起所罗门对自由的渴望；二是成为一个激励事件，为所罗门相信阿姆斯比做好准备。C 场戏：阿姆斯比同情遭受惩罚的所罗门，并为其搽药，两人互相倾诉，建立起初步的情感。C 场戏后，黑人奴隶艾布拉姆倒在烈日下的棉花地上，没有再起来，在圣歌中，所罗门感受到生命与自由的呼唤。艾布拉姆的死促使他进一步向阿姆斯比走近。D 场戏：所罗门带着拉提琴的所有报酬与请求来到阿姆斯比的住房，请求阿姆斯比为其送信，阿姆斯比答应所罗门的请求，并承诺不告发他。

四场戏包含了引入新人物的一般写法：新人物出现，并引起主要人物的关注——激励事件促进两人交往，建立情感，进一步明确关系（交往）——新的“发现”与“揭露”（或主要人物主动有为，或新人物主动有为）。显然，所罗门面对一个因为喝酒而失去监工地位的白人，并“将身家性命都交托出去”，就具有很大的不稳定性。阿姆斯比把握住了这一机会，偷偷向奴隶主埃普斯告密，剧情迅速往前发展。

三、新事件

谭霈生老师说：“精心安排的事件常常是戏剧性的来源；但真正的戏剧

性并不在于事件本身，而在于它引起的后果，在于它对剧中人物发生的巨大影响。”在谭霈生老师看来，“不在于事件本身”的“事件”作为情境构成因素，其主要作用是促使人物采取行动，引起冲突，是情节的基础；聚焦于其发展过程的某一事件，则是情节本身的构成因素。

在《肖申克的救赎》中，姐妹花在洗澡堂将新来的安迪作为猎艳对象，建立起人物关系，危机开始；并通过瑞德的忠告来加强这一危机，但是安迪认为若不合作，姐妹花就会放弃，这是安迪的基本态度，也是支持其动作的内在基础。不过接下来的事情彻底改变了安迪的看法，几乎将其逼入绝境。一次又一次的对抗，安迪脸上的伤痕说明其一直生活在残酷的环境中。监狱里没有公道，只有力量的比拼，如何摆脱姐妹花的骚扰，这是横在安迪生活中的最突出困境。如何突破这一困境呢？第一，本身力量的正面突围，安迪尝试了，难以突破；第二，新力量的加入，主人公赢得朋友，力量超过敌对力量，看守所长为了自身利益，自觉站在安迪这一边，加强了安迪的力量。看守所长这一新力量的加入，从本质上说，是人物关系发生变化了，而人物关系发生变化，就需要相应的事件来说明这一变化：

58. 房顶

桶被传递到干活的地儿，人们正在用大拖布蘸沥青然后涂开。镜头转到拜伦·哈雷，他正气急败坏地向同事们抱怨着。

哈雷:“这个蠢蛋律师从遥远的得克萨斯打来电话，他说，拜伦·哈雷？我说，是的。他说，很遗憾地通知你，你的兄弟刚去世了。”

杨伯拉德：“见鬼，拜伦。听到此消息，我很难过。”

哈雷：“我可不难过。他就是个王八蛋。数年前出走，家里就再也没有他的消息，认为他已经死掉了。那个狗屁律师说，你的兄弟死时很富有，他有油井和近百万的钞票。天，简直不可思议！有些王八蛋怎么那么幸运！”

特劳特：“一百万？老天！有你的份吗？”

哈雷:“35000,他留给我的。”

特劳特:“美元?真他妈的,太棒了!如同中了彩票!(哈雷的脸色极其难看)不是吗?”

哈雷:“操他妈的!你知道政府会怎样对我吗?狠狠地从我这儿挖走一大块!”

特劳特:“哦,我没想到这一点。”

哈雷:“也许能给我剩下钱买一辆新车,但接下来呢?你要付车税,修理费和保养费。天杀的孩子们也会缠着你带他们坐车。”

摩尔特:“还有驾车,当他们长到年龄时。”

哈雷:“没错,想开车,想学车,看在上帝的面子上!到了年底,如果你把税弄错,他们就会从你的腰包里掏钱。山姆大叔把手伸进你的衬衫,直到把你掏得一干二净!这就是事实!”(扭头吐了一口)“什么兄弟,狗屁!”

犯人们一直在铺沥青,盯着自己的活。

海沃德:“可怜的拜伦,多糟糕的幸运呀!只能想着继承35000美元。”

瑞德:“有够丢人,有些人就那么倒霉!”

瑞德扫了一眼,吃惊发现安迪站起身,倾听守卫们的谈话。

瑞德:“嗨,你疯了?看着你的桶吧!”

安迪把拖布扔到桶里朝哈雷走去。

瑞德:“安迪,回来!妈的!”

斯诺:“他在做什么?”

费洛伊德:“自杀。”

瑞德:“该死!”

海沃德:“铺沥青吧……”

看到安迪走过来,守卫们顿时紧张起来。杨伯拉德的手伸向枪套,哨兵也“咔啦”拉上枪栓。哈雷转过身,惊讶地发现安迪在那儿。

安迪：“哈雷先生，你信任你的妻子吗？”

哈雷：“这很好笑，用你他妈的没牙的嘴来吸我的老二看起来会更好笑的。”

安迪：“我的意思是，你认为她会在你的背后加害于你吗？”

哈雷：“好吧！让开，摩尔特。这个王八蛋就要出事了。”

哈雷揪住安迪的衣领粗暴地把他拖到屋顶的边缘，犯人们飞快地铺着沥青。

海沃德：“哦，上帝，他就要干了，他就要把他从屋顶扔下去啦……”

斯诺：“哦，妈的，哦，我靠，哦，天哪！”

安迪：“只要你完全相信她，没有什么理由能从你手中拿走一分钱！”

哈雷猛地在房顶边扯住安迪。事实上，安迪已越过房檐，失去平衡，只剩脚尖踩着房顶边儿。唯一使他摔不到水泥地上的凭借就是哈雷抓着他的前领。

哈雷：“你最好给我说明白点儿。”

安迪：“如果你想保住你的钱，所有的钱，只要把它送给你妻子就可以了。是这样，国税局允许一次性地送礼物给配偶，最多可以到60000美元。”

哈雷：“不，那不可能！免税的吗？”

安迪：“免税的，税局碰不到一分钱！”

犯人们都停下手中的活，被这笔交易所震惊。

哈雷：“你就是那个精明的杀妻银行家？我为什么要信你这种滑头的银行家？让我完蛋后跟你一起坐牢吗？”

安迪：“完全合法。去问国税，他们也会这样说。实际上，我感到我很傻，告诉你这件事，我想你定会亲自调查此事的。”

哈雷：“去你妈的！我才不需要你这样狡猾的杀妻银行家来告诉我呢！”

安迪："当然不用。可你需要人来想出免税的礼物，那会花钱的。还有律师，比如……"

哈雷："那些高速公路上、跟着救护车的下流抢劫犯吗！"

安迪："或者这样想，我或许能帮你做此事，这会给你省钱的。我写下所需的表格，你领回来，我再帮你填好，你签字就可以了……（看看哈雷的表情）我只要求给我的同事们每人三瓶啤酒，如果还算公平的话。"

特劳特（大笑）："同事？他很牛啊！同事……"

哈雷冷冷地看了他一眼。安迪接着说：

"我想，在户外干活，要是能有啤酒喝的话，感觉就会更像一个正常人，这就是我的想法。"

囚犯们怔怔地站着，都装着无活可干，看起来就像被钉住了身子。哈雷瞪了他们一眼。

哈雷："你们这些小子看什么呢？接着干活，该死的！"

这一件事情的全过程：典狱长诺顿动员囚犯修建屋顶，监狱狱警安排囚犯抽签，安迪在瑞德的安排下得以成功成为修建屋顶的一员。在修建屋顶的过程中，安迪得知哈雷所面临的困境，趁机而上，随即发生安迪与哈雷两人间的激烈冲突，并在"你能赢得 35000 美元"的台词处突转。安迪"我想我能帮你，而且是免费的"的承诺，建立起了哈雷与安迪之间的"友好"关系，并以参加修建屋顶的狱友们一起喝啤酒为标志而取得成功。这一突发事件主要是为安迪突破姐妹花这一困境而设置的，同时也为他赢得其他犯人的尊重奠定基础，这一突发事件改变了人物关系。

四、新发现

通过发现与揭露，让当事人对原有的人物或者事物改变看法，从而引起剧情的发展。发现与突转源自西方贤哲亚里士多德的《诗学》，发现是指“从不知到知的转变，即置身于顺达之境或败逆之境的人物认识到对方原来是自己的亲人或仇敌”。突转是指“行动的发展从一个方向转至相反的方向，我们认为，此种转变必须符合可然或必然的原则”。发现是“因”，突转是“果”，每一次突转，都是情节的发展与推进。因而，在作品中巧妙运用发现与揭露，既能够顺利地推进剧情发展，又能够使观众在感情上经历一个跌宕的过程，获得惊心动魄的震撼力，得到心理上的满足。

在《大红灯笼高高挂》中，颂莲在陈家的每一次发现，都会产生新的动作，从而带来剧情的发展。

A. 卧榻之内，灯色暧昧，静谧如水。

当当当……敲门声响起。

陈老爷：谁敲门？

门外女声，是个丫鬟：太太病了，喊老爷过去。

陈老爷：我已经睡下了。

门外丫鬟：太太得的是急病，非要您去不可！

陈老爷：明天再说吧。

门外丫鬟：太太要是有个二长两短，我们担当不起啊！

陈老爷：讨厌！抽什么疯？

陈老爷坐起身，揭开被子，向里侧道：我去看看，要不她会闹腾一夜。

说罢下床。

B. 镜头切换，二太太厅内

侧面屏风后面，丫鬟牵着一个七八岁的小女孩走了出来。

二太太与颂莲齐起身。

二太太：忆真，快来拜见四姨妈。

忆真给颂莲鞠躬叫道：四姨妈。

二太太手抚忆真头发，笑叹：没本事，只生了个丫头。

管家：二太太，时辰不早了，四太太还要去见三太太哪！

二太太：哎哟，你看我光顾着说话了，三太太当然是要去见的了！以前戏班里最红的名旦！戏唱得好，人也长得好。

二太太边说边挽着颂莲一起往外送：三妹也真够刁的，昨晚上是你什么日子啊？能大半夜就把老爷叫走，对你太不客气了！

颂莲：说是三姐病了！

二太太：什么病呀？老爷惯出来的毛病。颂莲听罢，眉头微皱。

C. 镜头切换，三院院门口

管家和颂莲进得门槛，颂莲双手交叠于前。一个丫鬟见状迎了出来。

管家：老爷走了？

丫鬟：刚走，这不，正灭灯哪。

管家：那先拜见三太太吧。

丫鬟：三太太说，她今天身体不爽快……说改日再见吧。颂莲听了，松手欲走。

正在这时，一个奶妈牵着一个小男孩走了出来。男孩头戴小皮帽，身着青衫，胸前还戴着一把银锁，走到跟前。

管家赶紧向前介绍道：这是三太太的少爷飞澜。跟二太太家的忆真小姐同岁。管家边说边接过飞澜，将他推近颂莲：快，叫四姨妈！

飞澜：四姨妈！

颂莲不理，转身拂袖而去。留给飞澜一个背影。

这三场戏完成了一个“发现”与“突转”的建构。A 场戏，颂莲新婚之夜，三太太派丫鬟以“太太病了”为由将老爷喊走，颂莲初来乍到，自然相信三太太真的病了。在 B 场戏中，二太太将这一事件真相揭露出来，

“颂莲听罢，眉头微皱”，二太太的“揭露”起到了一定的效果，巧妙地挑起了颂莲与梅珊的争斗。C 场戏，颂莲来见梅珊，梅珊拒见，证实了二太太的“揭露”，“颂莲不理，转身拂袖而去”，两人的敌对关系建立，剧情沿着“发现”与“揭露”继续往前发展。这三场戏是通过他人的“揭露”，才得以“发现”。

还有一类发现，源于偶然与巧合：

颂莲房间，日

颂莲在箱子里仔细地翻找着。

颂莲：雁儿，雁儿！

雁儿：哎！

颂莲：你来！

雁儿不知有何事，满脸疑惑地走了进来。

颂莲：你动没动过我的箱子啊？

雁儿：前一阵子我给你收拾箱子，我把衣服都整理好了。

颂莲：那你看没看见里面的笛子？

雁儿：笛子？我没见，男人才玩笛子呢！

颂莲：你偷了我的笛子。

雁儿：四太太，你可不要随便糟践人，我偷你的笛子干什么？

颂莲：你成天鬼鬼祟祟的，还装作没事。

雁儿：四太太，你可不要冤枉好人。你去问问老爷、大太太、二太太，我什么时候拿过别人一个子儿？

颂莲把箱子用力地合上，起身拉着雁儿就往外拽。

雁儿：四太太，我真的没拿你的笛子……四太太，我真没拿……四太太，我没拿，我真的没拿。

颂莲丝毫听不进去雁儿的辩解抑或是恳求，一直把雁儿拉到她住的厢房门口。雁儿急忙双手叉在门口，拦着不要颂莲进去。

雁儿：你不要进去，我真的没拿你的笛子！

颂莲：你这么怕我进去，心里一定有鬼。我非要进去看看。

颂莲一把拉开雁儿，把门推了开来。

屋内极其简陋，但却点满了缝缝补补破旧的红灯笼。

颂莲：好哇！你敢偷偷地点灯笼。这灯笼是你一个丫鬟随便点的吗？府上的规矩你知不知道，你还想不想活？

雁儿急忙跪下身子，恳求道：四太太，我求求你了，你可千万不要往外讲啊！

颂莲：好，我不讲，你把笛子还给我。

雁儿：四太太，我真的没拿，我真的没拿你的笛子！

颂莲不信，开始自己翻箱倒柜地找了起来。

雁儿急得不知所措地连喊：四太太……

突然，颂莲在衣箱里发现了一个被扎满针的恐怖小布人，人上面还写着“颂莲”二字。

颂莲大惊，悲痛不已，她没想到丫鬟雁儿会用恐怖的巫蛊之术诅咒自己。

你想咒我死，你想咒我死啊！……颂莲愤怒了。流着泪，一把将雁儿按在地上扭打起来……雁儿害怕得哭泣起来，她知道，这件事真被追究起来将会是怎么样的后果。

发泄过后，颂莲颤抖地拿起小布人，对抽泣的雁儿说道：好了，你也别哭了。我也不该这样对待你。事情过去就过去了，我也不记你的仇。你不识字，你也不会写我的名字，你告诉我，那个字是谁给你写的？

雁儿抽泣地摇头：我不能说。

颂莲拉住雁儿的手道：你别怕，你告诉我字是谁写的，你偷偷点灯笼的事情我便不会说出去。

颂莲：是大太太？雁儿摇头。

颂莲：那肯定是三太太梅珊啦！雁儿又摇头。

是二太太卓云？颂莲想了想不大相信地问道。但是雁儿的神情肯定了这点。

是卓云？颂莲简直不敢相信，会是平日里那么和蔼，对自己那么和善的二太太。

卓云！颂莲的心被狠狠地刺痛了。

这一场戏开始于颂莲寻找丢失的笛子，因为怀疑雁儿拿走了笛子而走进雁儿的卧室，经过翻箱倒柜，发现了写着“颂莲”二字的扎满针的恐怖小布人，经过审问，知道这是二太太卓云指使雁儿做的。这一发现，让“颂莲的心被狠狠地刺痛了”，改变了卓云往日的“和善”形象，并建立起了两人的敌对关系。剧情亦沿着这一敌对关系往前发展。

显然，剧情的发展与推进需要“新”的元素，因此，编剧在情节发展的序列中，要善于引入新人物、新事件、新任务。

第四章　场景的叙事结构

比较而言，在影视剧故事所包含的诸多要素之中，结构无疑是最重要的，正如新藤兼人在其著作《电影剧本的结构》中指出："我觉得如今的剧本已经达到了这种境地，把这些东西组装起来的，在很大程度上是靠结构，靠场面的设计，靠一个镜头一个镜头的环环相扣，在过去的剧作艺术的基础上，应该能够创出新的手法来。"在新藤兼人看来，影视剧结构不仅能将充满灵感的情节碎片组合成一个有艺术的整体，同时亦是影视剧尤其是电影创新的一大基石，《罗生门》《低俗小说》《罗拉快跑》《贫民窟的百万富翁》无不是因为结构创新而成为影史经典的。与影片结构一样，每一场戏都有其叙事结构，合适的叙事结构亦可以为一场戏增色不少。

第一节　风生水起：故事的起点

一场戏的开始，从戏的内部结构来说，它是这场戏的开端处。有人说，我们写戏，要从高潮切入，高潮退出，那么这个切入点就是一场戏的开始；从整个情节结构来说，一场戏的开始应该是指这一场戏的相关铺垫。戏的精彩来自铺垫，也正是因为戏与戏之间的相互铺垫，才构成了情节的因果序列。我们以《勇闯夺命岛》中梅森父女见面这一场戏为例。

《勇闯夺命岛》讲述的是美国越战将军汉墨决定以 15 枚新式毒气弹和恶魔岛上旅游的 81 名人质向国家索要 1 亿美元，为受到不公正待遇的海军陆战队员阵亡士兵做赔偿金。为此，仍旧关押在联邦监狱并曾经从恶魔岛成功越狱的梅森与化学博士史丹利临危受命，跟随行动队开始了营救人质与破坏毒气弹的特别行动。随着特别行动队的牺牲以及 7 小时的失联，政府以为史丹利等人破坏毒气弹失败，在 81 名人质与一百万市民中做出了选择，派出轰炸机准备对恶魔岛进行毁灭性轰炸。紧要关头，史丹利点燃了喻示成功的绿烟，丢下了一枚导弹的轰炸机随即停止了轰炸任务。影片呈现了冷血政治对温暖人性的践踏与破坏，告诫美国政府应该对国家英雄给予人性关怀。

《勇闯夺命岛》从第 41 分钟处开始，梅森惊险逃亡，成功摆脱联邦探员的追踪，获得了与女儿自由会面的宝贵时间。10 分钟的飞车追击与反追击的戏，高潮迭起，最后却以梅森约见女儿的温情戏作为结束。用另一种说法就是，梅森父女会面这一场戏，却从梅森惊险逃亡开始。

驾车逃亡，梅森成功摆脱了联邦探员的追击，会见离开时才 10 岁的女儿，女儿洁带着同伴史黛西来见梅森，让梅森有点无奈。史黛西在这里只是一个道具，凸显的是一个女儿（洁）对一个父亲（梅森）的陌生与不信任感。这便是这一场戏的开始：父女会面，内心隔阂。

梅森与女儿洁会面的第一句台词："你不敢一个人来。"

分析：父亲的敏感，缘于爱。梅森渴望与女儿单独相处，但是女儿带着同伴来了。梅森说出女儿的担忧，试图与女儿建立起坦诚与信任的关系。

面对父亲的询问，洁点了点头："嗯。"

分析：史黛西感觉到了一个父亲的真情，随即选择了离开。史黛西的离开表达出了父亲的深情征服了史黛西与洁。

梅森："上回看到你的照片，你才 10 岁。"

分析："分别时刻"成为父女初步和解后的谈话起点，写出了父亲对女儿一直的牵挂与内心的愧疚。《活着》中的福贵被国民党抓丁后回来看到女儿凤霞：凤霞，我是你爹啊，（凤霞笑）干什么呢，（凤霞摇头）你娘呢（凤霞朝母亲望去）。福贵对家珍说：凤霞怎么就哑了呢，走的时候还好好的，回来就喊不成爹了。不一样的父亲，一样的父爱，研读这两场戏，既懂了父爱，又懂了台词。

洁露出了一点笑容："嗯，母亲去世后，我找到你的照片。"

分析：女儿亦表达出了对父亲的思念，这种思念，成为她接受父亲的一种内在的情感动力。导演用了一个特别棒的镜头语：女儿洁温柔的眼神，饱含深情的语言，"言""情"融为一体。

梅森看着女儿："你想走走吗？"

分析：镜头切到史丹利处，史丹利正在给联邦探员电话：我找到他了，他在艺术殿旁。这是导演的镜头语，目的是强调梅森与女儿散步的外部环境。一个父亲正遭遇被重新逮捕入狱的困境，但是他现在眼中只有女儿。散步的温馨与追捕的紧张形成对比，编剧将两个对立的动作糅合到一起，充满戏剧张力。

梅森："你母亲她很特别。"

分析：导演的镜头语：开始时，父亲与女儿分别处于一个镜头，进行镜头切换；散步时，父女同处一个镜头，阳光洒在父女的脸上，心中亦是一片晴朗的情感。父亲在女儿面前树立母亲的形象，既是以爱来呼唤女儿心中之爱，又是委婉表达对妻子的无限眷念。

洁："是的。但别把你和她之间的事情想得太浪漫。相遇在齐柏林合唱团演唱会后的一个酒吧，结果我就出生了。”说到最后一句台词时，洁背对阳光，一人独处镜头，脸上出现了一丝忧悒，过去藏在心中对父亲的怨恨展现无遗。但是这种怨恨随着父亲的出现马上融化，女儿望向父亲，父女两人同时出现在镜头中，又面对阳光。

梅森：“我们本来会有好结果，只可惜……”

分析：复线呼应结构——梅森的个人经历亦与政府缺乏对抗战英雄的人性关怀的整体框架形成呼应，梅森的人物前史亦是受到美国政府的非正常的待遇，对女儿妻子的一往情深，以及飞车逃跑中对过路盲人的避让，从家庭与社会两个角度将梅森人性光辉的一面真实呈现出来，但是美国政府因为他知道了肯尼迪被刺杀的内幕而将其关进监狱。梅森的欲言又止，因为时间关系，无法向女儿解释清楚。

洁：“只可惜什么？可惜你……硬是被警察逮回大牢去了。对不起。”

梅森：“没关系。”

分析：史丹利向梅森与他女儿散步的地方悄悄靠近，进一步加强了父女散步的外在压力，在这一压力之下，父亲将会怎么办？将父女散步与警察追捕放在同一个环境里，多么充满戏剧性的剧情。

洁：“你被放出来了。”父女情感和解后，女儿追问父亲的近况。

梅森：“是的。”梅森警觉地看着周围。梅森在前，女儿在后，女儿看不到父亲略带焦急的脸。并排的父女位置变成了一前一后，很好地表达出了父亲内心的焦急，步子不由得变快。

洁：“很好。”

分析：这三句台词富有力量。这次父女会面，对于梅森来说，无疑是一个“坑”，而这个“坑”是梅森自己为自己挖好的，他渴望与女儿有一个美好的开始，现在女儿问他是不是被联邦监狱释放回家，他回答说是。那么，如果他重视这次与女儿友好的开始，就希望这个谎言继续下去，可是，警察正在靠近，梅森怎么办？多么富有戏剧张力！

女儿坐在了路边的双人凳上：“你到底犯了什么罪？”女儿坐在石凳上，愿意与父亲坐下来交流，表达了进一步接纳父亲的意愿。

梅森转身过来，面对女儿的质问，有一丝犹疑，对着女儿说道：“洁，我的时间不多。但我会回来找你的，也许我们可以……”

分析：台词“我的时间不多”可以做多种解释：一是，警察来了，我时间不多；二是，国家需要我去完成重要任务，时间紧迫。

女儿洁惊疑地看着父亲，说道：“怎样？我们可以怎样？”

分析：女儿探寻的目光，以及“怎样”的追问，体现出女儿与父亲一样，对美好的父女关系的渴望。

梅森：“你知道吗？只有你能证明我……存在。”

分析：这句话的潜台词是：国家删除了我的档案，但是在女儿充满爱的心中，不应该删除父亲。

洁：“但我不了解你。”

梅森充满信心地微笑地说道：“那是可以改变的。”梅森警觉地看了看四周，在长条石凳上坐了下来。

分析：梅森在如此困境中，能够坐下来与女儿谈话，一个“坐”的小小细节，将女儿在父亲心目中的重要位置淋漓尽致地表达了出来，这个动作用语言表达出来便是：“我爱你！”

梅森：“我不断地练习见到你该说些什么。我们见面了，我却语塞了。”

分析：父亲坦诚对女儿的重视，正如在电视剧《潜伏》中，天津站行动队长马奎与情报处处长陆桥山在等待戴笠接见时，一直在练习见面时的台词，因为重要，才要练习。

洁："我也不知道该怎么想。"

梅森："洁，我不是坏人。你若相信，那就是好的开始。"

分析：梅森渴望女儿的爱，亦渴望用爱来陪伴女儿的成长，梅森用行动证明了这一点。

女儿点了点头："好吧。"看着父亲，露出了信任的笑容。这时，警笛声响了起来，女儿朝警笛声的方向望去，许多辆警车朝他们围拢过来。

女儿收回了目光："他们是来找你的？"

梅森点了点头，女儿洁惊疑地看着父亲。

附近行人慌乱奔跑，映衬出洁的心中慌乱，洁站了起来："你又逃狱了，对吧？"

梅森无言以对，找不出言辞来面对女儿。

洁："你为何来找我呢？"

分析：这是点题，在女儿的心中，你越狱逃跑来找我，这不是我需要的；但在父亲心中，我愿意突破一切困境来见你。

这时，躲在一旁的史丹利冲出来，举着联邦探员的工作证，大声喊道："联邦探员，小姐，令尊为我们工作！他正在帮忙我们解决致命危机！"

洁："真的？"

史丹利："没错。"

梅森充满感激地看着突如其来的变化。

史丹利又对着梅森说："约翰，我想我们该走了吧！"梅森看了看女儿与史丹利，说道："随你吩咐，史丹利。"梅森起身走向女儿，双手握着女儿的手，女儿将信将疑地与父亲告别，离开。

梅森："谢谢你，你大可不必那样做。"

史丹利忽然变得生气，大声叫道："我们废话少说吧，浑球，差点害死我两次，我的下巴痛死了。"

梅森："好！"

手臂受伤的佛格森走上来，狠狠地说道："卑鄙的家伙，我应该把你送回大牢，让你的余生不见天日。你毁了半个旧金山。"

显然，父女这三分半钟（50分到53分30秒）的见面戏，值得我们编剧学习与揣摩：

（1）富有创意的因与果之间的关联。果：惊险逃亡；因：会见多年未见的女儿。既符合张弛有度的情绪宣泄，又独创性地凸显了蕴藏在梅森心中柔软的父爱，父爱在获得小小自由的瞬间突然爆发，如同火山一般。这是人性的光辉，也可能是人性的弱点，但是正因为有了这个柔软之处，更显得他的人性是那么真实、伟大。

（2）富有戏剧张力的人物动作与节制的人物情感。一条线，警察紧急向"贼"靠近；另一条线，"贼"则镇静地与女儿散步，如此，两种相对立的动作形成一种戏剧张力。艺术贵在节制。在充满戏剧性的情境里，最先到达的警察史丹利看到温馨的父女谈话，保持着一定的情感节制；父女见面，没有嘘寒问暖，亦没有说及逝去的亲人而失声痛哭，三分半钟的时间，通过女儿同伴史黛西、散步、石凳、阳光将父女之间的陌生、隔阂、依恋、信任、愉悦、怀疑、渴望的情感不疾不徐地表达了出来。

（3）不稳定的人物关系所产生的戏剧张力。一是父女关系，父亲从一张照片变成一个真实的人，本来有了美好的开始，但是又因为警察的介入，是继续隔阂与陌生，还是相互信任与依恋，为梅森这个人物的未来动作埋下了伏笔。毫无疑义，女儿渴望父亲成为一个好人是促成梅森与联邦警署合作的一个关键原因，也是他再次成为美国英雄的内在动力。从剧作理论来说，梅森与女儿的见面可以看成是本部影片的一个激励事件。再就是梅森与联邦探员的关系，究竟是合作的同事关系还是警匪关系，这都有待梅森的下一个行为动作。如此，处于不稳定中的人物关系，容易产生戏剧张力，促发人物新动作，推动剧情往前发展，又给观众带来悬念与紧张感。

（4）促使人物内心转变的最为内在的力量是爱。爱是宇宙间的第一正能量，是爱在改变你与我，是爱在改变这个世界。《功夫》中星仔的人格升华缘于爱，《这个杀手不太冷》中里昂从杀人到救人也是缘于爱，《泰坦尼克号》中露丝要跟着杰克奔走天涯也是缘于爱，《勇敢的心》中的华莱士反抗到底也是缘于爱，找到剧作人物内心的至爱，就找到了剧作人物一切动作的源泉。爱让内心强大，又让内心柔软。现实生活中亦是如此，因为爱，我们有了责任与生活。

第二节　峰回路转：故事的转折

正如《金瓶梅》《洛丽塔》一样，英国作家劳伦斯的《查泰莱夫人的情人》亦有许多电影版本。本书所选的是 2015 年英国导演杰德·墨丘里奥的电影作品，片长共 88 分钟，精读时长 20 分钟，主要赏析情节设计中的转折技巧与男女情感表达。查泰莱夫人康斯坦斯与守林人麦勒斯的三次见面，从拒绝到融合，连续不断的小转折，构成了第一次与第三次相比照的大转折，让剧情充满张力。三次见面完成了人物关系转折，符合俗语“事不过三”所蕴含的美学观念。

第一次见面：

见面前铺垫：仆人伯顿太太帮克利福德洗澡，引起康斯坦斯的不满，并引发夫妻的争吵。这个铺垫事件的戏剧性任务有两点：第一，丈夫表明在仆人面前感觉轻松，说明康斯坦斯的生活亦很压抑，丈夫以女仆人帮自己洗澡来释放压力，那么，康斯坦斯呢？引起观众的好奇。第二，丈夫与女仆人的暧昧，与康斯坦斯和麦勒斯的暧昧会面形成对位。

见面过程：

起：贝茨夫人提出麦勒斯渴望有一把自己小屋的钥匙，康斯坦斯决定帮麦勒斯送钥匙。钥匙改变了康斯坦斯的行程，形成第一个转折。

承：从礼貌的寒暄过渡到小屋钥匙，麦勒斯误会康斯坦斯，形成第二个小小的转折。

转：麦勒斯本能抵制康斯坦斯的好意，并指出查泰莱夫人没有必要亲自送钥匙过来，言外之意，女主人独自进入看林人的生活空间，是不遵守妇道之举，与第二次见面形成呼应，成为本次见面的转折点。

合：康斯坦斯将钥匙扔在桌子上，生气离开。

分析：这是两人单独相处的起点，以钥匙作为道具。在生活中，钥匙有私密空间、独立与自由权利等文化寓意，在男女之间，亦蕴含打开心扉之意。如此，康斯坦斯第一次会见麦勒斯，便有男女暧昧之意，这是一种朦胧的、潜意识的女性本能，并巧妙地隐藏在贵妇人的衣装里，从而形成了身份（社会赋予的理智）与情感（女性内心的渴求）的矛盾，随着康斯坦斯会见麦勒斯着装的女性化，日趋浓厚的女人情态溶解了麦勒斯的担忧与恐惧，面对康斯坦斯的女性呼唤，麦勒斯勇敢地将康斯坦斯带进了小屋。

平行剪辑：克利福德检阅煤矿。这是婚外情的最一般剧作手法，女人或者男人在约会情人，男人或者女人在工作。

麦勒斯害怕失去工作，送来道歉信；康斯坦斯从窗户看着麦勒斯离去的背影，内心愉悦，充满渴望。这一场戏的妙处：第一，这是推动剧情的一种基本手法，就是剧中人物对发生事件的新反应，麦勒斯因为会面时的冷漠而后悔，给了康斯坦斯希望，带来剧情的转折，自然进入第二次见面；第二，康斯坦斯偷窥麦勒斯，偷窥是男女建立并深化情感的一种最为基本的镜头语言，比如《菊豆》中的偷窥翻译成文字：你的身体好美，我好喜欢。

第二次见面：

起：康斯坦斯偷窥劳作中赤裸上身的麦勒斯，被小狗发现，康斯坦斯只好从树丛中走出来，笑着直视麦勒斯的裸身，麦勒斯慌乱中穿好上衣，并系好腰带。第一，两次见面，都在系裤腰带，这是性暗示；第二，系裤腰带的情景不同，第一次在屋中，第二次是面对面，男女情感深入一步：这是男女感情深化的一种基本手法；第三，巧妙运用他人（小狗）来打断人物动作，推进剧情。

承：康斯坦斯主动呼唤，一是认为信太短，潜台词：你可以约我的；二是想来这里画画，潜台词：我们可以这样互相陪伴。麦勒斯故意会错康斯坦斯的意思，并以去看陷阱中的猎物为托词离开；康斯坦斯及时地将争吵引到男女情感身上："我真的那么讨厌吗？"将两人的关系往前推进了一步。在康斯坦斯的主观视点中，麦勒斯手中小刀引人注目，与麦勒斯对待康斯坦斯的态度形成呼应。在康斯坦斯的眼里，麦勒斯如同小刀一样的锋芒，容易伤人。康斯坦斯坐在树桩上，微微后仰，展露女人情态，呼唤麦勒斯的关注，营造男女对话轻松环境，但又不断被麦勒斯对康斯坦斯丈夫的恐惧而打破，形成转折。在电影镜头语言中，女人身体后仰都是一种性挑逗。

转：林中忽然下雨，麦勒斯被迫同意康斯坦斯进屋躲雨。两次进入小屋，方式并不相同，第一次是女主人公偶然闯入，第二次是相约共同进入，情感深入。康斯坦斯脱掉外衣，并将衣服晾在绳子上，十分自然地融入麦勒斯的生活环境，融入小屋环境便是融入麦勒斯的内心。捡柴时的手指触碰再次让麦勒斯退缩，康斯坦斯大胆邀请一起烤火，女人的情感已经如同柴火，但是男人再次退缩到小空间里，用布帘把自己隐藏起来。

合：康斯坦斯惆怅离开，麦勒斯通过窗户偷窥，康斯坦斯并没有出现在镜头中，这是在偷窥一种即将来临的生活。特写麦勒斯的偷窥，就是进一步建立麦勒斯与康斯坦斯的新关系。

康斯坦斯回家，壁橱的火闪烁不定，这是转场的基本手法。康斯坦斯离开林中的小屋，门轻轻关上；来到丈夫的卧室，门哐当一声开了：用门的一关一开，与柴火共同完成转场，剪辑流畅完美。脱衣，进入丈夫的被窝，与林中小屋脱衣形成呼应。康斯坦斯渴望丈夫的触摸，而克利福德认为只有男人的阳具才能直抵女人身体深处，并不认可男人手的触摸同样可以让女人步入云端。这一场戏乃神来之笔：第一，麦勒斯激起了康斯坦斯的情欲，康斯坦斯却渴望在丈夫身上得到释放，既巧妙地描绘出了女性情欲的萌发，又巧妙埋下情欲释放的悬念与伏笔。第二，和失去丈夫的女人伯顿夫人聊起男人的触摸形成呼应，伯顿夫人一直念念不忘的是丈夫的触摸，以此激起康斯坦斯对男人触摸的向往与渴望，完成了一个女人对另一个女人潜在的虐待。潜台词便是：不要认为你有钱，但是你一直守活寡。在《勇敢的心》中，女仆人与伊莎贝尔叙说华莱士的英雄行为，是正面的性启蒙，或者说是性挑逗，此处是负面的，带有报复性质。第三，为再次会见麦勒斯埋下伏笔，第二次见面的激发事件是麦勒斯道歉的信，第三次见面的激发事件便是克利福德羞于触摸。

克利福德渴望有一个儿子，因为他富饶的土地需要一个继承人。

克利福德的电击治疗失败，渴望亲生儿子的梦想破灭。

第三次见面：

起：康斯坦斯践行上次的诺言，来林中散步，绘画，实际是来约会麦勒斯。麦勒斯亦变得很温和，温和情感来自上次离别时的偷窥，康斯坦斯已经扰乱了他的生活。花朵，树木，小鸡，在康斯坦斯的眼中，都是纯粹、充满活力、无畏的新生命，这是对自我的一种鼓励。

承：延续上一次的场景，制作鸡笼，小鸡孵化，男女之情亦如同鸡蛋一样孵化。一只小鸡将两人的禁区打破，麦勒斯将小鸡恭敬地递给康斯坦斯，康斯坦斯大胆地触摸着麦勒斯的指背，依据性科学，指背是性最敏感的区域。因为康斯坦斯的触摸，麦勒斯的眼中随之燃烧着情欲之火。

与第一次、第二次相比，两人有了共同关注与倾注情感的东西，那就是小鸡。第一次的钥匙，主动送与不能主动送；第二次的林中空地，绘画与养鸡，两人都没有达成共识。这一次，两人都愿意蹲下来关注小鸡，空间的走近，身体的触碰，如同蚂蚁的触须一样，带来的是内心的荡漾与亲密。

转：麦勒斯一句“小鸡把你当作它的母亲了”激发了康斯坦斯的母性情怀，触碰到了柔软的伤痛，麦勒斯瞬间的茫然无措之后，将轻轻抽泣的康斯坦斯搂在胸前，康斯坦斯随之如同一株水草，柔软地依偎在麦勒斯的怀里。经典的男俯女仰式的接吻姿态的自然形成，男女情感一触即发。这是男女人物关系变化的一个常用桥段，女性哭泣需要安慰，男性趁机展现宽阔的胸怀，这是身体最为自然的亲密接触，男女关系的变化基本离不开身体第一次的亲密触摸。

合：麦勒斯牵着康斯坦斯的手走进了他的小屋。康斯坦斯主动闯入，康斯坦斯受邀而入，麦勒斯与康斯坦斯携手进入，康斯坦斯三次进屋的不同方式将男女情感变化诠释得淋漓尽致。两人轻轻拥吻后，麦勒斯点燃了柴火，铺开皮毯，屋内春光荡漾，暖意融融，小屋亮了，寓意麦勒斯的生活亮了。柴火与皮毯流露着男人高雅的情趣，注定身体欲望会升华成精神的爱恋。在麦勒斯深情与从容的铺床中，康斯坦斯温顺地脱下外衣，四手相接，身心相通，火光映衬着康斯坦斯的皮肤，散发着圣洁的光辉，麦勒斯缓缓地解开康斯坦斯的衣带，随着男人手指的拨弄，康斯坦斯如同野花般盛开。抚摸，触碰，吸吮，缠绕，融合，柔美的火光中，身体带着灵魂一起飞翔。

过渡：林中依依惜别，轻盈的脚步，深情的回眸，生活，以另一种方式开始。

赏析总结：

第一，人物关系变化成为三次见面的主轴。编剧宋方金说：“每一对人物关系都必须具有内在的矛盾性，必须有三到五个甚至更多的转折点。无转折的人物关系是失败的，没有人物关系的变化就什么也没有，是事件和行动导致人物关系发生变化。”

第二，麦勒斯的护林生活提供了充满趣味而又富有张力的细节，不断推动剧情往前发展。男女冲突既源自护林人的生活细节，又在其生活细节中得以化解。

第三，每次见面前的铺垫让三次见面衔接自然。

第四，情节转折点既表现在剧情上，又以独特的视觉语言标记出来，康斯坦斯的着装与进入小屋的方式便是最典型的标记。

第三节　长乐未央：故事的目标

一场戏开始了，最重要的就是要考虑如何结束它，这是我们写戏的最为重要的一条经验。一场戏在何处开始，在何处结束，与这场戏的目的密不可分。电影剧作中的一场戏，既要服务于影片高潮这一总目标，又要承担起其在情节链中的具体任务。电视剧因为篇幅长，一般会分为几个叙事单元，每个叙事单元都有一个主高潮，因而电视剧中的一场戏如同电影中的一场戏一样，除了承担起其在情节链中的具体任务，还要指向所处叙事单元的主高潮。概而言之，一场戏的目的决定了这场戏的始末与过程。

我们以《为奴十二年》中的一场戏来说明：

A. 外景，埃普斯种植园，少顷

所罗门和帕西从肖家回来。等在大房子门廊上的埃普斯喝得醉醺醺的，点头召唤帕西，他那淫猥的念头暴露无遗。

埃普斯：帕……！帕西！

所罗门：别朝他看，继续走。

埃普斯站起身，气哼哼地走向两人。

埃普斯：帕西……！

所罗门侧身插到埃普斯和帕西之间，拦住埃普斯，让帕西走她的路。他故意装傻。

所罗门：找到她了，老爷，照您的吩咐把她带回来了。

埃普斯：你刚才对她说什么了？你说什么了？

所罗门：什么都没说。啥事都没有。

埃普斯：胡扯！该死的骗子！看到你跟她说话了。告诉我！

所罗门：我啥都没说，怎么告诉您啊。

埃普斯当胸抓住所罗门。

埃普斯：我要割断你黑色的咽喉。

所罗门从他手里挣脱出来。在挣扎的过程中，所罗门的衬衫被扯破了。埃普斯追赶。所罗门拔腿就跑，绕着猪圈兜圈子，轻松地跟埃普斯保持着距离。然而埃普斯并不罢休。他拼尽全力追赶所罗门，但跑得不够快，而且他很快就没劲了，不得不弯下腰喘粗气。跑在头里的所罗门几乎是脸不红气不喘。埃普斯缓过劲儿来，又开始追。所罗门还是跑在他追不上的地方。不一会儿，埃普斯又气喘吁吁地停下来……现在，这事已经显得很搞笑了。埃普斯再追，可是，还离得远着呢，埃普斯的力气就又耗光了。

埃普斯瘫倒在地，显出懊悔与虔诚的姿态。

埃普斯：普拉特……普拉特，我灌多了黄汤。我承认我喝多了，我反应过头了。今天是礼拜日。我们闹成这样，哪儿还像基督徒。扶我站起来，我们一起向上帝祈祷，祈求宽恕吧。

埃普斯向所罗门伸出一只手。所罗门谨慎地靠近，没有冒冒失失地过来。等所罗门进入了攻击距离，埃普斯便又扑了过去。他再次追赶所罗门，直到他再次喘不上气，倒在地上。他再次提出妥协。

埃普斯：我彻底没劲儿了，普拉特。我体力到了极限了，我没法跟你比。我向你让步。别害怕，扶你的主人站起来。

所罗门小心翼翼地凑近了一点来帮忙。埃普斯再度偷袭——这次是用刀。他喝得太多，也太累了，连折叠刀刃都没打开。所罗门被追着跑到了田边。这些追逐场面与其说惊心动魄，不如说滑稽可乐。是枯燥单调的奴隶生活的变奏。

埃普斯太太从房子里出来，跑向这两人。

埃普斯太太：怎么了？闹什么呢？

所罗门：纯属误会。这事的起头是主人打发我去找帕西，帕西去肖老爷家过安息日了。回来的时候，埃普斯老爷以为帕西和我说话了，其实没有。我试着跟他解释，结果就是这样。

埃普斯太太：怎么回事？她不在你眼皮子底下，你连安息日都没法过吗？真是个没用的东西。

埃普斯：等等……

埃普斯太太：你这肮脏无耻、不信上帝的野蛮人。别想再上我的床。

埃普斯：他……他跟你说了什么？

埃普斯太太：你那些见不得人的事儿。

埃普斯：他知道什么？我今天就没跟他说过话。普拉特，你这个说谎的黑鬼。我跟你说过话吗？说过吗？

出于谨慎，所罗门保持沉默。

埃普斯：瞧，他什么都不知道。该死的黑鬼，下地狱去吧。

埃普斯推开他妻子，自顾自走了。

显然，A 场戏发生的背景是：埃普斯在家庭舞会上一直盯着帕西，引起了埃普斯太太的醋意，督促丈夫卖掉帕西，导致了夫妻俩在舞会上的矛盾。安息日，帕西在肖家与肖太太喝茶，埃普斯蠢蠢欲动，派所罗门把帕西接回来。由此可知，通过埃普斯夫妻的矛盾，将埃普斯试图占有帕西这一戏剧性目的凸显出来。如此，埃普斯试图占有帕西是 A 场戏的开始，而 A 场戏所呈现的内容不过是埃普斯试图占有帕西的具体呈现。

在 A 场戏中，醉酒的埃普斯一看到帕西，就想强奸帕西，而所罗门为了保护帕西激怒了埃普斯，埃普斯追打所罗门，这是主人与奴隶之间的激烈对抗。幸好埃普斯太太的出现，将这一不对等的对抗化解了，从而为这一场戏画上了句号，实现了这一场戏的叙事目标：（1）继续铺垫埃普斯占有帕西的戏剧性需求，从而形成叙事悬念：帕西屈服还是对抗？（2）凸显所罗门与埃普斯之间的对抗，激发所罗门对自由人的渴望。

其实，让埃普斯太太来化解埃普斯与所罗门之间的对抗，是具有其内在的情感逻辑的，《为奴十二年》的编剧在这场戏之前巧妙地写了一场戏：

B. 外景，埃普斯种植园，大房子，晚些时候

奴隶们在棉田里忙碌的时候，埃普斯太太找来了所罗门。她的手里拿着一张纸。

埃普斯太太：普拉特……

所罗门：太太。

埃普斯太太：你能找到去巴塞洛缪商店的路吗？

所罗门：可以，夫人。

埃普斯太太递给所罗门一张纸。

埃普斯太太：这是一张杂货单子。你去买齐东西，立刻回来。告诉巴塞洛缪记入我们的赊欠账目中。

所罗门：我这就去，太太。

所罗门不经意间扫了几眼购物单。他及时发现了自己的错误，立刻改正过来，但是埃普斯太太已经留意到了他的反应。她开始追究——

埃普斯太太：你从哪儿来，普拉特？

所罗门：我给您说过了。

埃普斯太太：那就再说一遍。

所罗门：华盛顿。

埃普斯太太：你主人是谁？

所罗门：我主人名叫弗里曼。

埃普斯太太：他有学问吗？

所罗门：我想是。

埃普斯太太：他教你学了认字？

所罗门：零零碎碎的几个单词，但是大段文章我看不懂。

埃普斯太太：别费心学这个。主人买下你是让你干活的。仅此而已。除了干活，别的事只会替你招来一顿鞭子。

说完这番冷酷的告诫，埃普斯太太回房子了。

显然，B 场戏就是建立起所罗门与埃普斯太太之间的主仆关系，这也是和埃普斯与帕西关系的一种呼应，在一般的主仆关系之中多了一层情愫。用杨健老师的话来说，这种关系的设立遵循的是对位原则。杨健老师说："对位是电影创作中普遍使用的手法。它是组织情节和细节的原则。影片的一切细节都要与叙述主干建立起一种对位关系，不能够游离于叙述主干，要有机地配合叙述主干的发展。"马丁·艾思林也同样指出："我们试图把那里发生的一切事都安排在一个重要的模式里，并且了解它作为一个模式的意义。所以，任何不必要的或对那个模式没有用处的事物，都显得是一种干扰，一种刺激。"根据杨健老师与马丁·艾思林的理论来分析，埃普斯太太、所罗门之间的人物关系不仅没有干扰到埃普斯、帕西之间的人物关系，相反，是一种有机的配合，并构成一个有意义的叙事模式。

埃普斯试图占有帕西，让埃普斯太太倍感失落。作为一种补偿，埃普斯太太试图从所罗门身上获取一种"安慰"，但是又由于种族歧视的隔膜，让埃普斯太太对所罗门的情感处于矛盾之中，这种矛盾一直是情感让位于理智。这种情愫成为化解冲突的力量，因为能够制约埃普斯的，或者是奴隶不要命的反抗，而前面的反抗差点带来生命危险；或者是法律，而法律支持所罗门是他的私有财产；或者是他同阵营的人，埃普斯太太的出现，作为埃普斯同一阵营的人，带来了这场戏的转折。

正是因为一直是情感让位于理智，B 场戏结束于埃普斯太太对所罗门的训诫，识字会给黑人奴隶带来麻烦，巧妙暗指所罗门的第一次写信给他带来的困境。这一场戏结束，戏的主要目标也随之实现：（1）建立埃普斯太太与所罗门的主仆关系，在这主仆关系中蕴含着捉摸不透的情愫，为剧情发展提供必要的力量；（2）凸显所罗门识字，为他写信做好必要的铺垫；（3）扩大所罗门的生活范围，为所罗门走上自由之路积累感性经验。这三个戏剧目的都富有戏剧性，都具有生成情节的功能，其中第一个戏剧目的指向的是A场戏，第二个戏剧目的指向的是所罗门两次写信，第三个戏剧目的指向的是所罗门成为自由人的方式：不是逃跑，而是寻求家人的帮助。因为在路上，他遇到了巡逻队员处死逃跑的黑人奴隶的场景：

C. 外景，道路，日

所罗门沿着一条旧路向前走，肩上搭着购物袋。我们只能看到他的脚。他逐渐加快脚步，突然向左一拐，冲进了浓密的植物丛中。他现在是全力奔跑，树木在身旁闪过。所罗门拼力穿越树林，树枝在脚下嘎吱作响。他的脚步声、心跳声和呼吸声仿佛震耳欲聋。他绝望地狂奔。他猝然刹住脚步。死寂。我们看到，在空地上有一支巡逻队，正准备对两个年轻人实施私刑。所罗门的目光与受刑者相遇。这两个人带着恐惧的神情回望所罗门。一个巡逻队员正在检查套在他们颈项上的绞索。突然，猎犬开始狂吠，巡逻队员转头朝所罗门的方向望过来。所罗门全身战栗。

巡逻队员（气势汹汹）：小子，你要去哪儿？

所罗门（几乎说不出话）：去商店，先生，去巴塞洛缪商店。是埃普斯太太差我去的。

巡逻队员伸手去够所罗门脖子上的通行证，把他向前拉，然后瞟了一眼通行证。

巡逻队员：往那儿走，早去早回。

巡逻队员狠狠地踹了所罗门一脚，打发他走了。所罗门一边走，一边又看了那两个年轻人几眼；再次有了瞬间的交流。

所罗门转身。在他的肩膀后，两个人被吊了起来，双脚乱踢，口吐白沫。

所罗门走在通向巴塞洛缪商店的小径上，他的脸上写满了惊恐。他一边走一边竭力镇定自己。他继续他的旅程，是一个孤独的身影。

C 场戏结束于“所罗门走在通向巴塞洛缪商店的小径上，他的脸上写满了惊恐。他一边走一边竭力镇定自己”，这也是本场戏的主要目的。本场戏的主要目的就是黑人逃跑被巡逻队处死这件事对所罗门的内心造成的冲击，并促发所罗门选择新的自由之路。

由《为奴十二年》这 A、B、C 三场戏可知，一场戏的开始、经过与结束都是由这场戏的目标所决定的。一场戏的目标，既有其作为单独一场戏的叙事目标，又有其作为故事序列中的一场戏的情节结构目标。

第五章　段落叙事中的一场戏

电影是时间的艺术，剧作者在有限的时间内把一个故事充满情感并富有节奏地讲述出来，就需要对故事时间进行整体上的把控，正如史建全老师所说：“掐着表写，就是你要把‘起承转合’（故事）的‘松紧疏密’（时间）分布匀称。”史建全老师所说的“掐着表写”，首先表现在故事段落的安排与设计上，再由故事段落细化到一场戏的时间分配。

第一节　故事段落与故事单元

在剧本文字表现形式上，一场戏就是一个序号中所包含的内容。一场戏或几场戏，甚至几十场戏，构成一个相对完整的故事情节，这个相对完整的故事情节又被称为故事段落，或者故事单元。比如在《士兵之歌》中第一个故事，斯科沃索夫击毁两辆德军坦克并获得回家探亲的奖励，故事始于 3 分 30 秒，终于 11 分 6 秒，共 7 分 24 秒，这 7 分 24 秒的情节构成了一个完整的故事段落：

起：从 3 分 30 秒开始：斯科沃索夫观察到敌军坦克，并冒着生命危险汇报。敌军坦克进犯阵地，斯科沃索夫立即准备汇报，而躲在同一掩体里的另一无名士兵要求斯科沃索夫逃跑，斯科沃索夫拒绝，无名士兵逃跑途中遭受敌军射击身亡。士兵斯科沃索夫向上级报告后获准撤退。

简单赏析：

无名士兵阵亡的作用：（1）加强戏剧性环境，增强环境危机，随时都有牺牲的可能。编剧要学会用他人的死亡来加强环境危机。（2）体现斯科沃索夫忠于职守与英勇。（3）表明作者的态度与世界观，逃跑是可耻的。

承：从 5 分 18 秒开始：斯科沃索夫带着通信设备与步枪撤退，一辆坦克紧随身后，面对生死危机，斯科沃索夫脸上露出哭泣的表情，但是仍旧没有放弃逃生的希望。坦克停止机枪射击，试图直接碾轧斯科沃索夫。坦克与人的距离继续缩短，斯科沃索夫筋疲力尽，步子踉跄，经过废弃炮架旁时，通信设备被迫扔落在地，随即步枪丢弃一旁，并滚落在一个掩体里，伏地哭泣。敌军坦克继续逼近，斯科沃索夫发现身下的反坦克炮，摸索着架起坦克炮，向逼近的坦克开炮，爬坡的坦克后退，冒出浓烟，士兵露出笑容。

简单赏析：

（1）斯科沃索夫带着通信设备与步枪一起奔跑，本来应该抛弃通信设备，才会有更大的机会摆脱追赶，再次凸显其忠于职守，并说明其不是仓皇逃生，为后面敢于抗击埋下伏笔。编剧要学会用道具来表达人物内心与性格，要懂得用细节来表现人物，既有话可写，又让人物形象丰满。

（2）敌军坦克没有用机枪射击，而是试图碾压斯科沃索夫，坦克与人在战场上的追逐，扣人心弦而充满视觉冲击。编剧要学会营造视觉高潮。

（3）先呈现废弃的炮架，再出现反坦克炮，铺垫合理，逻辑清晰。编剧要学会营造环境，环境营造好了，巧合就没有了痕迹。

（4）斯科沃索夫哭泣的表情特写，从生命的角度，害怕死亡，人性的光辉；从士兵身份的角度，勇敢无畏，抗击敌人，职责使然。编剧在设计英雄人物时要注意人性化。

转：从 6 分 50 秒开始：敌军坦克机枪扫射，斯科沃索夫躲进掩体，机枪射击声过后，又传来了另一辆坦克的轰鸣声，斯科沃索夫架起反坦克炮，瞄准另一辆坦克，开炮，敌军坦克随即冒出浓烟，斯科沃索夫开心一笑。部队的炮弹随即落在敌军坦克周围，敌军坦克被迫撤退。

简单赏析：

（1）从被迫还击到主动出击，这是电影中人物成长的常用桥段。如果只击毁一辆坦克，缘于偶然，不足以体现斯科沃索夫的勇敢。

（2）编剧要善于设计好故事情节点，情节点是改变情节方向的点。在这个故事中，发射反坦克炮成为故事情节点，故事发展到此处时开始转向。

合：从 7 分 57 秒开始：斯科沃索夫以嘉奖换取回家修屋顶的机会。斯科沃索夫奉命向将军汇报，胸前棉衣上的弹孔十分显眼，在将军的询问下，斯科沃索夫坦诚因为敌人坦克逼近，他首先感到害怕。（起）将军准备表彰他的英雄行为，并决定嘉奖他；（承）斯科沃索夫决定用嘉奖换取回家看望母亲，并帮母亲修建屋顶的机会；（转）将军首先以战争在继续，士兵不能脱离岗位，影射无名士兵的逃跑，斯科沃索夫解释趁部队休整时机回家一天，将军同意斯科沃索夫回家，斯科沃索夫保证准时归队。（合）

简单赏析：

（1）斯科沃索夫胸前棉衣上的弹孔，与逃跑士兵后背上的弹孔形成呼应，不着痕迹地对比，突出斯科沃索夫的勇敢无畏。编剧要懂得运用对比。

（2）人物台词简洁、朴实、生动，塑造出了一个朴实、真诚、可爱而又勇敢的士兵形象。

（3）斯科沃索夫以嘉奖换取为母亲修建屋顶的机会，意料之外，情理之中，使得故事情节一波三折。编剧一定记住两点：一是凡戏均贵曲忌直；二是情节的发展不能按照我们世俗的观念去进行，也就是说，你主人公的选择要和世俗的生活保持一定的距离。

（4）以故事交代主人公的戏剧性需求：在规定的时间内，要回家修好屋顶，并准时归队。编剧要注意：第一个故事一般要指向未来与高潮，要具备推动影片往前发展的源源不断的动力。在这里，推动故事不断向前发展的是斯科沃索夫回家修屋顶，而处于战乱年代，斯科沃索夫在路上会遇到什么？又如何应对呢？

显然，在《士兵之歌》中，开端几场戏构成了一个叙事单元，这个叙事单元结束，很快进入下一个叙事单元。如此，一个叙事单元接连一个叙事单元，既让剧情得以向前发展，又让叙事脉络倍显清晰。一般说来，几个小故事构成一个故事单元，每一个故事单元必须完成一定的戏剧任务，不承担戏剧任务的故事单元，可以去掉。不管什么内容什么类型的电影，一部常规电影里大致也就那么五六个大的单元，多达十个左右单元。当然，这只是一般意义上的大致分法。

我们以《拯救大兵瑞恩》为例，来讲解一部电影的故事单元。《拯救大兵瑞恩》整部电影共包括六个故事单元：

（1）登陆奥哈马海滩成功，米勒中尉一行接到营救瑞恩的任务。

起：美军抢占奥哈马海滩受挫。

承：美军成功抢占奥哈马海滩。

转：美国陆军参谋长马歇尔决定将已经牺牲三个儿子的母亲的唯一活着的儿子瑞恩从法国战场找回来。

合：米勒中尉带领八人小分队前往法国战场寻找瑞恩。

简单赏析：

第一个故事得出了全剧的戏剧性任务，拯救大兵瑞恩。可见，影片的标题是全剧的主线，也是全剧的戏剧性目的。这个影片是一个群戏，米勒中尉，霍瓦特，莱宾，杰克森，韦德（医生），梅利西（狙击手），卡帕佐，厄本（翻译），如同《西游记》一样，以目标来统一人物行动。

编剧技法：

动作＋解释（剧中人物反应）＝有特殊价值的完整事件（或者亦可以称为：观众可知的完整事件）。

27分22秒：故事的动作部分：海滩上牺牲的战士，镜头逐渐拉近，28秒的特写，聚焦一个牺牲的士兵，其背包上的名字为瑞恩。

30分20秒：司令部工作人员的反应：他们的妈妈会在下午，接到三封阵亡电报。意味着，同一个母亲的三个儿子肖恩·瑞恩、彼得·瑞恩、丹尼尔·瑞恩阵亡，只有第四个儿子詹姆斯·瑞恩生死不明。

32分15秒：接到阵亡通知书的母亲的反应，瘫坐在地。

32分38秒：陆军参谋长马歇尔的反应，派人穿过德占区，寻找空降兵詹姆斯·瑞恩，并带他远离战场。

（2）救护法国小女孩的卡帕佐牺牲，分队获知瑞恩在小镇的另一边。

起：米勒一行前往101师空降地寻找瑞恩，队员无法理解此次任务的意义。

承：双线展开：一条线，寻找驻扎本地作战的中尉汉米尔；一条线，抗击德军。

转：救护法国小孩，卡帕佐被冷枪击中。

合：美国狙击手击毙德军狙击手，卡帕佐牺牲。

简单赏析：

这个故事的戏剧任务是通过卡帕佐的牺牲，进一步增强队员对营救大兵瑞恩这一任务的反感与抵制，这是情感线；同时，获得了瑞恩在法国小镇的另一边的消息，表明故事前进的方向。

41分19秒：故事开始于草地上前行，缓缓进入新的故事，以环境的改变来引入突发事件。

46分18秒：故事向前的动力：瑞恩在法国小镇另一边。

49分25秒：故事中的小插曲，队员打赌猜米勒中尉来自哪里，猜中

300 元。一边是生死之战，一边是战友间的玩笑趣事，以玩笑化解战争的血腥与恐怖，彰显战争乐观主义，而不是让战争游戏化。这个伏笔成为下一个矛盾的解困事件，又巧妙地将前后两个故事紧密连接起来。这是电影中十分成功的一个伏笔例子。

50 分 40 秒：就救护不救护法国小孩发生争论，大家争吵不休，卡帕佐被冷枪击中，大家立即将注意力集中在对付德军狙击手。在这里，有三点值得注意：第一，编剧要巧妙引入新事件来化解困局，救护与不救护法国小孩的争吵就是这一场戏的困境；第二，编剧要注意电影节奏，救护法国小孩，属于次情节，转移注意力后，不能再回到争吵上来；第三，编剧选择事件要指向主题，小故事也是营救，与营救瑞恩形成呼应。

56 分 20 秒：卡帕佐牺牲，米勒取下他的身份牌，与后面的身份牌形成呼应。这是小细节产生呼应的成功例子。

（3）发觉汉米尔中尉连的瑞恩只是同名，米勒七人继续向 101 师空降兵的集合地出发。

起：吉米休息，无意之间靠倒一堵墙，墙后面也是一队休息的德国士兵（本场戏的起）；两国士兵持枪对峙（本场戏的承）；原来已经爬到楼上的两位队友开枪射击，击毙所有德国士兵（本场戏的转），大家转危为安。（本场戏的合）（56 分 58 秒到 59 分 24 秒）

承：在汉米尔中尉的协调下，见到同名的瑞恩。

转：发觉汉米尔连队的瑞恩不是他们所要寻找的瑞恩。

合：受伤的空降兵指出降落集合地点兰姆勒，米勒中尉准备休息三小时立即出发。

简单赏析：

56 分 58 秒，故事开始于继续前行，寻找汉米尔中尉，目的地是广场。

62 分 46 秒：同名的瑞恩渴望回家。内心深处的情感台词“我要回家”，连接成一条情感线。

64分15秒：汉米尔中尉与米勒谈话，攻占柏林后，大家可以回家。呼应情感线索。

64分44秒：首先，米勒中尉发表对救护瑞恩的看法，委婉地表达对这一任务的抵制，但是希望瑞恩值得救护，呼应44分05秒：中尉，你呢？你不会埋怨吗？（八个人去救护一个人的意义）；接着，68分40秒，叙述妈妈与睡觉的故事，回家，妈妈，呼应情感线索；最后，70分34秒，厄本与米勒中尉的谈话，台词：在战前你是做什么的？呼应49分25秒的打赌；台词：战争能训练判断力，磨炼意志，增强体格，人在生死关头的瞬间，强弱立判，呼应后面的故事。由此可见，任何一场戏都不是孤立的，通过呼应连接成一个整体。

（4）消灭德军雷达站驻地士兵，并决定继续向兰姆勒出发。

起：深夜出发，新故事开始的标志。

承：从兵籍牌里寻找瑞恩未果，偶遇瑞恩熟人，得知瑞恩在兰姆勒附近。

转：发现牺牲的士兵与敌情，在绕道还是消灭德国机枪的问题上产生分歧（起）；为避免友军遭受伏击，米勒决定消灭德军雷达站士兵，主动发起攻击；（承）韦德中弹，抢救韦德失败，韦德牺牲；（转）命令俘虏挖坑，俘虏怕死，咒骂希特勒，被释放。（合）

合：米勒命令出发，莱宾提出异议。（起）莱宾想退出任务，霍瓦特以手枪威胁莱宾归队。这是八个救一个的困惑与矛盾发展的最高点，而一个冲突发展到最高点，就必须得解决问题。（承）米勒说出职业与籍贯，化解救与不救的矛盾，并进一步明确他们这次任务的意义：他们是救人，而战争是杀人。（转）埋葬牺牲的战友，继续前进。（合）

简单赏析：

73分53秒：环境人物，德温得中尉，汉米尔中尉。环境人物，来自典型环境，又呈现典型环境的一些基本特点，比如，两个中尉，作为环境人物，或者过渡人物，这里编制以连为单位，没有大兵团，表明编制混乱，加大寻找瑞恩的难度。

76 分 45 秒：德温得中尉给米勒中尉一袋兵籍牌，兵籍牌上记载着牺牲士兵的姓名与籍贯。与 56 分 20 秒形成呼应，构成“动作 + 解释 = 故事”。

80 分 08 秒：士兵麦可森因为手榴弹在耳旁爆炸而带来耳朵不灵光（台词）（暗场戏），与米勒遭受炮击暂时失聪形成呼应（动作）（明场戏）。士兵麦可森告知瑞恩集结的地方：兰姆勒，麦德里特河上的一座桥。

81 分 32 秒：新的戏剧性任务：向兰姆勒出发。故事继续向前发展。

82 分 37 秒：草地行进，标志性画面，过渡性画面。

90 分 38 秒：韦德牺牲前，喃喃地喊着妈妈，“我想回家”，呼应情感线。

100 分：伏笔，中尉的职业，摆脱困境。

101 分 01 秒：米勒说回家与妻子相见的可能情形。回家，呼应情感线。

这个故事进一步写出米勒中尉的性格，为后面与瑞恩一起守护麦德里特河上的一座桥形成呼应；同时明确任务的意义：救人，而不是杀人，杀人只会离家越来越远。

（5）共同击毁德军坦克，米勒与瑞恩一起准备战斗。

起：找到瑞恩。继续前进寻找瑞恩（起）；发现德军坦克，并准备作战（承）；德军坦克遭受友军攻击，坦克着火；米勒等人枪击逃窜德军（转）；击毁德军坦克的正是瑞恩等三人，大家惊喜瑞恩的表现（合）。

承：瑞恩获知兄弟牺牲的噩耗，但是拒绝回家，决定与战友一起保卫大桥。

转：米勒中尉决定与瑞恩留下来并肩战斗，并成为指挥官，体现了米勒中尉的高级指挥才能，与巴顿将军担任临时车辆指挥官情节的创作技法完全相同。

合：聆听音乐，闲聊人生，等待德军进入埋伏圈。

简单赏析：

105 分 30 秒：瑞恩以击毁坦克的英雄形象出场。汉德森下士为最大级别的指挥官，环境残酷。瑞恩自报名字，经米勒确认后，大家露出愉悦的笑容，瑞恩值得拯救。

108 分 39 秒：瑞恩拒绝回家，他要坚守麦德里特河桥。这才是电影！编剧永远不能让故事顺着走。对于这个矛盾如何化解？大家一起坚守麦德里特河桥。

123 分 34 秒：我想家的时候，想得很具体。呼应情感线。

（6）抗击侵犯麦德里特河桥的德军，米勒等人以生命救护瑞恩与大桥。

起：德军来犯，莱宾等人引诱德军进入伏击圈，取得初步胜利。

承：德军火力过猛，美军被迫退却，德军侵占麦德里特河桥。

转：美国反坦克飞机轰炸过桥坦克，德军撤退，厄本枪击再次战斗的俘虏。

合：米勒牺牲，期望瑞恩成为一个好人，不要辜负大家。

简单赏析：

130 分 55 秒：装甲车没有进入伏击圈，敌人没有完全落入美军圈套。对立双方中，其中一方永远不能完全按照另一方的意图行事。

136 分 50 秒：美军扔手榴弹炸死坦克内的德军，却遭受德军突然而至的重机枪的扫射，牺牲四五名士兵。形成一个小小转折，加强战争危机。对立双方，必须互有输赢。

152 分 57 秒：米勒临死前，仍旧用手枪射击德军坦克，试图阻止德军过桥。英雄就是英雄，必须具备英雄行为意识。米勒用手枪射击坦克，符合他的英雄心理。

144 分 07 秒：厄本胆小害怕，致使两名战友牺牲；德军士兵看到受惊的厄本，不屑枪击他。揪心的人物，可以让观众揪心。

153 分 50 秒：厄本一对六，并枪击再次参加战斗的俘虏，完成了个人的成长。正面的人物，需要给他成长的机会。

第二节　从一场戏到一个段落

每一场戏都有自己的基本任务，如果某一场戏，既不是交代事件、人物的基本信息，为剧情发展奠定基础；也没有服务主题，塑造人物，或是指向人物关系与人物情感，那么这一场戏就应该去掉。从任务的角度来看，几场戏或者数十场戏形成一个故事单元，显然，这个故事单元是统一于这个戏剧任务之中的。值得指出的，一场戏的戏剧任务，一个段落的戏剧任务，与主人公的戏剧性任务不是一回事。一场戏或者一个段落的戏剧任务，是从创作的角度来说的，是指这一场戏或者这一个段落戏对影片所要表达的剧作主题、情节发展以及人物塑造的基本作用。

一、由事物本身的逻辑构成的段落叙事

展现和揭示人性是电影追求的目标之一，而人性只有在一定的压力中才能真实呈现。压力越大，人性越真实。正是基于此，宋方金老师对从事编剧的青年们说道：“必须有一种把人物逼到压力之下的能力，得把压力做到实处。压力与选择，是写剧本特别重要的两点。”爱情片中的争吵戏，就是将相爱的人放在特定的压力之中，进一步激发彼此隐藏的情感，将情感往前推进一步。一般而言，爱情类型片中的争吵戏，会按照“争吵前—争吵中—争吵后”的内在逻辑呈现，同时又一定是情感的助推剂，要么转向负面情感，要么转向正面情感。

《风月俏佳人》中的争吵戏发生的背景是薇薇安与爱德华经历浴缸性爱之后，两人情感和谐，但是在爱德华的潜意识里面，薇薇安仍旧是一个安全套女人，妓女的经历与身份成为他们两人平等相爱的最大阻力。如此，越过还是妥协于这一阻力，就需要一场激烈的冲突来解决。于是，争吵戏

的情节自然而然就来了。

68 分 37 秒：（争吵前：激励事件）悠闲娱乐，观看马球表演，争吵前的快乐时光。菲利普埋怨妻子，暗示夫妻关系紧张，为菲利普侵犯薇薇安埋下情感伏笔。爱德华向菲利普走近，介绍女朋友薇薇安，菲利普向爱德华介绍妻子，菲利普妻子礼貌性握手之后马上离开，菲利普妻子的无礼暗示夫妻不和睦的原因所在，不关注丈夫的事业发展，这是《一条名叫旺达的鱼》中律师阿奇与妻子家庭生活的翻版。菲利普帮爱德华去拿饮料，交代人物关系；爱德华向薇薇安介绍他的律师菲利普，称菲利普是个好人——说明初始人物关系：工作上主从关系，情感上朋友关系。马球中间休息，来宾互动，整理草皮，爱德华与薇薇安亲昵嬉闹，菲利普独处，向他们二人投来嫉妒的复杂目光，埋下伏笔——说明隐藏的人物关系：敌对关系。镜头转换，薇薇安与爱德华客户的孙子一起亲切交流，这是爱情戏中必要的情节设计，两人分开，新的故事发生，《这个杀手不太冷》中里昂与玛婷达的两次分开，都引入了新的事件。菲利普追问薇薇安的来历，爱德华否认薇薇安是客户派来的间谍，称其来自好莱坞大道，是个妓女。爱德华与参议员交谈，菲利普揭破薇薇安的身份，薇薇安一时茫然无措，菲利普趁机抚摸薇薇安的手臂，约会薇薇安，在妻子的呼唤声中离开。薇薇安的情绪恶化，情绪恶化的原因：在爱德华的心里，薇薇安只不过是安全套女人；而在薇薇安自己心里，她是一个追求爱情的女人——身份的落差带来的困惑与失落。

这一场戏从快感写起，到痛感结束，一波一折。明写爱德华与菲利普的友好关系，巧妙埋下伏笔，为爱德华的选择做好铺垫。

74 分 45 秒：（争吵中，一波三折）进入宾馆，薇薇安仍旧闷闷不乐。爱德华道出衣服与女人的关系：高雅的衣服，是贵妇人；露腿露背装，是安全套女人；两人争吵升级，薇薇安因为爱，所以有了更高的期望，希望爱德华不要再将其视为安全套女人。薇薇安的唠叨触怒了爱德华，爱德华强调她就是妓女，薇薇安带上自己的衣服与包，准备离开。爱德华将钱扔在沙发上，薇薇安犹豫后离开，与《一夜风流》中不得志记者彼得不要赏金，赢得尊重一样，薇薇安的弃钱而去促发了爱德华的反思。在等电梯期间，心生悔意的爱德华道歉，并道出在吃醋的情形下不懂得应付菲利普的提问，称自己又残忍又愚蠢。薇薇安解释：她与摩西的孙子只是闲谈。薇薇安说，你伤害我了，以后别再那样做。爱德华答应，温柔地帮薇薇安提包，语言道歉与行动和解，完美合一。

起：薇薇安的不悦情绪引发冲突；进入争吵的方式十分常规：女性的情绪；

承：爱德华强调薇薇安是个妓女，再次伤害；争吵升级；

转：薇薇安带着妓女的行头离开爱德华，薇薇安的直接反应；

合：电梯为两人提供冷静的时间，爱德华道歉，薇薇安决定留下，两人和好。

78分59秒：（争吵后，情感升温，内部世界的反应）床上，裸身相对，争吵成为性爱前戏，生活化的戏剧情节。薇薇安叙述成长史，与争吵前爱德华叙述成长史呼应。这是爱情片的常规情节：成长史是必需的，因为爱一个人，必须爱他的过去，懂得了他的根，才真正懂得这个人。成长史会以不同的形式表现出来，如《勇敢的心》以草地上温馨交流的形式出现。薇薇安回忆为何成为妓女的心酸历程，被迫与无奈，一方面呼应争吵的缘由；另一方面，迎合爱德华内心的疑问，和爱德华为何创办收购公司的人生经历一样，并不是自己的真正梦想。爱德华受到感动，肯定薇薇安的聪明与独特。

80分38秒：（争吵后，爱德华与菲利普关系紧张，外部世界的反应）这是争吵后的另一个反应，爱德华对菲利普称呼薇薇安为妓女提出警告。如此，这场争吵戏构成了一个大单元，从单元来说：

起：（激励）看马球，爱德华对菲利普说薇薇安来自好莱坞大道，暗示薇薇安是妓女，埋下争吵的种子。

承：（争吵）爱德华与薇薇安从不悦到争吵，准备分离，直至和解。

转：（和解）情感再次升温，薇薇安自己叙述成为妓女的原因。这源于对妓女身份的争吵，自然会引出对薇薇安成为妓女的前史的追忆与介绍。

合：（巩固）爱德华警告菲利普称薇薇安为妓女。争吵起于菲利普，又以警告菲利普结束。

总而言之，争吵戏是爱情类型片很重要的一个类型戏，我们中国有“不是冤家不聚头”之说，“冤家”当然离不开争吵。创作争吵戏时，首先要明确争吵戏的争吵源便是爱情的阻力，通过争吵，凸显争吵源，并巧妙地要化解争吵源；其次，争吵戏不是泼妇骂街，具有其内在的生活逻辑，创作时，讲究起承转合，写得富有层次感；再次，争吵戏是对情感的激发，通过争吵，相爱的双方触摸到彼此的内心，情感往前推进一步，人物关系亦随之发生变化。对于相爱的人来说，情感出现一个高度，如果想越过这个高度，到达一个更高的高度，一般借助争吵戏来实现。显然，争吵戏将原来刚刚建立的情感高度拉到低谷，然后上升，一定要上升到原来情感的高度之上。

二、因为某一个特定的戏剧任务而构成的段落戏

在剧本创作中，当主情节线往前发展缺乏力量时，就需要引入一个激励事件，这个新事件往往会独立成为一个叙事段落，这一叙事段落的主要任务是推动主要人物去实现某一目标。也就是说，这一个段落结束后，主要人物获得了某种经验，或者得到了某种启示，或者洞悉了某个真相，从而触动或者震撼了主要人物的内心，并以此而产生一种巨大力量，推动主要人物去实现其人生目标。

在《勇敢的心》中，华莱士回到阔别多年的故乡，重遇小时候的伙伴美伦，一段埋在心底的恋情迅速升温，甜蜜约会，秘密结婚，继而英国士官猥亵美伦，英国军官杀害美伦，华莱士被迫反抗，所有这些情节构成一段戏。这一段戏的戏剧任务就是让华莱士彻底看清英国士兵贪婪的本质，从而促使华莱士走上反抗的道路。这一段戏的主要内容是美伦之死，英国军官杀害美伦打断了华莱士与美伦之间美好爱情的继续发展。

华莱士的追求，两人热恋并私订终身，均是对美伦之死的铺垫。编剧越把一件事情写到美的极致，损坏时就越具有震撼人心的力量，大众的情感自然而然就站在拯救美好事物的人物身上，剧作中的正面人物便获得了情感认同。观众有了情感认同，才会有情感体验，从而实现影片故事的一个基本价值。

在《肖申克的救赎》中，影片接近高潮时，主要人物的主要动作即越狱缺乏一种内在力量的直接激发，于是，编剧引入新人物并以“汤米之死”结构整个故事，让整个故事成为一个段落戏：

169. 内景，囚车，黄昏

汤米·威廉姆斯坐在车上，一个长相俊秀二十多岁的小伙子。囚车隆隆地驶进大门。

170. 外景，操场，黄昏

（为了凸显重场戏与保持情节的完整性，一些次要场景只保留场次、时间与场所。特此说明，下同。）

171. 内景，八号囚室，夜晚

172. 内景，汤米的号房，夜晚

173. 内景，走廊，白天

174. 内景，木材厂，白天

175. 内景，食堂，白天

176. 内景，图书馆，白天

汤米、安迪、瑞德和其他人在打扑克。

海沃德："你还在凯什曼服过刑？"

汤米："是的。那是一段轻松的日子，我告诉你，工作有序，周末休息，可不像这儿。"

斯诺："听起来你走遍了整个新英格兰。"

汤米："从 13 岁起我就进进出出了，你只要说出一个地方，很可能我就待过。"

安迪："也许你该考虑一个新的职业了。（暂停打牌）我的意思是，你似乎并不适合做一个优秀的贼，也许你应该试着做点儿别的。"

汤米："你他妈的知道什么，卡蓬（黑社会头子）？你是怎么进来的？"

安迪（瞥眼看瑞德）："这儿每个人都是无辜的，你不知道吗？"

紧张感被打破，大家笑了起来。

第一部分：汤米出场并与安迪建立起人物关系。第 176 场戏是重点，这一场戏有两个亮点，一是伏笔，汤米吹嘘他去过很多监狱，为揭露安迪被蒙冤的真相埋下伏笔；一是以冲突来建立人物关系，汤米一直在吹嘘自己的小偷生活，所有狱友均当作笑料来看，唯独安迪认为汤米年轻，应该改过自新，过正常人的普通生活。

177. 内景，探访室，白天

178. 内景，图书馆，白天

汤米走进来，没有了那份趾高气扬，带着些惶恐。他看到安迪在归置借书证。

瑞德（旁白）："不管是因为什么，这个孩子有些坐不住了。"

汤米："我在想也许我能试试考中学学历，听说你已经帮助一些人得到了这样的文凭。”

安迪：“我不想把时间浪费到废物身上，汤米。”

汤米（紧张地）：“我可不是他妈的废物。”

安迪：“这很好。不过我们一旦开始，就要坚持到底，全心全力，不可半途而废。”

汤米考虑了一下，点头同意。

汤米：“可是……（探身小声说）我不大会阅读。”

安迪（微笑）：“很好，那你就来对地方了。”

179. 内景，图书馆，白天

180. 内景，图书馆，白天

181. 内景，图书馆，白天

安迪在黑板上写字母。

瑞德：“这样，安迪就带着汤米，开始从 ABC 教起……”

182. 内景，食堂，白天

183. 外景，操场看台，白天

184. 内景，木材厂，白天

185. 内景，图书馆，白天

186. 内景，安迪的号房，夜晚

187. 内景，图书馆，白天

汤米在做测试，安迪看着时间。非常安静，只有汤米写字的声音。几个老家伙们在书架子那儿逛悠，还不住地偷偷往这儿看。汤米尽量不去理会，专心做测验。

安迪清清嗓子，时间到了。汤米把铅笔放下。

安迪："怎么样？"

汤米："怎么样？狗屁！（厌烦地站起身）为了这狗屁玩意儿，浪费我的他妈的整整一年的时间！"

安迪："也没你想的那么坏。"

汤米："比我想的还要坏！我一个他妈的也没弄对！简直就像做中文。"

安迪："我们先看看你得了多少分。"

汤米："我来告诉你那该死的分数吧……"

汤米抓起卷子，奋力将其揉成一团，扔到地上。

汤米："两分！就在那儿！那就是你的该死的两分。（气冲冲地往外走）该死的猫爬上树，5 乘 5 等于 25，去他妈的这个地方！去他妈的！"

汤米走了，瑞德和其他人面面相觑，安迪站起来，把卷子捡起来，在桌子上铺平。

第二部分：汤米在安迪的激发下（外），同时因为妻子与儿子的缘故（内），汤米决定发愤图强，通过学习来改变自己。安迪在得到汤米"坚持到底，全心全力"学习的承诺后，开始教汤米的阅读与数学。显然，这是两人相处的一种方式，相处是为了加深情感，为后来的揭露做好了情感上的铺垫。经过一段时间的愉快相处，编剧引入一个激发事件：考试。187 场考试戏是一场重点戏，具有承上启下的作用，承上：学习就会有考试；启下：有逆境就会有内心触动，关照内心，关注亲人的命运成为发现与揭露的直接原因。

188. 内景，木材厂，白天

189. 内景，图书馆，白天

汤米坐在安迪和瑞德的面前——

汤米:“大约四年前，我在托马斯顿服两到三年的刑期，因为偷车，真是件蠢事！（拍了一下桌子）出狱前的几个月，来了一个新狱友，埃尔默·布赖奇，极爱紧张的人渣，一双疯狂的眼睛，是那种永远不想与其住在一起的人，明白我说的吧？因入室抢劫判六到十二年，号称犯了几百件案子。难以想象他的那种极度紧张感，就是放一个响屁，都会把他惊得蹦起来。总是在说话，从不住嘴。说他去过的地方、犯下的事情、干过的女人，甚至杀过的人。那些跟他废话的人，这就是他为什么杀人的原因。一天晚上，开玩笑似的，我说：‘是吗？你杀过人吗？’他就说：……”

布赖奇:“有一次，我在一家乡村俱乐部做招待，这样我就能摸清到这儿的有钱蠢蛋们的路子。我挑中了一个家伙，晚上就去了他家，他醒过来跟我废话，于是我就杀了他，还有那个和他一起的迷人的婊子。（开始大笑）那是最过瘾的事儿！她在和那个蠢蛋干事，知道吗，是个高尔夫球手，但她已和别的男人结婚了！一个很牛的银行家，他成了抵罪的人，被关在缅因州的某个地方服刑，没得选择！”

他狂笑起来，前仰后合。

191. 内景，图书馆，白天

寂静。汤米说完了他的故事，瑞德怔在那里，安迪却像没事人似的。

……

192. 内景，诺顿办公室，白天

193. 外景，操场，白天

194. 内景，访问室，白天

195. 内景，禁闭室大门，夜晚

196. 内景，禁闭室，夜晚

第三部分：汤米揭露安迪蒙冤的真相。汤米因为学习上受到挫折，急需倾诉与安慰，无意中提及安迪进入肖申克监狱的原因，汤米在直觉上根本不相信安迪会是一个谋杀犯，并因此触动了他的记忆，揭露了事情的真相。这是一个富有戏剧性的动作，这一动作产生了新的动作：瑞德完全相信安迪是被冤枉的（反应1），安迪去找监狱长诺顿，请求查明事件真相（反应2，新的戏剧性动作），诺顿为了继续控制安迪，选择不相信（反应3）。面对诺顿的不信任，安迪愤怒（反应3带来的新动作1），面对安迪的愤怒，诺顿决定禁闭安迪一个月（新动作后的新反应）；安迪在禁闭室里感觉沮丧，但在听到汤米通过了教育部门举办的考试，安迪又充满了希望。

197. 内景，监狱走廊，夜晚

汤米在做夜工，提着桶擦地，摩特·恩威斯特走过来。

摩特："典狱长找你谈话。"

198. 外景，监狱，夜晚

一扇铁门嘎嘎地被打开，摩特领着汤米走出，来到监狱大门，打开锁。汤米朝四周看着。

汤米："在外面吗？"

摩特："狱长就这么说的。"

199. 外景，监狱，夜晚

摩特推开门，把汤米送出去，然后转身回头走了。汤米走过工厂装卸处的入口，一些车辆停在那儿，这地方有些荒凉。觉得有动静，他停了下来。

汤米："监狱长吗？"

诺顿走过来。

诺顿："汤米，我们碰到了问题，我想你能够理解。"

汤米："是的先生，我当然理解。"

诺顿："我告诉你，孩子，这件事情真的让我不知所措，使我夜不能眠，真的这样。"

诺顿拿出一包烟，给了汤米一支，汤米接住。诺顿给两人点上火，把打火机放进兜里。

诺顿："正确的决定，有时是很难分清的。明白吗？（汤米点点头）仔细想想，汤米。如果我想改变，就不能有丝毫可疑之处。我必须知道你告诉杜弗兰的是否是真话。"

汤米："是的先生，绝对真话。"

诺顿："你能在法官和陪审团面前发誓吗？你能把你的手放在《圣经》上面当着万能的上帝起誓吗？"

汤米："我盼望着这个机会。"

诺顿："我正是如此想法。"

诺顿扔掉香烟，用鞋尖碾碎，然后朝车牌厂的房顶看了一眼。

房顶的高角镜头（狙击手的视线）——

一支瞄准镜出现在屏幕，汤米被放大的表情惊人地清楚，固定在十字线中央。

200. 外景，监狱，夜晚

狙击手速射卡宾枪——砰！砰！砰！砰！——枪口喷出的火光照

亮了那张脸，队长哈雷。

201. 外景，监狱，夜晚

汤米被子弹连续击中，抽搐着倒在地上，蜷成一团，眼睛睁着死去，脸上仍是惊诧的表情。诺顿转身，步入黑暗。

202. 内景，禁闭室大门，白天

203. 内，外景，监狱，白天

204. 内景，诺顿办公室，白天

安迪被带进来，门被关上，与诺顿单独待在一起。

诺顿："真可怕，那么年轻，还不到一年就可以出去，却想逃狱。射杀他伤透了哈雷队长的心，伤透了。"

安迪："我不干了，现在结束了。让税务公司宣布你的收入吧。"

诺顿猛地站了起来，眼睛里充满着愤怒。

诺顿："什么都不会结束的，不会！我会让你难受透顶的！没有守卫的保护，我把你从单人间调出，放入我知道的最粗暴的鸡奸犯那里。你会感到就像被一列火车在干你！至于图书馆，没了！一块砖一块砖地把它封掉，然后在院子里举行一次用书做燃料的烧烤！火焰在几英里外都看得到！我们会像印第安人一样在火边起舞！你明白了吗？你懂了吗？"

镜头慢慢推近安迪的脸庞，眼神空洞，被击败的表情说明了一切……

第四部分：汤米之死，安迪对诺顿绝望。汤米揭露安迪被蒙冤的真相后，还在继续产生新的动作。诺顿决定枪杀汤米，以便永远控制安迪（诺顿的反应，也是动作 1），摩特传唤汤米，并将其带到监狱大门外的一个荒凉的地方（动作 2），哈雷用卡宾枪瞄准汤米（与动作 2 平行的动作 3），汤米被枪杀。诺顿告诉安迪，汤米因为越狱被击毙（动作 1 引发的新动作），安迪感到绝望（面对汤米之死引发的新动作）。

三、剧中人物某一阶段的命运构成的叙事段落

与其他叙事艺术一样，影视剧也是以塑造人物为中心的。在叙事中，主要人物或者主动有为去追求某一个目标，如《阳光小美女》；或者努力恢复被打破的幸福生活，如《海军陆战队》：无论是主动有为，还是被迫卷入，都会不断面临新的困境。困境如同一堵堵的墙，阻碍着主要人物的达成既定的目标。为了更好地指导创作，可以将影视剧中的困境拆解成一个个的障碍，如此，主要人物每克服一个或者某一层次的障碍，就形成了一个叙事段落。

以《霸王别姬》中程蝶衣为国民党警察关押并被释放的故事为例：

108. 大街上，日，外

程蝶衣段小楼戴着孝在后面走，小四捧着灵位在前面走。

大街上放着鞭炮，人们摇着民国国旗，一派欢快景象。

字幕：一九四五年，日本投降

109. 段小楼卧房，夜，内

菊仙躺在床上，递给段小楼一个虎头帽子。

段小楼接过虎头帽，往头上戴。

菊仙看着笑。

段小楼摘了虎头帽。

110. 戏园子，夜，内

111. 后台，夜，内

112. 楼上，夜，内

113. 戏园子，夜，内

114. 后台，夜，内

115. 戏园子，夜，内

116. 后台，夜，内

117. 戏园子，夜，内

段小楼从后台冲进了台子上。

当兵的都停止了起哄，看着他。

段小楼走到程蝶衣身旁，其他的戏子也从后台走进来。

有一号人领着程蝶衣，退了场。

段小楼冲着那群当兵的一个抱拳：各位老总！这戏园子里没有用手电筒晃人的规矩，连日本人也没这么闹过。大伙都是来听戏的，请回座上去吧。

段小楼 90 度鞠躬。

军官：说得好，回去。可是有一样——替日本人叫好成不成？

当兵的群起：不成！

军官：打！

成片的手电筒就往段小楼身上砸。

118. 楼上，夜，内

119. 戏园子，夜，内

120. 后台，夜，内

那坤拉开布帘子，段小楼抱着菊仙就跑进来，前面还有个人手里拿着一块沾血的布。

段小楼：我在这，菊仙。

那坤：快，凳子！

领头那人捧着血布走到那坤面前：您瞧，段太太。

那坤推开那块布：赶紧送医院，先保住大人再说，赶紧着！

段小楼抱着菊仙就要从后门走，走到后门，门口出来几个警察。

121. 戏园子，夜，内

戏台上已经砸得稀里哗啦。

那坤（画外）：哟，不就是公共治安这么点事吗？还至于劳动诸位，弄出这么大的动静？罚款！罚款！

警察长撩开帘子，走到台上。

程蝶衣就站在台子上，面朝着众多席位。

警察长走到程蝶衣面前，拉起程蝶衣的手，铐子就铐上了。

段小楼：还要抓人啊？这戏园子也砸了，人也快打死了！你们还要抓人呀！你们凭什么抓人？

警察长转过头看着段小楼：凭什么？

警察长掏出份证件：程蝶衣犯的是汉奸罪！

122. 后台，夜，内

警察长在前面走，其他人拖着程蝶衣就走。

段小楼（画外）：你们凭什么说他是汉奸？

段小楼冲到后台，小四也跟着：师父！师父！

戏园子一人：段老板！

一群人围着躺在条凳上的菊仙。那人：段老板，孩子怕是保不住了！

段小楼一脸的血，站在那里。

众人扶起菊仙，菊仙：小楼，我真对不住你……你忙你的去吧！

画外传来摩托车开走的声音，我们可以感觉到，程蝶衣被抓走了。

段小楼看了看后门的方向。

菊仙昏过去了。

段小楼转头看了看菊仙。

第一部分：程蝶衣为国民党士兵唱戏，兵痞朝程蝶衣晃动手电，段小楼救场，矛盾迅速升级，演变为戏子与兵痞的群殴。与日本兵、共产党战士形成对比，程蝶衣面临不能顺利唱戏的困境。群殴中，怀孕的菊仙因为挨打动了胎气，急需送往医院，而随后而来的警察准备带走程蝶衣，段小楼面临艰难选择，先救菊仙（假虞姬）还是先救程蝶衣（真虞姬）。菊仙怀孕与109场戏形成呼应，道具“虎头帽子”交代剧情；程蝶衣汉奸罪与上一段落形成呼应，情节前呼后应，构成一个整体。

123. 段小楼卧房，日，内

菊仙躺在床上，头上裹着红布，段小楼穿着西装，坐在椅子上。

菊仙：你这个师弟呀，也不知道这世道跟他找别扭呢……还是他跟这世道找别扭。总是轻省不了，早晚还得出乱子！只要你跟他在一起，我这心就不踏实。咱们的孩子没了，我可就剩下你一人了！往后跟你一起去要饭，我都没二话。可就有一样……小楼，你得让我这心里太太平平呀！你把他救出来了，咱们可就不欠他的了。往后你别跟他唱了。你答应我，你得给我立字据，啊?

124. 袁府厅上，日，内

袁世卿逗弄着几个笼子里的鸟，那坤在旁边侍立。段小楼站在门前。

那坤：四爷，蝶衣这条性命，全仰仗您啦！这点，您先打点着，要是不够，咱们回头再……

段小楼：袁世卿，您只要救出蝶衣……我们哥俩三年的包银全归了您。

袁世卿：没你们的包银，你当我就喂不起这几只鸟啦？这位是？（看着段小楼）

那坤：这不是小楼吗？给蝶衣唱霸王的段小楼啊！

袁世卿坐在凳子上：那该他救虞姬去呀！

那坤：哎哟，我的亲老爷子，那不是戏吗？可着这全北平，谁不知道袁世卿才是梨园行的真霸王啊？是吧？

段小楼鞠躬：是，是，是！

袁世卿：这说到戏，我倒要请教段老板，这霸王回营亮过相去见这虞姬，到底该走几步啊？

段小楼：七步。

袁世卿：走我瞧瞧！走我瞧瞧呀！

段小楼：四爷。

菊仙捧着宝剑闯入。

菊仙：这是袁世卿的府上吧？有位叫程蝶衣的让人逮走的时候，说是，这把剑的主人能救他，您瞅瞅，认得吗？

菊仙捧剑到袁世卿面前。

袁世卿站起。

菊仙抽出剑，又收回鞘：瞧您这意思，我是找对主儿了！那成，这剑哪，我给您摆在这儿啦！

菊仙把剑放在桌子上：这剑找着主儿，我也就放心了。可这人哪，也总有指望错的时候。袁世卿，您可别怪罪蝶衣。

袁世卿：唉，弄明白了！他给日本人唱堂会，怕不是袁、袁某的指使吧？

菊仙：哟，要是您袁世卿让他去的，他能让人给逮起来吗？

段小楼点头：那是！

袁世卿坐下：唉！

菊仙：一屋子的记者都在家里等着呢。小楼，那爷，咱们走！

袁世卿：慢着，话说清楚了。

125. 监狱，夜，内

菊仙坐在程蝶衣的对面：袁世卿让我来关照你，赶明个儿上了法庭，你得说日本人拿枪逼着你去唱的堂会，在兵营里头给你动了刑。旁的，袁世卿都替你安排妥当了。

菊仙走上前，递出一张写了字的纸：这是小楼让我交给你的。

程蝶衣接过纸，看。

菊仙：蝶衣，你别怨我们，小楼的孩子死了，这就是你们在一块儿唱戏的报应。

菊仙抽泣：出去以后，你走你的阳关道去吧。

菊仙走出牢房。

程蝶衣靠在牢房墙角，抽大烟。

第二部分：面对程蝶衣被抓，段小楼积极营救程蝶衣，与程蝶衣营救段小楼形成呼应。段小楼被日本人抓走，真（程蝶衣）假（菊仙）虞姬救霸王；程蝶衣被抓，真（段小楼）假（袁四爷）霸王救虞姬，可见，都是利用三角人物关系在推动剧情。段小楼与菊仙怀着不同目的请求袁四爷营救程蝶衣，符合人物性格与身份，丰富了剧情，让剧情走向充满多种可能。程蝶衣救段小楼，要菊仙离开段小楼；菊仙救程蝶衣，要程蝶衣离开段小楼：不同的人物，同样的需求。

126. 法院，日，内

检察官：查伶人程蝶衣在我“中华民国”对日抗战时期，竟与日寇驻平警备旅团之敌酋青木三郎，互通款曲，狼狈为奸。以淫词艳曲为日寇作堂会演出。长敌之气焰，灭我之尊严。敌酋青木三郎在日军投降后，仍有反抗举动，已被我军击毙。其与被告往来之罪证相片，已落入我方，现出示法庭，铁证如山。

检察官举着几张照片，照片上可以看到程蝶衣与青木三郎二人。

旁听席议论纷纷。

画外：传证人袁世卿、段小楼、那坤出庭。

三人步入法庭。袁世卿头戴帽子。

袁世卿摘下帽子：世卿世受国恩，岂敢昧法？更不敢当众违背天理良心。程蝶衣确实是被日本人用手铐铐走的，还用手枪顶其项背威胁，就是后脖颈子。

袁世卿坐下。

法官：段小楼。

段小楼：是，是！日本人他是打了我师弟！这四爷全说了。

法官：那坤！

那坤一指袁世卿的方向：他——

袁世卿站起：方才检察官声言程之所唱为淫词艳曲，实为大谬！（拍栏杆）程当晚所唱是昆曲《牡丹亭》《游园》一折，略有国学常识者都明白，此折乃国剧文化中之最精粹。何以在检察官先生口中，竟成了淫词艳曲了呢？如此作践戏剧国粹，到底是谁，专门辱我民族精神，灭我国家尊严？

旁听席鼓掌：好！

法官摇铃：被告人程蝶衣，证人所述属实吗？被告人，本庭要求你对日本军部事件做自我陈述。程蝶衣！

程蝶衣：堂会我去了，我也恨日本人，可是他们没有打我。

旁听席沸腾，议论纷纷。

法官摇铃：被告人程蝶衣，你有义务和权利用事实来证明你清白的人格。你再仔细地回想一下，再做一次陈述。

程蝶衣：青木要是活着，京戏就传到日本国去了。

旁听席再度沸腾。

法官摇铃。

程蝶衣：你们杀了我吧！

程蝶衣转过头看着段小楼。

袁世卿离开法庭。

段小楼：四爷！四爷！

几个持枪士兵走了进来，一人拿着一份文件走到法官面前，摊开。

菊仙走到程蝶衣面前，啐了他一脸。

127. 街上，日，外

袁世卿走出法庭。

法庭外停着一辆轿车，有人把车门给打开了。

段小楼拦住袁世卿：四爷，您不能走啊。

袁世卿：我走不走，他都死定了！

袁世卿坐上车。

段小楼：四爷，您不能走，您走他就完了。

汽车开走。

第三部分：段小楼营救程蝶衣失败。袁四爷辩论精彩，段小楼伪证呼和，那坤虚与委蛇，人物性格决定人物动作，亦决定人物命运，为政治运动中段小楼、那坤的“叛变”埋下伏笔。袁四爷辩论精彩，与程蝶衣一心向死形成一个鲜明对比。

128. 法庭，日，内

法官：本庭宣布，程蝶衣汉奸一案暂停审理，被告程蝶衣交保具结，予以释放。休庭。

程蝶衣拍了拍自己的胸口。

两个法警走上前，一人放好印泥，一人递上一张纸。

法警拉过程蝶衣的手，就给他打了指模。

段小楼（画外）：这怎么回事。程蝶衣，你他妈耍我啊你！你给我等着。

程蝶衣看着鲜红的手指，按在嘴上，往下一拉，脸上多了红印子。

法官走到程蝶衣面前：程老板，回头见。

军人上前：程先生，请。

129. 礼堂外，夜，外

先是停下了一辆吉普车，跳下几个拿着冲锋枪的士兵，站在两旁警戒。

又来了一辆轿车，下来了几个人物，走进。

130. 礼堂，夜，内

一排的席位整齐，诸多的军官也端正地坐着。法官穿着西装，也在其列。

画外：司令官到！

一人穿着军装，披着大衣走了进来。

众人纷纷站起，行注目礼，然后鼓掌。

台子上有人搬过来一块牌子，上写：特办专场，程蝶衣，牡丹亭。

字幕：昆曲《牡丹亭》

司令官坐下，音乐起，司令官鼓掌。

程蝶衣在台子上起唱。

第四部分：程蝶衣被释放。与日占区化解困境是一致的，均体现了京剧的力量，但是写作章法不一样。日本人青木三郎要程蝶衣唱戏，属于明写，青木三郎看戏，意犹未尽——段小楼被抓——青木三郎点名程蝶衣唱戏，作为交换条件——段小楼并未理解；司令官要程蝶衣唱戏：程蝶衣被抓，坐牢——段小楼积极营救，袁四爷法庭辩论，与日本单方面的条件形成呼应——程蝶衣因为不能与段小楼一起唱戏，主动放弃，段小楼营救失败——司令官交保具结，程蝶衣被释放。司令官交保具结，用的是暗写，因为前面有青木三郎点名唱戏做铺垫，因此用了悬念的手法。如此安排，既含蓄，又在情理之中，让观众有恍然大悟之感。

第三节　焦点：人物困境

被某些影评家评为“愚蠢而巨大的影片，愚蠢到令人感到了无法抵挡的愉悦”的《速度与激情 7》，除了吸引人的视听奇观外，影片中的剧作手法亦有可圈可点之处。影片以故事介绍人物，迅速展开剧情，很是值得我们学习与借鉴。反派人物德卡特出场的第一场戏，德卡特来看望成为植物人的弟弟，并决定为弟弟复仇；四周躺着的特种兵都已经死去，略去了刚才的生死搏斗，但表明了德卡特邪恶的一面。紧接着，德卡特来到警局，盗取探员哈柏电脑中的信息，打斗开始，哈柏受伤，但幸免于难，与第一场戏死去的特种兵形成呼应，一个是暗场戏，省略搏斗过程；一个是明场戏，详写搏斗场面。如此处理，既保持了影片的快节奏，又使得剧情富于变化。再接下来一场戏，德卡特给多米尼克打电话，已经完全变形的汽车内，韩奄奄一息。多米尼克随即向家人发出警报，来自东京的匿名包裹瞬间爆炸，影片仍旧采用的是一明（详）一暗（略），省略韩与德卡特的殊死搏斗，而把多米尼克等人紧急避险、在爆炸中幸存下来作为正面来写。至此，反派人物德卡特出场完毕，一号人物多米尼克亦被卷入危机之中，为了保卫家人，召集团队成员，决定围捕德卡特。三个小故事，把反派人物的凶残、狡猾与暴力完全展现出来，并且有效地建立起了特定的人物关系，又赋予了对立双方的戏剧任务，他们都信奉“家庭就是一切”，并以此为基点，开始一系列的动作与行为。如此，亦完全将观众带入影片之中。

无须多言，故事是危机艺术，故事性作品，就需要把人物置于危境之中，以此来激发出人物的选择。《速度与激情 7》呈现险境的艺术手法，亦值得我们编剧借鉴。影片 91 分钟，泰瑞托受伤，多米尼克与布莱恩不得不撤出与反派人物的对抗，天眼被反派人物抢走，与多米尼克保护天眼这一行为动作产生鸿沟。罗伯特・麦基说：“世界的反应（动作结果）与你的期待（动作预期）之间有可能是有鸿沟的，它会把人物的生活从正面转向反面，或反之。”也就是说，一旦现实中裂开这个鸿沟，主要人物便会以其意志力和能力重整旗鼓，发出新的动作和行为去缝合这一鸿沟。在多米尼克发出新的动作与行为之前，影片又是如何来呈现多米尼克所即将面临的险境的呢？

首先，泰瑞托的台词正面交代此次任务艰巨，多米尼克与布莱恩亦认可。面对天眼被反派人物控制，多米尼克接受新的戏剧任务，重新控制天眼。受伤的泰瑞托强调必须保护拉姆齐，天眼才不会被反派人物控制，并且强调反派人物会不顾一切追杀拉姆齐。于是，保护拉姆齐与重新控制天眼成为多米尼克团队的主要戏剧任务。看到出现在天边救援泰瑞托的直升机，多米尼克与布莱恩驾车迅速离开，此处剪辑干脆利落，绝不拖泥带水。路上，多米尼克表达会勇敢面对即将来临的决战，布莱恩默认。主要人物确认自己的戏剧任务，与告知戏剧任务的泰瑞托形成呼应。这是首次表达出了即将来临的任务的艰巨与危险。

其次，团队成员认为此次任务危机重重，因为生命顾虑而准备退出。

多米尼克将戏剧任务告知团队成员，团队反应不一。影片中的团队，永远不能意见一致，因为只有具有张力的人物关系，才更有戏。犹豫与反对的人认为，对立体人物有重装佣兵团，训练有素，过于强大，且又有天眼，随时知道他们藏身所在，人为刀俎，我为鱼肉，与其白白牺牲，不如好好活着。团队的争吵是为了更好地强调任务的艰巨与危险，争吵的结果是轮流护送拉姆齐，在快速移动中，逃避天眼的定位追踪，并重新控制天眼。

再次，多米尼克与布莱恩以赴死的决心去完成任务，通过与家人告别来体现。多米尼克与莱蒂离开团队，莱蒂道出心底有不祥之感，多米尼克将护身符戴在妻子莱蒂的身上，承诺一定会回来取。与此呼应，地下车库，布莱恩向妻子蜜雅电话告别，如果 24 小时没有消息，要她和儿子好好生活下去；蜜雅要他一定回来，因为又怀孕了，并且是个女儿，女儿不能没有爸爸。随即，布莱恩故作轻松地道出两人第一次见面的情景，安静瞬间，布莱恩说了一句：蜜雅，我爱你！随之两人都感觉紧张，蜜雅如同莱蒂一样，感觉到沉重的告别，及时打断话题，布莱恩要蜜雅代替他亲一下儿子杰克。随即挂了电话，两人都对着挂了的手机说道：我爱你，布莱恩（蜜雅）。沉重的亲人之间的告别，一略一详，既呼应了“家庭就是一切”的主题，又进一步将任务的艰巨与危险凸显了出来。

最后，凸显反派人物的强大与优势，以此来加强危机与悬念。平行蒙太奇，正面人物与对立体人物准备最后一战。多米尼克来到仓库，翻出库存的枪械、手雷；与此同时，德卡特亦在准备枪械、手雷。布莱恩穿上防弹衣，带上枪支，开车出发。德卡特背上手雷、枪械出发，多米尼克出发。对立体人物在直升机上利用天眼追踪正面人物，危机一触即发（98 分 40 秒）。

如此，接受任务、通知团队、告别家人和准备决战，有层次地呈现正面人物即将面临的危境，扣人心弦而又惊心动魄，一步一步地将观众引入正面人物所处的危机之中。

主要人物面临困境，就会想尽一切办法摆脱困境，如此，陷入困境，摆脱困境，再陷入新的困境，不断推进剧情叙事。影视创作者在设计人物摆脱困境时，一般有如下一些常见的手法：

一、借助突发事件来摆脱困境

在影片中，一个事件正常发展，主要人物正处于不利地位，这时，由于一个突发事件的干扰，原来事件的发展被打断，主要人物亦得以暂时摆脱困境。我们以《这个杀手不太冷》中的两场戏为例。

A. 日，内，餐厅

玛婷达与里昂在酒吧举杯共饮，并碰杯。

玛婷达：我以为我们不可以在一起喝酒。

里昂：我知道，我们为了庆祝你第一份工作破例一次。

玛婷达：那么我们可以为了工作顺利而破例。

玛婷达认真地看着里昂。

玛婷达：那吻一下如何，就像电影上的一样。

里昂瞟了一眼周围，还好没人注意到他们。

里昂：不可以。

玛婷达审视着里昂，继续往前倾，低低地说道：可以。

玛婷达说完，就从座位上站起来，准备亲吻里昂。

里昂有点茫然无措：你要干什么？

玛婷达：我要吻你！

里昂：玛婷达，拜托你停下来。

玛婷达已经靠近里昂的脸，几乎要蹭到里昂的脸上。

玛婷达笑道：来吧，就一个吻吧。

玛婷达几乎要吻到里昂的唇。

里昂：停下来，别人都在看着我们，坐下来。

里昂浑身不自在，他把玛婷达推回了座位。但是玛婷达微笑着要继续亲吻里昂。正在两人嬉笑着推推搡搡的时候，服务员端着一盆菜过来。玛婷达马上坐回到自己的位置，用倒酒来掩饰刚才的冲动。随着服务员一句“请慢用”，玛婷达脖子一仰，把刚刚倒满的酒喝下去大半杯。

玛婷达：你不相信我，对吗?

里昂：何以见得?

里昂把那瓶酒放到了桌子下面，免得她再继续灌下去。

玛婷达：当我说我爱你的时候。

里昂：玛婷达，换个话题吧。

玛婷达：你第一次杀人是什么时候?

里昂：十九。

里昂老实巴交地回答道。

玛婷达举起酒杯：我赢你了。

玛婷达喝完杯中的酒，打了个酒嗝，然后咯咯地笑起来。

里昂目瞪口呆地看着她，玛婷达笑得越来越大声。

玛婷达的笑声引起了周围人的关注，里昂浑身不自在，无助地小心翼翼地左顾右盼。

里昂决定精心培养玛婷达，并用枪杀毒贩等真人来告知玛婷达不能打脸等行业规则。玛婷达在第一次见证“真人杀人训练”后，十分兴奋，并在酒店餐桌上提出索吻要求，这显然不符合里昂的性格，意味着给里昂带来了困境，如何化解这一困境呢?编剧就是安排服务员端菜过来，服务员横在两人中间，自然弱化了戏剧性情境。随着服务员的离去，里昂快速地转移话题，并借此摆脱了玛婷达带来的小小困境。

B. 日，内，男厕所

（玛婷达抱着一大包外卖站在警察局门口，那个穿灰西装的卷头发男人出现了，他给手下交代了几句，然后径直走进了电梯。她立刻跟了进去。）

史丹佛进了男厕所，玛婷达看了看四下无人，便轻手轻脚地推开门跟了过去。这是一间很破旧的厕所，蹲坑是全封闭式的，房顶上的水管还在滴滴答答地滴着水。

玛婷达抱着外卖盒，一个又一个地检查着，直到最后……

门缓缓地关过来，砰的一声撞在门框上。玛婷达打了一个寒战，并发现了门背后的史丹佛。

史丹佛从门后走出来，径直来到厕所中央的大镜子前面，欣赏着自己美丽的发型。

史丹佛：送外卖的，我猜猜看。

史丹佛拿出毒丸盒，放到耳旁摇了摇，毒丸碰撞的声音马上让史丹佛兴奋起来。

史丹佛：中国菜？还是泰国菜？

史丹佛从小盒子拿出一颗绿色的药丸吞下去。

史丹佛：哦，我知道了，是意大利菜。

随着史丹佛的出现与追问，玛婷达感觉到害怕，眼泪已经湿润了眼眶。

史丹佛捧了一捧水洗脸，然后掏出一张纸擦干脸。他踱到玛婷达面前，仔细地打量着这个瘦小的女孩子。他就是史丹佛，纽约市第8区缉毒科的警长。

史丹佛温和地说：你叫什么名字？我的小天使……

玛婷达：玛婷达。

玛婷达已经说不出话来。

史丹佛：玛婷达，我要你把手里的盒子放到地板上去。

史丹佛说着掏出了腋下的手枪：很好。现在你告诉我，你对意大利菜了解多少？还有那煮菜的师傅是谁？

玛婷达恨恨地看着史丹佛：没人主使我，是我自己要来的。

史丹佛皱起了眉头：那代表……这……是我们的私人恩怨喽？

是吗?

玛婷达眼里噙着泪水，她努力不让自己在仇人面前哭出来，可是还是失败了。

史丹佛：我到底……到底对你做了什么事情？我的小姑娘。

史丹佛温柔地看着她。

玛婷达瞪着他：你杀了我弟弟！

玛婷达不再感觉到害怕，只有仇恨。

史丹佛抹了下脸：哦……我很抱歉。

他弯下腰把脸凑过来：那么，你想去找他?

玛婷达满脸绝望的泪水，蚂蚁一般地低声道：不。

史丹佛摇了摇头继续说道：事情永远都是这样，当你觉得死亡的恐怖时，才会开始觉得生命可贵。

史丹佛抚摩着玛婷达的脸颊和头发。

史丹佛：你珍惜你的生命吗？亲爱的。

玛婷达：是的。

史丹佛的眼神突然变得神经质，并用手抚摸着玛婷达的脸与唇：很好。因为我没有兴趣去杀一个……一个不珍惜生命的人。

史丹佛用手枪慢慢地在玛婷达的脖子上游走，似乎准备找一个地方开个洞。

史丹佛！史丹佛！随着“史丹佛”的喊声，一个年轻人推开了门，来到厕所里，继续大声说道：史丹佛，我到处找你。

史丹佛转过身，手里扬着的枪不经意对着刚才进来的年轻人：干吗，我正忙着呢！

年轻人说道：马其出事了，他死了。

史丹佛简直不敢相信自己的耳朵：什么?

年轻人看着史丹佛，说道：马其在跟一群中国人做交易的时候，但这件事与中国人无关。他们告诉我说，那家伙破门而入，是个专业的家伙。出手很快，突然出现……两秒钟内一枪一个。马其对他说他是警察，叫他别紧张。但那家伙转身说了一句：不杀女人，不杀小孩。

史丹佛惊得倒抽一口凉气，他转过身看了看瑟瑟发抖的玛婷达。

年轻人补充道：我想这可能是私人恩怨。

史丹佛慢慢地念道：死神今天真是反复无常。

史丹佛往外走，来到年轻人身边，转身，又看了看玛婷达，把枪对准了她。像在仔细地思考着什么，然后又把枪收了回来，抄着手在那里踱步。枪口正好对准了那个可怜的年轻人。

史丹佛：亚伯，你听到我说话了吗?

年轻人突然感觉到害怕，说道：有啊，我听到了，冷静点，老兄。

史丹佛：可以请你把她带去我的办公室吗?

史丹佛的枪仍旧指着年轻人的胸口，年轻人坐在盥洗台上，身子往后缩，似乎要躲开史丹佛的枪口一样。

随着史丹佛的走远，年轻人松了口气，擦了擦额头的冷汗，低声骂道：妈的。

玛婷达一直怔怔地站在那里。

这一场戏，玛婷达装扮成送外卖的服务员，得以接近史丹佛，但是很快被史丹佛识破，并被史丹佛玩弄于股掌之中。史丹佛变态地猥亵玛婷达，抚摸鬓发、脸与嘴唇，享受猥亵的快感后又准备在缉毒警署枪杀玛婷达，将玛婷达推入生死困境之中。面临生死困境，玛婷达如何化解这一险境呢？编剧安排一个年轻人来报告同伴被杀的消息，从而巧妙终止了这一杀人动作。影片中，玛婷达的危机还没有过去，只是摆脱了立即被枪杀的绝境，她仍旧被关进了史丹佛的办公室，危机依然存在。不过，马其死亡事件已经为里昂营救玛婷达赢得了时间。显然，突发事件，或者化解危机，或者延宕危机，为处于困境的人物赢得了摆脱困境的时间与机会。

这一场戏，还有一些剧作手法值得我们学习：

一是通过一个人的恐惧来写另一个人的恐惧。年轻人害怕史丹佛的狂躁，既巧妙地写出了玛婷达的内心恐惧，又增强了恐惧气氛，进一步加强了玛婷达处境的悬念。

二是相似场景的巧妙运用。优秀影片都重视重要场面的反复出现，或者相似情节的对比出现，这既能清楚表达剧情的发展，又很容易将观众带入剧情。史丹佛在杀害玛婷达一家人时，首先也是很变态地嗅闻玛婷达父亲的头部，嗑药，兴奋，然后枪杀玛婷达的父亲、母亲、姐姐、弟弟。这次，玛婷达落入史丹佛手中，史丹佛又是嗑药，兴奋，嗅闻。如此，一下子让观众紧张起来，这便是运用相似场面的妙处所在。相似情节的对比出现，在《这个杀手不太冷》中亦有典型的例子，一开始，里昂抵制玛婷达对他生活的影响，准备枪杀玛婷达，但是终止于内心渴望一份女性温柔，还是放弃了。随着两人情感的深入，玛婷达用枪对着自己的脑袋，勇敢假装自杀，被里昂心疼地制止，如此，对比性的相似情节，突出了两人情感的深入。

二、借助对立方的疏忽摆脱困境

在人物塑造中，有一条基本规则，就是你的主要人物要具有勇敢的特质，积极面对人生的困境，并努力解决人生难题。不过，突破困境并不总是依靠主观努力，有时候对立方的疏忽，亦成为主要人物摆脱困境的契机。我们以《罗拉快跑》中罗拉抢劫银行后摆脱警察围捕的困境为例：

A. 办公室

罗拉冲进办公室，用枪指着父亲："你过来。"

门外，警卫跟着来到门口。

父亲冷静地看着罗拉："喂，你是不是没救了？你还有什么事做不出来？"

罗拉："住嘴。（罗拉摆摆手枪）走。"

警卫："孩子，这东西你根本不会用。"

罗拉很熟练地打开枪上保险。

警卫立即改了口："我们来商量一下。"

罗拉对着父亲头的两侧开了两枪，所有的人都吓坏了。

罗拉看着父亲。

B. 财务室

出纳赶紧掏出钥匙打开门，罗拉把父亲推进去，用枪指着父亲。

父亲："这儿到处都是摄影机，你逃不出去的。早有人按了警铃，警察一会儿就到了。"

罗拉："你不是说过，有严重事情时，警察一定会迟到的吗？"

罗拉又用枪指着出纳："包起来，10 万。"

出纳看了看罗拉的父亲。

父亲点点头。

出纳开始从一个木格子里往外数钱。

警卫来到罗拉的身后："孩子，放过你爸爸吧。"

罗拉转身用枪指着警卫。

警卫有些害怕："你不会伤害任何人的，对吗？"

罗拉："我不知道。"

罗拉盯着警卫。警卫害怕了，向后退去。罗拉转身用枪指父亲。

出纳在数钱："钱不够。"

出纳看看罗拉，又看看罗拉的父亲："只有八万八千。剩下的我得到地下室去拿。"

罗拉："那就去啊。快去。"

出纳走出去。罗拉继续用枪指着父亲。

C. 财务室

出纳走进财务室，将钱放下，往准备给罗拉的钱堆里放了几沓钱。

出纳回头看着罗拉："10 万马克。"

罗拉四处看了看，最后盯住了出纳脚下的废纸篓："放进去。"

出纳拿起废纸篓，篓里装了一个塑料袋。出纳从塑料袋拿出废纸，将钱放进去，再把塑料袋从废纸篓里取出来，扎好口，递给罗拉。

罗拉接过口袋，看了看父亲："爸爸再见。"

D. 大门内

罗拉扭头出门，下楼梯，在要出大门之前，罗拉把手枪扔到了门内，开门出去。快节奏的音乐。

E. 大楼外

罗拉来到门外，立即被眼前的景象吓呆了——

门前不远处，停着一排警车，车后站着全副武装的警察，所有的枪口都对着大门。

罗拉小声地自言自语："天哪，真不敢相信。"

一个警察对罗拉高喊："走开，小同学。"

很多警察开始对罗拉挥手："走开。"

罗拉不明白是怎么回事，站在那儿没动。警察们开始由大门两侧向大门移动过来。一个戴防爆面具的警察飞身把罗拉抱住滚到一边。

警察看了一眼罗拉："你活得不耐烦了？"

罗拉吓得没说话。警察起身离去。罗拉看着周围的一切，开始有点明白了：他们竟没把她当成抢劫者。

警察还在对着大门里喊话："请注意，我们是警察。这幢房子已被我们包围了。你有两分钟的时间投降，请站到门口来。"

罗拉赶快起身跑掉。快节奏的音乐。

罗拉跑过一个街角，遇到了那个老太太。

老太太："发生了什么事？"

罗拉边跑边问："几点了？"

老太太看看表，等老太太抬起头来，罗拉已经跑远了，老太太没再说什么。

在《罗拉快跑》中，罗拉第二次奔跑，奔跑到银行并向父亲借钱，父亲没有借钱给罗拉，银行警卫对罗拉开玩笑："今天不是你的好日子。"罗拉受到刺激，趁警卫不注意，迅速从警卫的腰间夺取手枪，并威胁父亲，父亲只好将 10 万马克给罗拉，同时也强调："这儿到处都是摄影机，你逃不出去的。早有人按了警铃，警察一会儿就到了。"这一句话提醒罗拉，罗拉陷入困境，如何摆脱警察的围捕这一困境呢？罗拉看到"门前不远处，停着一排警车，车后站着全副武装的警察，所有的枪口都对着大门"，一时茫然无措，失去了主动有为，但是一个警察对罗拉高喊："走开，小同学。"紧接着，很多警察开始跟罗拉挥手："走开。"最后，"一个戴防爆面具的警察飞身把罗拉抱住滚到一边"，罗拉如同做梦一样脱离险境。

三、借助盟友（外在力量）的帮助来摆脱困境

主要人物与反对者或者对立体在戏剧性情境里面的矛盾冲突，构成了故事的基本内容与框架，没有对立人物就没有戏剧冲突。因而，对立体与对立人物的艺术设计，基本上决定了戏剧冲突的质量。《肖申克的救赎》中的姐妹花、诺顿典狱长、哈德利队长，《勇敢的心》中的苏格兰贵族、爱德华国王，《天下无贼》中的黎叔扒窃团伙，这些对立体人物所带来的危机与压力，不断将主要人物推向困境。主要人物在对立体的作用下，不能主宰自己的命运，失去了对生活的控制，便会以某种积极的方式设法重新掌握自己的命运。这种积极的方式，有一部分来自盟友的帮助。如此，盟友的设计亦显得十分重要，盟友与对立体构成了困境的两端，一端是进入困境的力量，一端是摆脱困境的力量。基于摆脱困境的需要，盟友在影片中往往以同一阵营中的两个不同性格的人物形式出现：《功夫》中的星

仔与胖哥，《七宗罪》中的威廉与米尔斯，《勇闯夺命岛》中的梅森与史丹利。

以上是最常规的盟友设计方式，如同《西厢记》中的红娘，给人带来正面期待。在这种常规模式之外，还有一种盟友设计方式，我们将其称为“潜在盟友”，这种潜在盟友着墨很少，隐藏很深，但是在关键时刻又带来了故事的突转。

电影《美丽人生》中的德国军医李医生与犹太人基度兹：德国纳粹推行种族歧视，李是德国纳粹阵营中的一个医生，基度兹是犹太人，是德国纳粹歧视与消灭的对象。两人交往基础：对谜语的共同喜爱；交往行为：（1）猜谜，忘记用餐，客观上帮助基度兹赢得了罗马督学官的好感；（2）送雪糕，帮助基度兹营造了追求黛莉的浪漫；（3）检查牙齿，帮助基度兹脱离被处死的困境；（4）送餐服务员，帮助基度兹享受美食，远离饥饿，客观上让基度兹的儿子也享受美食。不过，由于纳粹的基本立场以及两人之间的情感程度所致，德国军医李医生并没有想到要帮助基度兹逃跑，让基度兹感到失望，由此可知，德国军医李医生是一个“有限”的盟友。

《肖申克的救赎》中的汤米与安迪：汤米是惯偷，与杀害安迪妻子及其情人的杀人犯同处一室。两人交往基础：安迪对汤米的救赎；交往行为：（1）安迪鄙夷汤米为惯偷；（2）安迪耐心教育汤米，提高汤米的文化素养；（3）汤米模拟考试失败，与安迪冲突（激发事件）。最后动作：汤米揭穿真相，为安迪洗刷罪名；最后动作结果：失败。

《泰坦尼克号》中的莫莉与杰克：莫莉是贵妇人，社会崇拜金钱的风气，造成了富人与穷人的对立。两人交往基础：莫莉赏识杰克的英雄行为，并将其想象为儿子；交往行为：（1）莫莉善意提醒杰克下巴上的口水，维护他在准岳母娘面前的形象；（2）莫莉把儿子的衣服送给杰克，衣服是上流社会的通行证；（3）莫莉指导杰克使用西餐刀叉。最后动作：建议掉转船头，营救落水者；最后动作结果：失败。

这些潜在盟友在影片中具有这样一些共同的特征：

第一，一般而言，人物设计要注意三个问题：他是谁，他从哪里来，他要到哪里去。这些潜在盟友与反派人物具有某些相同的人物标签，如身份、地位、阶层等，同时亦与反派人物具有一定的生活交集，但并不会与其产生对立，甚至具有一些共同的动作目标，如《勇敢的心》中的伊莎贝尔，她的最初使命是劝降华莱士，只是在得知受骗以后，才逐渐成为华莱士的盟友。

第二，潜在盟友与主要人物之间具有一个情感连接点，这个连接点蕴含着人类基本的情感，如正义、善良、真情等，体现人性美好的一面。

第三，潜在盟友成为剧情发展的一种潜在力量，为剧情的发展提供了多种可能，既丰富了剧情，又让剧情充满戏剧性。比如犯罪片《杀人不分左右》，面对父亲克鲁格对玛丽父亲施暴，生死瞬间，一向懦弱的朱尼尔用枪顶着父亲克鲁格的头部，为玛丽父亲赢得了积蓄力量的时间，从而带来了剧情的突转。

第四，潜在盟友最后的动作（帮助行为）一般会失败，让主要人物摆脱一个困境后，又面临更大的困境，最后的动作必须让主人公去主动完成。被动动作永远不能塑造人物，我们必须将人物的主动动作作为塑造主人公的一个必需的原则。潜在盟友提供的帮助，会给观众带来希望，但是希望随即就会破灭；有些潜在盟友会为主要人物开启一扇门，不过最终通过门的动作，必须由主要人物来完成。

如此，我们设计潜在盟友时需要注意：

第一，要善于铺陈。老子说，祸兮福所倚，福兮祸所伏。我们创作剧本，就是要善于利用“倚”与“伏”来推动“福”与“祸”之间的转变。如此，“倚”“伏”便与“福”“祸”形成了一种内在的呼应。故事性的一个基本内涵就是情节的大起大落，情节的大起大落实际上又是人物命运（境遇）的大起大落。编剧就需要把人物置于危境之中，来激发出这个人物的选择。“人物要处在压力之下”，这是编剧行业的共识，但是我们必须有一种把人物逼到压力之下的能力，并把压力做到实处。同时，人物有了压力之后，必须有一种与之相适应的脱困能力。如此，困境与脱困，构成了人物命运的落与起，成为剧本创作特别重要的两点。与设置困境一样，脱困亦不能简单与草率，更不能毫无缘由。潜在盟友的最后动作，会成为主要人物命运起落的潜在力量，基于此，剧中就必须得有铺陈，缺少必要的铺陈，潜在盟友的最后动作就成为无源之水，无本之木。

第二，要牢记人物功能，注意剧作节奏。潜在盟友只是一个边缘人物，或者说环境人物，不能将其写成配角人物，因而要惜墨如金。史建全老师说：电影一开始把该藏着的藏了，该埋着的埋了，该交代的交代了，这就是结构。潜在盟友不仅帮助或者激发主要人物摆脱困境，而且要承担意想不到的戏剧性效果，增加故事的韵味，让人在回味故事时感受人性的美好。故事情节突转有依据，必须得铺垫；故事情节突转有意味，铺垫必须节制。喜剧《白日梦想家》中沃尔特火山脱困的戏就做得十分精致：沃尔特询问正准备装车离开的陌生人，沃尔特向机场出发，机场旁的火山爆发，陌生人开着轿车来找沃尔特并带着沃尔特逃跑。

第三，要选择好情感爆发点。古人说的“滴水之恩，当涌泉相报”是有前提的，其前提是人生处于困境之时的“一滴水”。困境中的滴水之恩才倍显珍贵，正是因为此，雪中送炭比锦上添花更能震撼人心。我们编剧如果要“送炭”，就首先得把“雪”铺陈好，“大雪压青松，青松挺且直”说的正是这个道理。一般而言，“雪”是我们情感的爆发点。在《美丽人生》中，基度兹失去人身自由，面临家破人亡，此时，站在窗台上的德国军医李医生注意到了昔日“谜”友的困境，超越种族，伸出援助之手；在《泰坦尼克号》中，泰坦尼克号沉没，三分之二的人落水，莫莉发现救生艇尚有空位，再三提议回去救人；在《肖申克的救赎》中，安迪适应监狱生活，并对监狱长诺顿产生幻想，汤米及时揭露真相，将影片推向了高潮。

生活之路，恰如《西游记》取经之路，最为重要的是盟友与团队，只是无论唐僧，还是悟空，面临的人生困境，过于依赖佛祖，也许，佛祖无所不能，但作为影片中的每一个人物，都应该把自己看成是佛祖，要具有佛祖一样的担当。

四、处于困境中的人物与对立人物因为突发事件达成和解

电影《低俗小说》由《文森和蜜儿》《一块金表》《邦妮》三个段落组成，贯串在三个叙事段落里面的一个主题是：一个人的人生是由许多偶然组成的，而偶然往往改变了一个人的生命轨迹，这种偶然性亦成为人物脱困的一种方法。在《一块金表》中，金表乃巴奇的祖父临死前传给他父亲，他父亲在越战中被俘，将金表由他的战友带给尚为幼儿的巴奇。巴奇参加拳击比赛，违背了与黑社会老大马沙的失败约定，而将对手打死，赢了许多赌金，并因此必须逃避马沙的追杀。马沙指使文森特去枪杀巴奇，巴奇因为忘记金表从汽车旅馆回到家中，恰巧遇到文森特在洗手间，巴奇拿起放在桌上的枪将从洗手间出来的文森特枪杀；开车回汽车旅馆的路上，在斑马线上恰巧遇到马沙，巴奇加速冲向朝他开枪的马沙，结果撞上了一辆突然而来的汽车，鼻子都被撞歪了，马沙亦受伤，马沙追赶巴奇到一家黑店，巴奇反制服了马沙，正要开枪时，店老板用枪指着巴奇，并约来同伙准备鸡奸两人，在来回点数中最后点着了马沙。店老板将铁笼子里面的性奴放出来看守巴奇，便伙同朋友在另一房子里面鸡奸马沙，巴奇挣脱了绑住自己的绳子，并将性奴、店老板杀死，马沙将店主朋友枪击在地，马沙亦放过了巴奇，要巴奇永远离开这里。

61. 内景，洛塞用过的房间，白天

巴奇的手伸进画面，推开门。门悄悄地打开，露出那两个强奸者，他们已经交换了位置。现在是齐德趴在马沙身上，马沙被绑在一条木长凳上。梅纳德看着眼前的一切。两个强奸者都背对巴奇。

梅纳德脸朝摄影机，因愚蠢的满足咧嘴笑着。这时，巴奇拿着刀走近到他背后。

可怜的、遭受强奸的、一副破布娃娃样子的马沙，嘴里还塞着红色网球，他张着泪汪汪的眼睛看着巴奇来到梅纳德身后。

他睁圆了双眼。

巴奇：喂，乡巴佬！

梅纳德转过身来，看见巴奇握着那把刀。

巴奇大吼着，用力挥刀，刀锋劈过梅纳德前胸，巴奇经过他身旁，目光和刀锋都对准齐德。

梅纳德颤巍巍地站着，前胸已被豁开，他吓傻了。

巴奇目不转睛地盯着齐德，却向身后刺出刀去，刺穿了梅纳德，然后拔出刀来，刀锋又对准齐德。梅纳德倒下。

齐德慌慌张张地丢下马沙，目光从巴奇的刀尖移到马沙的自动手枪上，手枪正躺在他能够得着的地方。

巴奇：想拿那枪，齐德，捡起来。

齐德的手向枪挪去。

巴奇的刀握得更紧了。

齐德琢磨着巴奇的意图。

巴奇紧盯住齐德。

这时，一个声音——

马沙（画外）：让开，巴奇。

巴奇让到一边，马沙出现在他身后，手握梅纳德的猎枪。

“砰！”

齐德的胯间被炸开了花。他惨叫着倒下。

马沙低头看着那个不停呻吟的强奸者，射出子弹。

巴奇放下刀，犹豫着，沉默着，直到——

巴奇：你还好吗？

马沙：不好。我他妈地糟透了！

长长的停顿。

巴奇：现在怎么办？

马沙：现在怎么办？ 我来告诉你怎么办。我要叫几个黑鬼来，叫他们带虎钳和焊接器来，他们料理这些事轻车熟路。（对齐德）听见了吗，乡巴佬？我跟你没完。

巴奇：我是说现在怎么办，咱们俩之间？

马沙：哦，是这个？好吧，我来告诉你我们之间的事。现在没什么你和我了，再也没有了。

巴奇：那我们扯平了？

马沙：是的，我们扯平了。但我有一个要求——两个要求：不要对任何人提这事。包括你我之间那档子事，还有这位将被碎尸万段的强奸先生。这不关别人的事。第二：晚上就离开这座城市，马上离开，走了就别再回来。你已失去在洛杉矶的所有特权。一言为定？

巴奇：一言为定。

两人握手，接着紧紧拥抱。

马沙：去吧，离开这儿。

巴奇离开洛塞的房间，穿过红色帘子。

马沙走向电话机，拨了个号码。

马沙（对着话筒）：喂，沃尔夫先生，我是马沙，有点儿情况。

显然，互相敌对的两个人物巴奇与马沙，因为“鸡奸者”的意外闯入，巴奇与马沙并肩作战，共同迎敌，并将两位“鸡奸者”枪杀，两人因此建立了特别的友谊，马沙放弃了对巴奇的追杀，两人达成新的协定，巴奇亦因此摆脱了被黑社会追杀的困境。当然，从本质上说，这是依靠剧中对立阵营中的人物转变而摆脱困境的一种方法。如《辩护人》中的尹尚柱中尉愿意出庭做证，证明车东英警察以严刑逼供手段对待无辜学生；《无耻混蛋》中德军上校汉斯释放危境中的美国陆军中尉阿尔多：都是对立阵营中人物转变而带来剧情的反转。

第四节 力量：情境事件

著名导演张艺谋指出："我一般看电影，很重视电影开场的 10 分钟。它确定影片的基调、人物性格特征和总体走向。"显然，影片开头一个最为重要的任务便是建立戏剧性情境。一般而言，戏剧性情境包含三个主要因素：（1）人物动作展开的客观环境；（2）有定性的人物关系；（3）影响人物生活的具体事件。

获得第 87 届奥斯卡最佳外语片提名奖的影片《金橘》，其开端就很成功地建立了戏剧性情境。"爆发于 1992 年的阿布哈兹—格鲁吉亚战争打破了爱沙尼亚人平静的生活，他们中的大部分人决定返回祖国。他们的村庄被废弃，只剩很少的人"的开头字幕为我们交代了剧中人物活动的具体时空环境，画面上又以艾哈迈德与易卜拉欣闯入伊沃生活的空间进行形象化的阐释，同时又以收音机里面播报的战争新闻进行不断强化，构成了剧中人物动作发生的特定环境。阿布哈兹雇佣军车臣人艾哈迈德与尼卡等格鲁吉亚士兵的遭遇战，这一突发事件构成剧中人物关系的契机，幸存者艾哈迈德与尼卡构成了敌对关系，艾哈迈德与伊沃以及尼卡与伊沃构成了朋友关系，同时，伊沃在与艾哈迈德、尼卡的交往中，又加深了其与马戈斯的友谊。显然，这一突发事件，成为人物关系的基础，是人物动作的触发力和推动力，同时又是影片情节的基础。《金橘》情节的主体内容就是艾哈迈德和尼卡这两个人物关系的发展，他们开始于敌对关系，随着同一房屋下的共同生活，友谊日趋产生，最终发展为盟友关系。

影片《肖申克的救赎》的成功亦与其开端部分戏剧性情境的设置息息相关。平淡的生活导致妻子出轨，充满恨意的安迪虽然痛恨背叛的妻子，但是最终放弃枪杀正在偷情的妻子及其情夫，不料变态的强奸犯恰巧将这对偷情的男女枪杀，法院便以枪杀他人罪判处安迪终身监禁。这一先行事件打破了安迪既有的平静生活，改变了其生命原有的旅程，随之安迪被关押在肖申克监狱，并通过一同进来的服刑人员被狱警活活打死这一突发事件，十分迅速地建置出影片特定的戏剧性情境：第一，狱警的凶狠与草菅人命的态度以及狱友的幸灾乐祸成为肖申克监狱的显著标志，成为人物活动的具体环境；第二，安迪与瑞德等其他狱中人员以及与监狱长、狱警等人物建立关系，而狱中错综复杂的人物关系，不仅是安迪人物性格得以体现的前提，也是情节生动性和丰富性的基础；第三，服刑人员被打死给安迪带来了巨大的内心触动，促发了安迪购买鹤嘴锄、积极亲近狱警等一系列行为动作。从影片情节的角度说，勇斗三姐妹、抢修屋顶并成为狱警的报税人等续发事件和人物关系的相互作用构成了《肖申克的救赎》情节的基础，直至影片高潮。

显然，通过《金橘》与《肖申克的救赎》两部影片中的戏剧性情境分析，我们可以得知：第一，戏剧性情境缘于影片活动环境、正反人物共同用力的结果，与影片高潮有着某种对应关系。值得指出的是，不仅仅是影片的开头需要建立戏剧性情境，每一个故事的开头，都应有相应的戏剧性情境。第二，主要人物或直接参与，或被动卷入，能让主要人物迅速进入戏剧性情境，为人物动作的发出准备了基础。第三，戏剧性情境蕴含着新的矛盾因子，随着冲突迅速发展，情节起伏跌宕地向前推进，为影片剧情的发展准备了足够的动力。

值得一提的是，在这三种因素中，最根本的因素是人物关系，因为环境和事件都要通过人物关系产生作用。情境是冲突形成和发展的特殊机制，是促使人物产生动机、动作的先决条件。正如谭霈生在《戏剧本体论》中所说：“人的命运乃是个性与情境的契合，情境赋予人的命运以实在的形式。只有把动作置于特定的情境中，才能把握主体的动机，确立‘怎么做’。特定的情境赋予动作的特殊意义。情境乃是情节的基础，情境变化构成情节的实体内容及其发展的历程。”

情境变化又可以称为情境激化，指在外来因素的刺激下，情境由平衡的状态转为戏剧冲突的状态。情境处于平衡状态时，剧情相对静止，其主要功能是呈现人物情感与关系，为即将到来的情境激发蓄势，既提供一个激发的基础，又提供激发的能量。从某种程度上说，电影剧情包括两种戏，一种是呈现，一种是发展。谭霈生指出："要使潜伏的矛盾迅速爆发为冲突，剧作家需要在情境中提供一种特殊的条件，诸如突发的事件，等等。正是这种前提和条件，构成戏剧冲突展开的机缘。"

在一部电影中，营造情境激发的方法主要有三种，这在《贫民窟的百万富翁》中都有体现。《贫民窟的百万富翁》以双线叙事，其中一条线索是：孟买茶水工贾马尔为了寻回初恋女友拉蒂卡而参加《谁能成为百万富翁》电视节目，一切都是命中注定，用自身经历向命运提交了一份满意的答卷，从而获得了2000万卢币的奖励，成为名副其实的百万富翁；另一条线索是：基于贾马尔的主观视角，影片讲述了贾马尔与哥哥萨利姆、女友拉蒂卡的生存、奋斗以及与黑帮马曼、贾维德之间情感纠葛的往事，从而呈现了命运与经历对人的不同塑造：即善与爱对人的引导与拯救，恶与恨对人的扭曲与毁灭。

一、通过外部事件，造成情境激发

在《贫民窟的百万富翁》中，黑社会头目马曼用两瓶汽水将贾马尔与萨利姆兄弟引诱到乞讨队伍里，两兄弟因为孤苦无依，一开始就接受了马曼的安排。但是，马曼为了增加乞讨收入，人为地将健康儿童变成残废，以此博得大众怜悯。在目睹一个同伴右眼被热油浇灭后，萨利姆又在马曼的指使下，要贾马尔接受相同的命运。萨利姆在矛盾与困惑中将贾马尔召唤到"手术室"，但在亲情的触动下，萨利姆将瓶子里的氯仿洒向布诺斯的脸，带着弟弟贾马尔一起逃跑，跟随他们逃跑的还有孤女拉蒂卡，借助森林、黑夜以及恰巧经过的火车，贾马尔与萨利姆逃脱了马曼的控制，开始了一段新的人生旅程。

A. 内景，棚屋，夜晚

在一间简陋的小棚屋里，阿文德正在马曼和一个老头面前演唱苏尔达斯的一首祈祷歌，布诺斯和萨利姆坐在阿文德的后面。那个老头衣衫褴褛，肯定是个乡下人。

马曼：很好，很好，我很高兴。阿文德，他准备好了。

阿文德：准备好了？

马曼对布诺斯点点头。还没等阿文德转身，布诺斯就用一块布捂住他的嘴巴，阿文德稍微挣扎了一下便不能动弹了。乡下人把一个旧锡铁盒放在桌上。揭开盒盖，从里面拿出一块布，打开，里面是一把调羹。他用拇指检查调羹的边缘，很锋利。他从瓶子里倒了一些清澈的液体在调羹上，然后把调羹移到蜡烛的火焰上。嗖的一声，调羹上燃起了高高的火苗。乡下人对布诺斯点点头。

布诺斯：萨利姆！

萨利姆完全糊涂了。不过他还是帮布诺斯把阿文德放在桌子上。乡下人扒开阿文德的眼皮，把调羹拿近。忽然，萨利姆跑到角落里恶心得吐出来。他转身的时候，乡下人正在一块染血的破布上擦调羹。

马曼：好吧，把他带到后面去。

布诺斯把阿文德抱起来，带出去。

马曼：现在该下一个了。萨利姆，去把贾马尔带过来。

萨利姆（吓呆了）：什么？

马曼：头号枪手，不是吗，萨利姆！金钱、女人、小汽车……你不是很想得到这些吗？为什么不呢？

马曼从椅子上站起来，走近萨利姆。

马曼：是时候做出选择了：是继续做贫民窟里的狗，还是像个男人一样生活。真正的男人。一个枪手，萨利姆。

马曼把手搁在萨利姆的头上。

马曼：你的命运就掌握在你自己手中，小兄弟，你可以跟我一样，也可以什么都不是，明白吗？

萨利姆：明白，马曼。

马曼（点头）：那么，小兄弟，去把贾马尔带过来吧。

萨利姆又待了几秒钟，然后转身走出屋子。布诺斯出现在门口。马曼冲他点头，他悄悄跟在萨利姆后面。

B. 内景，棚屋。夜晚

贾马尔开始唱歌。马曼等了一会儿，然后冲布诺斯点点头。在贾马尔身后，布诺斯交给萨利姆一瓶氯仿麻醉剂和一块破布。萨利姆走到贾马尔后面，等他把歌唱完，抬起拿着破布的手。马曼微笑着点头。突然，萨利姆把整瓶氯仿用力泼到布诺斯脸上。布诺斯尖声大叫，紧紧捂住眼睛，踉跄着往后退，撞倒了桌子。

萨利姆：快跑！

萨利姆和贾马尔匆匆跑到门口。掉到地上的蜡烛碰到洒落的氯仿，引燃了一副帘幔，火焰嗖的一声蹿得老高。

拉蒂卡：贾马尔！

贾马尔：快跑！

以上所选两场戏在《贫民窟的百万富翁》剧本中分别标记为第 61 场戏与第 65 场戏。第 61 场戏主要交代萨利姆目睹了阿文德被致残的悲惨经历；第 65 场戏主要描述了萨利姆战胜了成为马曼一般人物的虚幻梦想，带着贾马尔与拉蒂卡一起逃跑；中间三场戏铺垫了贾马尔的理想以及贾马尔与拉蒂卡的亲密交往。显然，将健康儿童变成残废是一个外部事件，这个事件带来了情境激发，激发了兄弟俩与马曼的冲突，兄弟俩随即做出了逃跑的反应，而兄弟俩的逃跑进一步带来情境激发，推动剧情往前发展。在这里，逃跑构成了剧作故事的一个基本情节，正是因为此，谭霈生老师说：“情境乃是情节的基础，情境变化构成情节的实体内容及其发展的历程。”情境激发必然带来人物关系的变化，激发前，兄弟俩与马曼是一种友好的仆主关系；激发后，却成为一种敌对关系。这种敌对关系发展到制高点，便是萨利姆击毙马曼。萨利姆击毙马曼，成为萨利姆人生的一个转折点，标志着萨利姆走上了一条以暴制暴的人生道路。

在这里，“最后一分钟营救”亦用得很成功。作为哥哥萨利姆，明明知道弟弟将变成“残废”，在犹疑中还是将弟弟贾马尔喊来，这当然是受着成为乞讨“专业人士”的蛊惑。而当布诺斯要他端来准备浇灭贾马尔双眼的桐油时，萨利姆顺手将氯仿浇向布诺斯，并随即带着弟弟一起逃跑。萨利姆在接受马曼的指令时，没有在第一时间逃跑，而是领着弟弟朝着刚才的“手术室”走来，不过，在最紧急关头，又突然改变决定，从而使得剧情跌宕起伏，这既符合儿童心理，又大大满足了大众的观影期待。

同时，拉蒂卡没有逃跑成功也是值得我们揣摩的，拉蒂卡仍旧留在马曼身边，为他们两兄弟与马曼再次发生情感纠葛埋下了伏笔，不同寻常的分别，必然会有一场重逢在前面等待他们。如此，他们与马曼的纠葛还没有结束，他们人生的梦魇还会继续，因为，马曼作为社会恶势力的代表，一直成为他们健康成长的梦魇，不断地将他们推向人生的困境。

二、通过内部事件（心理事件）引发情境激发

在《贫民窟的百万富翁》中，萨利姆与贾马尔两兄弟出身贫民窟，自从母亲在宗教冲突中不幸丧身后便四处流浪，相依为命，后因生活所迫，萨利姆不顾一切去获取金钱与权力，并且夺走了贾马尔的恋人拉蒂卡，兄弟俩从此分道扬镳。成为孟买茶水工的贾马尔，一直念念不忘初恋情人拉蒂卡，在与哥哥重逢后，得知拉蒂卡已经成为黑帮老大贾维德的情人，贾马尔积极营救失败后并没有放弃，因为偶然的机会参加了拉蒂卡喜欢的电视节目《谁想成为百万富翁》。显然，贾马尔参加节目的目的并不是成为百万富翁，而是渴望以此呼唤拉蒂卡回到他的身边。直至贾马尔获得了1000万卢比，在并不知道答案的情况下，贾马尔仍旧选择继续回答问题，因为他相信命运，相信拉蒂卡。

A. 内景，贾维德的藏身屋，起居室，夜晚

面颊上扭曲的刀疤。镜头后拉，是拉蒂卡，她呆呆地盯着电视新闻中的贾马尔。这是一间富丽堂皇的起居室。贾维德正给萨利姆发纸牌。几个酒吧女郎在贾维德和他的几个手下身边笑闹着。拉蒂卡在餐具柜上倒酒。贾维德瞟了一眼电视屏幕，显然没有认出《谁想成为百万富翁》节目片段中的贾马尔。萨利姆大睁着眼睛盯着电视。贾维德拿起遥控器，不以为意地调到音乐频道。拉蒂卡赶紧出去。

贾维德：我的威士忌弄好没有？

可是拉蒂卡已经出去了。他不满地吼了一声。

贾维德：嘿，萨利姆。

他示意萨利姆给他拿酒。萨利姆走向餐具柜的时候，贾维德的手机响了。

萨利姆：我先出去了。

萨利姆对着电视上的贾马尔微微一笑，便匆匆走出去。

B. 内景，贾维德的藏身屋，萨利姆的房间，夜晚

一个打开的抽屉。里面是萨利姆的手枪，还有几个月前他扔进去的那部手机。萨利姆盯着看了很长时间。最后，他终于拿起手枪和手机。

C. 内景，贾维德的藏身屋，厨房，夜晚

拉蒂卡坐在厨房里看电视，泪珠从面颊上滚落。一名记者在一张放大了的贾马尔的照片前面做着报道。萨利姆走进来，拉蒂卡迅速擦掉眼泪。

萨利姆锁上门。看着电视。

萨利姆：那小子。他永远也不会放弃。永远不会（摇头），疯子！

萨利姆走近拉蒂卡。拉蒂卡畏缩了。

他把车钥匙放在她面前。

萨利姆：走吧。

拉蒂卡：但是——

萨利姆：开车走。没有其他机会了。走吧。

拉蒂卡拿起钥匙。犹豫不决。

拉蒂卡：他会杀了你的。

萨利姆笑着摇摇头。

萨利姆：不一定。

贾维德（画外）：萨利姆！

萨利姆把后门打开。

拉蒂卡：萨利姆，我……不能。

萨利姆（指着电视）：你必须走。如果开得快，只要两个小时。拿着这个。

他把自己的手机交给拉蒂卡。拉蒂卡接过手机。萨利姆捧着她的脸。

萨利姆：请原谅我以前做过的事情。（放开她）走吧，去过好日子。

萨利姆双手合拢，为她祝福。拉蒂卡离开。萨利姆把门锁上。露出笑容。

以上所选三场戏在《贫民窟的百万富翁》剧本中分别标记为第157场戏、第158场戏、第159场戏。正在观看节目的萨利姆有感于弟弟贾马尔的永不放弃，又因为体内一直没有泯灭的兄弟之情，一种强烈的赎罪心理促使萨利姆做出改变人生的决定，愿意牺牲自己，以此来成就贾马尔的爱情。于是，他将手机与车钥匙交给拉蒂卡，拉蒂卡得以成功地来到贾马尔身边，开始真正的爱情人生。在这里，萨利姆的内心改变，从而激发了他与贾维德以及贾维德与拉蒂卡之间的矛盾——

萨利姆的内心转变，推动贾马尔与拉蒂卡的情节线发展：萨利姆决定帮助弟弟—主动帮助拉蒂卡逃跑—贾马尔答题求助哥哥（呼应兄弟之情，两条线的交错点）—贾马尔回答出命运的最后一道题—贾马尔与拉蒂卡相逢。

萨利姆决定帮助弟弟贾马尔的行为，推动了其与贾维德的情节线发展：萨利姆决定帮助弟弟—主动帮助拉蒂卡逃跑—贾维德因为萨利姆叛变，带领手下与萨利姆发生枪战—萨利姆枪击贾维德—萨利姆在枪战中去世。

显然，这种心理突变，是善战胜恶，是人性美好战胜人性邪恶，是爱战胜金钱。这爱就是一直深藏在萨利姆内心深处的兄弟之情。由此可见，这种心理转变有着深厚的情感基础，符合生活逻辑，同时又很巧妙地表达了爱与人间至善的力量，呼应了命运与宗教的主题：我们一心向善，勇敢而执着地活着，远离卑微和肮脏的过去，迎接美好的明天，命运一定会带来我们渴望的美好。

同时，值得一提的是，人物心理转变，一定要有伏笔，也就是说，人物内心突变必须依据一定的因子。比如《功夫》中星仔的转变，缘于他小时候拼命保护一个小女孩的善念；《天下无贼》中王薄从偷窃到保护傻根的六万元钱，是因为佛教中的善对王薄的引导与提升，同时，这种引导与提升又通过爱人王丽怀孕这一外部事件的不断强化，巧妙完成了对王薄心理转变的铺垫。

三、通过外来人“闯入”，打破平衡，造成情境激发

《贫民窟的百万富翁》，兄弟俩在流浪中相依为命，一次巧遇，萨利姆枪击马曼，两兄弟得以与拉蒂卡再次相聚。拉蒂卡作为新的“闯入者”，马上打破了兄弟俩一直保持的平衡。在贾马尔与拉蒂卡深情回忆别后往事时，萨利姆用枪指着贾马尔，要贾马尔离开拉蒂卡，贾马尔被迫离开哥哥与恋人。

A. 内景，妓院，夜晚

萨利姆和贾马尔来到楼上的过道。

他们拉起一个帘子，看到两个人抱在一起，便接着往前走。躺在床上的女人们丝毫不觉得受到打扰。他们来到过道尽头，房间里面传出电影音乐。贾马尔对着门上的裂缝往里瞅，看到一个女孩子正随着音乐起舞。是拉蒂卡，不过她已经不再是以前的那个拾荒妹了。十五岁的她变成了一个美人，身穿一件青绿色的丝绸沙丽。

萨利姆：是她吗？

他推开贾马尔，自己往里看。

萨利姆：真性感……

音乐声戛然而止，一个女人气十足的男人进入萨利姆的视野。他用棍子狠狠打拉蒂卡的手。

舞蹈老师：微笑！手部的动作要流畅，要有诱惑力，不是做煎饼。再来一遍。

男人重新播放音乐，拉蒂卡的双手像水一样优美地绕着头部流动。

舞蹈老师：把脚抬起来，你这个笨蛋！停，停！

他举起棍子又准备打她，不过贾马尔推开门。

B. 内景，妓院，夜晚

拉蒂卡简直不敢相信自己的眼睛。

拉蒂卡：贾马尔？

舞蹈老师（扭头）：你想干吗？

他关掉音乐。

贾马尔：过来。快！

可拉蒂卡却一动不动。

舞蹈老师：你们这些傻小子！出去！

贾马尔：跟我们走。

拉蒂卡跑向贾马尔。她看见马曼、布诺斯和楼下那个女人站在门口，吓呆了。

布诺斯眼睛周围的皮肤还留有几年前被氯仿灼伤的疤痕。

马曼：瞧瞧这是谁啊，布诺斯。嗨，贾马尔，萨利姆。我永远都不会忘记人的脸。尤其是我的人。

布诺斯：要我带他们去沼泽地吗？

马曼：你想怎么办就怎么办。玩得开心点儿。不过记住，要做得干净，别留下痕迹。（转向贾马尔）你真的以为你能就这样走进来，把我的宝贝儿带走？你知不知道这个小处女值多少钱？（抚摸拉蒂卡的头发）带他们离开。

布诺斯和一个打手走向贾马尔，抓住他的胳膊。马曼转向舞蹈老师。

马曼：请继续，老师。

舞蹈老师打开音乐。

萨利姆：不。

萨利姆手中握着一把枪。

萨利姆：放开他。都到那边去。

布诺斯和打手慢慢放开贾马尔，走到马曼身边。

马曼：别犯傻了，萨利姆。放下枪。

萨利姆伸直拿枪的那只手臂。

萨利姆：钱。

马曼：你会有钱的。就在这里。

马曼掏出钱包，把里面所有的钱都扔在地上。

马曼：拿着钱离开。和你的朋友一起消失。我们会忘了这一切。行吗？

萨利姆：马曼永远不会忘记。对不对？

马曼：噢，马曼可以破例。

萨利姆把音乐声调大。接着从床上拿了一个垫子，径直走向马曼。

萨利姆：我不能冒这个险。马曼，对不起。

他用垫子把手枪包住，扣动扳机，或者是想要扣动扳机，结果什么事情也没发生。这个时刻好像凝固了，他没办法开枪。每个人都以一种超现实主义的兴味看着萨利姆笨拙地鼓捣手枪。最后萨利姆终于抬起头，傻笑着。

萨利姆：保险栓。

他抱歉地耸耸肩，开枪射击。没有人会比马曼更加惊讶，他倒在地板上。

拉蒂卡飞快地把地上的钱捡起来，拿上马曼的钱包。贾马尔只是呆呆地站着。

萨利姆：快走。

他们跑出房间，跑下楼梯。马曼死了，死在他的同伙面前。

C. 外景，孟买贫民窟街道，夜晚

萨利姆游荡在贫民窟拥挤的街道上。他看见几个男人懒洋洋地在门道里抽烟，便鼓起勇气走上前。

萨利姆：我找贾维德大哥。

男人：他可不找你。

萨利姆：我要见他。

这帮人被惹怒了，来了精神。萨利姆后退了几步，不过又停住，从背后拔出手枪。

萨利姆：我杀了马曼，我也可以杀了你们，很容易。

这帮人愣住了。

贾维德：你杀了他？

贾维德站在门道上。

贾维德：敌人的敌人就是朋友。进来，朋友。

D. 内景，酒店客房，晚些时候

萨利姆：嘿。

贾马尔睁开眼睛，看到萨利姆在他旁边，醉醺醺地站立不稳。

贾马尔：萨利姆？

萨利姆把手伸向拉蒂卡。

萨利姆：过来。

贾马尔：不要……萨利姆……哥哥，你喝多了。

贾马尔想站起来，但萨利姆又把他推到床上。

萨利姆：我是老大。我是头儿。就这一次，你照我说的做。

贾马尔：不行。

萨利姆把拉蒂卡拉起来。

萨利姆：我救了你的命，是不是？

拉蒂卡：萨利姆，求你——

萨利姆：闭嘴。

他拉着拉蒂卡，拉蒂卡不住地反抗。

贾马尔冲过去，兄弟俩打起来，可结果还是萨利姆占了上风。拉蒂卡扑向萨利姆，被他打到一边去。他把贾马尔拖到门口。

E. 内景，酒店走廊，夜

萨利姆把贾马尔扔到走廊上。

萨利姆：现在我说了算！

贾马尔：萨利姆，不，不……

萨利姆：老弟，自己再找间房。

萨利姆砰的一声关上门。贾马尔站起来，不停地捶门。门开了。萨利姆站在门口，用手枪指着贾马尔的脑门儿。

萨利姆：拿着科尔特 45 的人叫你别吵了。

他猛地把贾马尔推到地上，手枪一直指着他。

贾马尔：萨利姆……

萨利姆指了指安全出口。

萨利姆：现在就走。要不然打爆你的头。别以为我不敢。给你五秒钟。一、二、三、四——

忽然，萨利姆吼叫一声，砰的一声关上门。贾马尔又重重捶门。

贾马尔（画外）：萨利姆……

以上所选五场戏在《贫民窟的百万富翁》剧本中分别标记为第 99 场戏、第 100 场戏、第 105 场戏、第 107 场戏、第 108 场戏。在这个故事中，有双重的“闯入者”：先是拉蒂卡闯入萨利姆、贾马尔的生活中，并激发了萨利姆心中的“欲”；黑社会老大贾维德闯入萨利姆、贾马尔、拉蒂卡的生活中，从而激发了萨利姆心中的“恶”。如此可知——

贾维德闯入——激发萨利姆对权利、金钱的欲望——破坏了萨利姆、贾马尔、拉蒂卡之间的平衡状态；

拉蒂卡闯入——激发萨利姆的性爱欲望——破坏了萨利姆与贾马尔之间的平衡状态。

在这里，哥哥用枪指着弟弟，是社会之“恶”在人性上的体现，因为生存，两兄弟不断接受社会之“恶”的羁绊与挤压，同时，又悄悄接受社会之“恶”的生存哲学，欺骗与盗窃成为生存的必需手段。不过，在社会之“恶”的大染缸里，弟弟贾马尔是一种被迫的生存手段，而哥哥萨利姆却成为一种自觉的行为，其中，用枪指着贾马尔便是这一行为的集中提现。从此，两兄弟走上了不同的道路，一个保持初心，追求纯真的情感；一个走上邪恶的道路。

如此，外来人“闯入式”激发情境，这个“闯入者”可以抽象为金钱、女人（性）、权利、生死、厄境，当一个人面对权力、金钱、性、生死以及厄境的时候，其人性本质都会暴露出来。由此可知，“闯入式”激发情境无非是把隐藏在人心底的东西过早地暴露出来，而不是如同生活那样，在时间中缓慢呈现，而是一种充满冲突的突变性地呈现。

第六章　线索叙事中的一场戏

随着大众欣赏水平的进一步提高，当代影视剧已经很少运用单线索叙事，一般是双线、三线并存叙事，或者采用由多线组成网状叙事。不管是双线结构还是多线结构，影视剧里的副线设置有一个基本的规则，那就是副线的设置与发展，或是为了成为主线的一个推动力，或是指向主题，与主线人物的命运形成呼应。一般来说，副线的设置是为主线发力的，如《泰坦尼克号》，“灾难 + 爱情”的结构模式，泰坦尼克号撞上冰山的灾难可以看成是副线，是为推动杰克与露丝的爱情发展服务的；《美丽人生》，“爱情（亲情）+ 种族迫害（战争）”的结构模式，德国纳粹占领意大利，迫害犹太人是副线，这一副线成为戏剧性情境的一部分，为夫妻、父子之情的发展、升华提供动力。

第一节　贯串道具形成线索

高尔基说过：“情节即人物之间的联系、矛盾、同情、反感和一般的相互关系——某种性格、典型的成长和构成的历史。”贯串主要性格、典型的成长的历史的情节线是影片的主线，它是影片故事的核心，承担着故事叙事、人物塑造与主题表现等重要功能。在主线叙事上，创作者往往运用贯串道具来加强悬念并推动剧情发展，如《大红灯笼高高挂》中的笛子，

《霸王别姬》中的剑，《入殓师》中的石头，它们不仅凸显了主线，同时连接了剧情。综观影视剧中的贯串道具，基本上都遵循这样的一个序列：道具出场—赋予道具特别含义—道具作用呈现。我们以《沉默的羔羊》中的“地狱昆虫”为例来说明。

A. 外间屋子里

克劳弗德仍在打电话：“对，艾尔柯河，准备好做传送。”说完，他放下电话，打开手中的一只小瓶子，从里面沾了一点油脂状的东西抹在鼻子下面，然后把小瓶子扔给特利。那是一种防呕剂。

特利接过瓶子，也沾了一点抹在鼻子下，又把它递给了克拉丽丝。

“莱马大夫，看看她吧！”克劳弗德对那位戴着金丝眼镜、胖胖的医生说。

莱马走到屋子当中的一个塑料尸袋前，伸出一只手拽住尸袋的一端，另一只手慢慢拉开袋子上的拉链。克劳弗德站在一旁看着。

“唰”的一声，莱马猛地一下揭开了尸袋，他立刻皱起鼻子。克劳弗德也闭上了眼睛，一副厌恶的样子。克拉丽丝则始终面对窗外，没有回身。

“好了，斯塔林。”克劳弗德定了定神，招呼着克拉丽丝。

克拉丽丝转过身来，望着展现在眼前的尸体，强忍住欲呕的感觉，自言自语地说了声：“比尔！”她可以断定，这确是野牛比尔的杰作。

克拉丽丝强迫自己镇静下来，开始观察尸体。她手中拿着一个微型送话器，逐一报告着观察到的情景，供有关部门收录。

“胸骨是星形伤口，上有枪口印……”

“是属于暴死！”克劳弗德在一旁补充说。

“属于暴死。”克拉丽丝重复着。

“要赶快研究死因，莱马会帮助你。”克劳弗德向特利吩咐了一声，又把头转向克拉丽丝，像是在进行考试似的问道：“还看到了什么，斯塔林？”

“她不是当地人，耳朵上有三个耳孔……”克拉丽丝俯身看了看说，“光亮的指甲油，是城里人……”她抬起头来看着克劳弗德。

眼前的尸体斑痕累累，青紫相间，由于在水中的浸泡，已开始肿胀、腐烂，令人欲呕。克拉丽丝忍住生理上的反感继续观察着。

“断了两根手指，指甲下有油脂……似乎曾抓过什么。”克拉丽丝说着，又看了看克劳弗德。

克劳弗德下令：“拍下她的牙齿，传送过去寻找失踪者。”

莱马医生掰开死者的嘴，特利走上来把专用相机的镜头插入其中，按了一下快门。然后，他把相机抬起来，克拉丽丝从中取出即刻成像的照片。

“再来一张！”克劳弗德说。

特利又拍了一张。

“喉咙中有东西！”克拉丽丝在一旁仔细观察着照片说。

“泡在水里的尸体，嘴里总含有树叶之类的东西。”说话的是站在一旁的莱马医生。

脖子上挂着条围裙的特利拿来镊子，俯身在尸体口中拨弄着。过了片刻，他夹出了一个黑色的东西。

“是什么？浆果吗？”克劳弗德看不太清楚。

“不，是昆虫的茧。”莱马医生说。

“不会就这样进了喉咙。”特利说着把它放进一只取样瓶中，交给了克拉丽丝。

“除非有人放进去！”克拉丽丝补充道。

“把她翻过身来。请帮我一下，莱马。”特利说着和莱马医生一道走上去翻动尸体。克拉丽丝在一旁把一种保护液倒入取样瓶中，然后对着窗户仔细端详。

“噢，杰克！”特利叫了一声。克劳弗德和莱马医生走了过来。

那具鼓胀的尸体背部伤痕累累，惨不忍睹。

“你有什么看法？”特利问克劳弗德。

“形状跟其他受害人不同。”克劳弗德回答说，“给她拍张近照！”

克拉丽丝举起送话器：“背部少了两块钻石形的皮，第三节肋骨有星形伤口……”

B. 夜，某自然博物馆大楼内

几副巨大的恐龙骨架摆放在建筑的大厅中央，看上去有几分恐怖。一名警卫领着克拉丽丝走进大厅，给她指了路，便离开了。

克拉丽丝独自穿过这些庞然大物，又经过一条走道，终于见到了她要找的人。

两位昆虫学家正在为一盘棋互相争执，而那些棋子竟是各种不同的小昆虫。

“到我了，皮尔彻！”一个年长戴眼镜的人说，他是罗丹博士。

“这不公平，你是用食物引诱它！”那位姓皮尔彻的年轻博士反驳道。

原来，罗丹博士在用一块食物逗引一只小甲虫爬动。

“总要轮到我的。”罗丹不顾对手的抗议，拿起那只爬动的甲虫，把它放到他所要走的位置上，嘴里还亲热地说着，“慢点，宝贝儿。”

克拉丽丝被这些科学家们的别出心裁逗笑了：“如果这些甲虫自己移动了，也算数吗？”她站在门口的楼梯上看着他们说。

“当然，你怎么玩法？”罗丹博士听到声音，抬起头来，才发现了这位来访者。

“是斯塔林特工吗？”皮尔彻问。

克拉丽丝点头微笑，举起证件给他们看。

三人一起向里面的实验室走去。

罗丹把那只装着茧子的小瓶子举起来，边走边说：“这到底是从哪儿弄来的？”

“从弗吉尼亚文尔柯河中一具被杀的尸体上发现的。”克拉丽丝回答。

“野牛比尔，对吗？”皮尔彻在后面问道。

“我恐怕不能再多说了！”克拉丽丝回过头来礼貌地回答。

“我们从收音机里听到过。是谁谋杀的？”走在前面的罗丹博士说着，又禁不住像孩子似的叫起来，“这是谋杀的证据吗？真是太妙了！”

实验室里，到处都摆着各种昆虫的标本。

罗丹博士在显微镜下观察着那只茧子。“真毒辣，好，让我们检查一下它的组织形态吧！”他自言自语地说道。

那位年轻的皮尔彻博士却在一旁有些入神地看着克拉丽丝秀丽的脸庞。

罗丹用小刀在茧子上划开一道口子。一股黄色的水儿从切口处流出来。

“不办案时你干什么，斯塔林？”皮尔彻似乎有些心旌摇动了。

“努力当个学生，皮尔彻博士。”克拉丽丝微微一笑回答。那笑容更使她显出几分妩媚。

“你爱吃奶酪汉堡包、喝啤酒吗？喜欢当家庭主妇吗？”年轻的博士继续问。

克拉丽丝抬起头笑着：“你想追求我吗？”

“是的。”皮尔彻一愣，也笑起来。

“皮尔彻！”罗丹叫了一声。年轻的博士凑了过去。

“斯塔林。”罗丹博士又叫过来克拉丽丝，指着那只茧子说道：“这是地狱昆虫。”说着，他掀起一块被剥开的黄皮，三个人一起凑过脑袋看着。“人们通常又称作死神昆虫。”博士继续说。

“它是从哪儿来的？”克拉丽丝问。

“真是太奇怪了。它只生长在亚洲！”罗丹博士说。

“亚洲？”克拉丽丝的确感到惊讶。

“要从别处输入昆虫的卵才能在这个国家得到。”皮尔彻博士在一旁补充道。

“有人养它们。它们要吃蜂蜜，喜欢黑暗和温暖。有人喜欢它！”罗丹博士说。

C. 光线昏暗的室内

几只小蛾子在一间昏暗的屋子里上下翻飞着。一张桌子上，摆了不少瓶瓶罐罐，周围还有几个大小不等的玻璃箱，里面养的都是各种蛹，有的已变成了蛾子。

隔壁房间里，一支日光灯发出一点点光亮。屋子当中放了不少服装模特，身上穿着各式各样的衣裙。

“你在哪儿，放我出去！……”从仿佛是很远的地下，依稀传来一个女子的叫喊声。

一个光着上身的人背对着镜头坐在一间屋里的桌子前忙着什么。一只白色的小狗听到叫声，叫着蹿了出来，循声跑去。

“救救我啊……”女子的声音再次传来。随着小狗的身影，镜头推进一个像是地窖的大屋子里，屋子当中有一口枯井。

“请你回答我！”

那呼叫的声音就是从枯井中发出来的。小狗蹿上井沿，冲着井中狂叫着……

D. 汉尼鲍尔的牢房前

汉尼鲍尔侧身挨着那扇落地的玻璃墙坐着，听克拉丽丝阐明来意。

克拉丽丝：“如果你帮助我们抓住野牛比尔，及时救出凯瑟琳·马丁，参议员答应把你转送到纽约的尼达公园旁的医院去，那儿有你渴望看到的森林，当然你是在严密的监视之下，但你还可以读报纸和书。”

汉尼鲍尔的眼睛里闪出一种渴望的目光。

……

汉尼鲍尔：“告诉我在弗吉尼亚发现的那位小姐体态丰满吗？”

克拉丽丝：“是的。”

“她的臀部肥大吗？”

“是的。”

“还有什么？”

“她的喉咙中被放进了东西，我们现在尚未对外公布。因为我们还不清楚那到底意味着什么。”

“是蝴蝶吗？”

“是的，是蛾子。一小时前在拉斯菲尔的头部也发现了。为什么要放进去，博士？”

“蛾子的含义是转变，毛虫变成蛹，然后开始变美丽了。比尔也想转变。”汉尼鲍尔得意地说。

“但变性和暴力之间并没有关系，变性是非常被动的！”

“聪明的姑娘，你很快就可以抓到野牛比尔了，知道吗？”

“不知道，告诉我为什么？”

汉尼鲍尔却不肯这样轻易地就说出答案。他又把头转向了里面：“父亲死后，你成了孤儿之后又发生了什么？”

克拉丽丝不愿提起往事，低下头。

……

汉尼鲍尔走到克拉丽丝的身后，和她只隔着一道玻璃，一字一顿地告诉她：“比尔不是真正的变性者。但他想要改变，他非常渴望这一点。”

克拉丽丝没有转身：“你说我很快就可以抓到他，为什么？”

“因为只有三家可以做变性手术的医院。约翰·霍普金医院、明尼苏达大学医院和哥伦比亚医学院。比尔一定去过这些医院提出过变性申请，但被拒绝了。”

“为什么拒绝他？”

“野牛比尔的童年时代是非常不幸的，经常受到暴力的伤害。比尔并非天生的罪犯，克拉丽丝。他曾多年遭受继母的虐待，这使他厌恶自己的身份，并因此想要变性。在这个病例背后，隐藏着极度的野蛮和恐惧……”

此时，在医院的办公室里，齐顿医生正通过录音机偷听着这场谈话。

E. 屋内

比尔一边找着名片，一边与克拉丽丝搭讪：“你们会抓人吗？”

克拉丽丝：“是的，我们可能会的。”克拉丽丝说着向前走了几步，“利普曼死后你就搬到这儿来了吗？”

比尔：“对，我买下了这幢房子，两年以前。”

克拉丽丝继续追问道：“她有没有留下什么记录，税单什么的，有没有留给你？”一边问着，她一边向周围打量。

比尔手里继续翻着名片：“没有。”然后他又反问道，“联邦调查局已经查到什么了吗？这儿的警察没什么线索。”

克拉丽丝仍在观察，这时，她看到有一只蛾子从什么地方飞来，落在一只线轴上。克拉丽丝心中立刻明白了。

“有相貌、指纹等东西吗？”比尔转过头来问。

“没有。”克拉丽丝笑着，一只手悄悄地伸到腰间，拔开了枪的保险。

“啊，这是他们的电话号码。”比尔终于“找到了”，他手举着一张名片对克拉丽丝说。

“好的，可否用一下你的电话？”克拉丽丝问。

比尔用手摸了摸鼻子，朝克拉丽丝笑着。

克拉丽丝紧盯着这个长得有些怪模怪样，明显带有病态神情的大汉。

比尔继续笑着：“当然可以啦！”但他似乎要有什么举动。

“别动！手举起来！转过身子，叉开腿！”克拉丽丝突然拔出手枪对准了比尔。

比尔慢慢举起手，手中的名片一张张地散落在地上。

“转过身去，手放背后！”克拉丽丝命令道。

比尔慢慢转过身子，突然，他一闪身蹿进了里屋。

A 场戏，在死者的喉咙里发现“昆虫的茧”，以反常的动作强调道具出现。B 场戏，博物馆工作的两位博士指出，这种昆虫为“地狱昆虫”“死神昆虫”，赋予这种昆虫不一般的含义，与影片中的死者形成呼应。同时皮尔彻博士强调“要从别处输入昆虫的卵才能在这个国家得到”，让道具承担破案线索。C 场戏，用玻璃箱中的蛾蛹来介绍比尔的生活环境，并且含蓄地告诉观众这就是比尔，体现道具的叙事作用。D 场戏，通过汉尼鲍尔的分析：“蛾子的含义是转变，毛虫变成蛹，然后开始变美丽了。比尔也想转变。”进一步给道具赋予“变性”的意义。E 场戏，克拉丽丝“看到有一只蛾子从什么地方飞来，落在一只线轴上”，瞬间明白眼前的人便是她要寻找的凶手，随即进入战斗。显然，A、B、C、D、E 这五场戏构成一个叙事序列，十分艺术地呈现了“克拉丽丝—汉尼鲍尔—比尔”这一组人物关系的主要冲突的过程。

第二节　阻碍力量形成线索

从人物角度而言，一部影视剧中的主要人物都有能力生成一条相对完整的叙事线。主要人物为了实现戏剧性需求，就会与阻碍其戏剧性需求的对立面不断冲突与斗争，这种对立与冲突形成了事件间的因果关系，一系列具有因果关系的事件构成了影片的情节内容，而贯串影片情节全过程的便是叙事线。

作为主要人物实现其戏剧性需求的障碍，可以是一个人或者一群人，可以是来自大自然的神秘力量，也可以是一种传统的观念或者陋习。作为人物对立阵营分明的影片，其对立人物的叙事线一般是十分明显的，如《天下无贼》《勇敢的心》《这个杀手不太冷》等影片，对立人物的活动自然形成一条叙事线。如果是传统的观念或者陋习，这种叙事线就显得模糊一些，这种观念或者陋习会分散到一群人身上，形成一种若有若无的力量作用到主要人物身上。设置这一类副情节线，与具有强烈戏剧性需求的对立人物所形成的冲突线存在一定的区别，不是借助对立人物的动作，而是巧妙地利用这种观念或者陋习作用下的一些反常事件来完成。如果说事件也是动作的话，那么前者主要是有强烈意志的动作，后者多表现为一种潜意识的动作。我们以《隐藏人物》中的种族歧视这一副线来举例说明：

A. 内景，空间任务组办公室，日

她看向沮丧无力的斯塔福德。他正在用一根粗头的黑色记号笔来涂抹报告中的大批数据。他感觉凯瑟琳的注视，故意地回望她，直到她移开目光。

凯瑟琳低下头，打开哈里森给她的那捆工作单，开始潜心研究。

砰的一声，一沓厚厚的报告落在她面前，她一惊。斯塔福德站在旁边。

斯塔福德：我的数据完全正确。

凯瑟琳：我会复查一遍的，先生，没有问题。

凯瑟琳打开报告。黑色记号笔的墨迹洇透了多张纸页，很多数字无法辨认。

凯瑟琳：我没法——

斯塔福德：认出哪些就检查哪些，别的数字属于机密，你无权查看。

斯塔福德走开。加入咖啡机旁的山姆和几个同事中。所有人显然都在谈论凯瑟琳。

她把斯塔福德的报告迎着光举起来。行不通。

然后……她的脚开始轻敲地面，抖动。她交叉双腿。急于去洗手间。她走向正在打电话的露丝。

凯瑟琳：打扰一下。

露丝用手盖住话筒。

凯瑟琳：请问女洗手间在哪里？

露丝：对不起，我不知道你的洗手间在哪里。

露丝接着打她的电话。凯瑟琳走开。

B. 内景，走廊，稍后

凯瑟琳冲下大厅，怀里还抱着工作单，搜寻洗手间。纸张掉到地上。在大厅的远端……她看到了洗手间。谢天谢地她拢起纸张。

三位白人女性从洗手间出来。她们在外，聊天。

该死。凯瑟琳控制住自己，猫腰走向另一条走廊。

C. 另一条走廊，稍后

凯瑟琳已经是跑了起来。到处都没有“有色人种洗手间”。

D. 外景，NASA 园区，稍后

凯瑟琳推开铁门，冲进刺眼的阳光下。看到西区的建筑还在远处。准确地说，是半英里。她拔腿狂奔。

E. 内景，西区走廊，日，稍后

凯瑟琳冲过熟悉的肮脏的西区大厅。扑进标着“有色人种洗手间”

字样的门。

F. 洗手间，稍后

凯瑟琳坐在马桶上。她伸手到脚边，拿起工作单，放在膝头……继续工作。计算数字。

G. 外景，NASA 园区，稍后

凯瑟琳跑回东区。用自己双腿最快的速度。

H. 内景，空间任务组办公室，日

简直是个疯人院。更多的工程师，更多的员工，更多的工作。

凯瑟琳站在咖啡台前。现在这里有两个咖啡壶……小壶上标着“有色人种”。

凯瑟琳倒咖啡。壶里是空的。没煮咖啡。竟有这种事。她煮了一壶咖啡。不去环顾四周。

I. 内景，有色人种自助餐厅，走廊，稍后

一名黑人计算师推门进入餐厅，门上标着“有色人种自助餐厅”。

J. 内景，有色人种洗手间，日，接前景

凯瑟琳洗手。她抓起一堆工作单，冲出去。

K. 外景，NASA 园区，接前景

瓢泼大雨。凯瑟琳穿过园区，跑向东楼。

L. 内景，空间任务组，稍后

淋得落汤鸡一般的凯瑟琳走回办公桌。斯塔福德盯着她看。露丝

盯着她看。该死的办公室里的所有人都盯着她看。

阿尔·哈里森：你跑到哪儿去了？我到处找，你却不在你该待的地方。这可不是我想见到的场景。

凯瑟琳转身。哈里森已经从办公隔间里下来了。凯瑟琳僵住了。

阿尔·哈里森：你每天都跑出去，去哪里？

凯瑟琳（轻声）：洗手间，先生。

阿尔·哈里森：洗手间！该死的洗手间！

凯瑟琳：是的，先生。洗手间。

阿尔·哈里森：每天去四十分钟？！你在那里面干吗？！我们这里都倒计时了。而且我还对你委以重任。

凯瑟琳几乎说不出话来。她的声音低得好似耳语。

凯瑟琳：这里没有洗手间给我用。

阿尔·哈里森：没有洗手间？你什么意思？这里没有洗手间吗？

凯瑟琳再也无法忍受。她提高嗓门。

凯瑟琳：这里没有洗手间。这栋楼里，或者只要出了西区，任何一栋楼里都没有供有色人种使用的洗手间。可西区在半英里之外！你知道吗？我上个洗手间都得跑越野。自行车是现成的，可我不能骑。想想我穿着这身衣服怎么骑：裙长到膝盖之下，还是高跟鞋！别再跟我扯什么“简单的珍珠项链”，我买不起。上帝知道你们给有色人种付的薪水只够勉强养家糊口。我白天黑夜地干，累得像条狗，全靠咖啡撑着，你们好些人还压根儿不想让我碰咖啡壶！所以请原谅，我必须一天去几次洗手间！

四下一片寂静，连一根针落地的声音都能听见。凯瑟琳抓起她的包和个人物品，拂袖而去。留下所有人愕然无语。

M. 外景，有色人种洗手间外的走廊，稍后

砰！砰！砰！锤击、撕扯的声音。

警卫沿着走廊跑来，发现了这样一幕场景：一群技术人员和工程师围堵在走廊里。他挤过人群来到前面——露丝抬手示意他停步。在人群前面：怒气冲冲的阿尔·哈里森，抡着一根撬杠，正在砸墙上的“有色人种洗手间”标牌。

阿尔·哈里森：该死的玩意儿！

在走廊的另一边……整个西区计算组，包括多萝茜和玛丽都在惊奇地看着。凯瑟琳挤过来，站到她俩中间。

哈里森继续砸标牌。砰！砰！

阿尔·哈里森：天哪！

哈里森不停手地砸。标牌裂开。砰。标牌摇摇欲坠，却还悬在墙上。想象一下这幅景象。最后一击，成功！标牌摔落到地上。

阿尔·哈里森：现在行了！没有“有色人种洗手间”了。也没有白人洗手间了，只有一模一样的普通洗手间。

哈里森望过来。他看见了凯瑟琳。

阿尔·哈里森：随便去他妈的哪个洗手间都行。最好是离你的办公桌近点儿的。

哈里森抓起标牌。

阿尔·哈里森：在航空航天局，我们他妈的……没有肤色之分！

他踉跄了一下，穿过人群走了。所有在场的人都感受到了震惊、自豪和正义。

凯瑟琳赞许地点头。

N. 跟踪控制室外，接前景

另一名助理工程师打开门。凯瑟琳把计算结果递给他。

凯瑟琳：给。

山姆进去。凯瑟琳没听到一个词，门就在她面前关闭了。她被锁在外面。

她站在那里，缓缓放松自己。所有的工作。所有的热情，从来没有获得过一丝感激。

最终……她离开了。沿着走廊向外走。

砰！门又开了。哈里森走出跟踪控制室，来到走廊上。

阿尔·哈里森：凯瑟琳。

听到熟悉的声音，她转身。他举起一条挂带：特别通行证。

正如电影片名《隐藏人物》一样，凯瑟琳、玛丽、多萝茜三位杰出黑人女性因为种族歧视而不能得到应有的尊重，她们隐藏在白人的荣耀与偏见中。其实，在艺术创作中，美国种族问题是一个能很好带来角色与受众情绪互动的选题。电影《为奴十二年》、《被解救的姜戈》以及《撞车》等，都涉及美国种族问题，都成了艺术经典。

在《隐藏人物》中，影视创作团队虽然巧妙地引导观众进入美苏超级大国“冷战”这一特定的戏剧性情境之中，但是种族问题依然成为情节发展的内在动力。在美国航空航天局里，种族歧视通过“有色人种”的标志来体现，比如“有色人种食堂”、“有色人种洗手间”以及“有色人种茶壶”，等等。也就是说，白人与黑人在生活上，处处存着分歧与矛盾。

在“有色人种”的诸多标志中，“有色人种洗手间”在影片中得到了重点体现。A 场戏用凯瑟琳“请问女洗手间在哪里”与露丝“对不起，我不知道你的洗手间在哪里”一问一答，引出“有色人种洗手间”这一种族歧视问题。B、C、D、E、F、G 场戏中细节化地呈现凯瑟琳第一次上洗手间的情景，紧接着，用 H、I 场戏中把这一种族歧视普遍化，体现在茶壶、餐厅上。J、K、L 场戏中再一次细节化展示凯瑟琳上洗手间的艰难情形，这一次与上一次不同，天空下着瓢泼大雨，并引发了与不明真相的哈里森的冲突，当哈里森明白了凯瑟琳每天都跑出去只是为了上洗手间时，决定砸掉墙上的“有色人种洗手间”标牌，并告诉大家“在航空航天局，我们他妈的……没有肤色之分”。随着航空航天局“只有一模一样的普通洗手间”，种族歧视的矛盾得到了缓和。并随着凯瑟琳的出色表现，凯瑟琳获得了“特别通行证”，结婚时亦得到了白人同事的礼物，凯瑟琳等黑人成功摆脱了因种族歧视而产生的生活苦恼与困境。

第三节　次要人物形成线索

上文所说，主要人物都具有生成叙事线的能力。除叙事主线之外，创作者还会选择“有戏”的次要人物设置成副线，与主线不断纠缠在一起，是创作者丰富影片内容的又一种重要手法。我们以《骗中骗》中斯奈德这一次要人物为例：

16. 大厅，晚上

胡克和艾利并肩走着，突然一辆警车停在他们身旁。斯奈德和几个便衣从车内冲出。胡克见势不妙，撒腿就想跑，被斯奈德拦住。

斯奈德：“喂，胡克。”

胡克：“哦，是你，斯奈德。什么事？今晚赌场那边缓和了？有人把牙齿输掉没有？”

斯奈德：“今天你弄到了一笔血腥钱，胡克。你大概需要一位朋友吧。”

胡克：“你自己去找个扒手吧，你找错人了。”

斯奈德狠狠揍了胡克一拳头，胡克倒在地上。

胡克忙解释道：“我整天都待在家里，如果你愿意，可以派人去检查。”

斯奈德抓住胡克的衣领，然后又把他往墙上推。胡克没有站稳，倒在垃圾里。斯奈德又把他从垃圾里拖了出来，强迫道：“你继续说下去。你要是个聪明人，就把一切都讲出来。你在四十七号街对面，从马克西那里弄到了一大笔钱。你和科尔曼跟他玩了一个偷梁换柱的伎俩，而且让他在四十九号街上了一辆汽车。假如他不是在为朗尼根干非法交易，那就再好不过了。”

胡克：“你疯了吧。我要是不设法敲诈点钱，未免太蠢了。”

斯奈德：“大概不是有意的吧。不过，对朗尼根来说，没有多大关系。他会像杀死一只苍蝇那样干掉你的。”

胡克不介意地：“不过我可以用行贿来的钱还他。”

斯奈德：“我估计你搞到的钱不会少于三千。无论如何我得要两千。”

胡克：“我只分得一千。”

斯奈德：“你还可以到别的地方再搞一千。”

胡克无可奈何地：“好吧。”他站立起来，把钱包从衣袋里取出来，正要点数，被斯奈德一把抢了过去。

斯奈德：“你还是放聪明一点，胡克，为两千元去送命太不合算了。”

见钱包空了，胡克把它往地上一扔。

斯奈德转身走近艾利：“不用紧张，艾利。”说完，他上了汽车，转眼工夫便消失在黑夜中。

艾利对刚才发生的事情感到担心，问道：“依我看，你所有的钱都被刮走了吧。”

胡克轻描淡写似的：“是呀。不过我给他的都是伪造的钞票。只要他去买东西，就会被别人发现的。”

艾利担心地：“你疯了……居然把伪造钞票给了他？”

胡克猛然想起了什么，立即向前边的杂货店跑去。艾利不明白出了什么事，也跟了上去，她边追边喊：“等一等，你上哪儿去？”

斯奈德出场并建立起与胡克的敌对关系。胡克骗了朗尼根的11000元钱，被警察斯奈德以收取保护费的名义抢走了一部分，但是，胡克给的是假钞，建立起了胡克与斯奈德的矛盾。主要人物与次要人物之间的冲突与矛盾，一般需要放到最需要的地方去解决，也就是戏剧性最强的情境里面去解决。显然，次要人物斯奈德的出现，丰富了影片的含义，增加了剧情发展的可能性。

33. 妓院，晚上

比利从门外进来，从一对男女身边经过，来到酒吧间，把盘子放下，向服务员大声嚷道："丹尼，再给我拿五瓶啤酒。"

正在喝酒的斯奈德听见喊声，起身向比利走了过去，问道："你是这里的店主？"

比利不在乎地："不错。"

斯奈德取出钱包，向比利出示他的证件："我是斯奈德上尉。"

比利："请不要到这里来胡闹，斯奈德。"

斯奈德："我在找一位使用假钞票的家伙。我想他可能来这里。"

比利："不会的。我认识这里的每一个人。我常常把逃亡者撵走。"

斯奈德："可以让我瞧瞧吧？"

比利严厉地，"不行。不过，欢迎你任意喝酒。"她顺便给他端来一杯啤酒。

斯奈德气愤地把啤酒洒在地上："我没有必要经过你的同意。"

比利无奈，只好让他查看房间。

斯奈德与胡克敌对关系呈现：用斯奈德追捕胡克这一情节，增强戏剧性情境。追捕与反追捕的人物关系，加强了胡克命运的悬念。用一个次要人物来加强主要人物的困境，这是一种常见的剧作手法。

97. 火车站平台

胡克被斯奈德追到了火车站。胡克在平台上飞速奔跑。见前面有围栏，他一个箭步飞越而过。他爬上了平台顶，斯奈德在下面追赶，与胡克形成相反方向。胡克很快上了屋顶，转眼工夫跳进了小巷。斯奈德上气不接下气地追击。见胡克已跑远，他不得不停止脚步，大声叫道："胡克，胡克，我一定要抓住你这只老鼠。"

98. 冷饮间

亨利一面斟酒，一面问胡克："以前你为什么没有把斯奈德的事告诉我？"

胡克（画外）："我以为把他给甩掉了。"

亨利："不过，既然发现了他，我们必须设法对付他。你还有别的什么事情没有告诉过我吗？"

胡克："没有了，就这些。"

比利把软膏抹在胡克脸上。亨利递给胡克一杯酒。

比利命令道："不要动！"

亨利："你干吗到屋子外边来？"

胡克："屋里太吵了。"

亨利："胡克，你不能任意摆布你的朋友。要知道，让朗尼根的人把你抓住是很容易的。"

胡克："亨利，我们只需要一两天就能击中这个畜生的要害。"

亨利来到冷饮间里屋，教训胡克："你大概没学过吧？我将把全世界只有五个人知道的技巧传授给你。对很多赌棍来说，即使他们知道这种技巧，也不懂得如何处理。"

胡克辩解道："我只要求一两天，没有别的。我能坚持下去。"

亨利警告道："他很可能打不中你，反而把我打中。"

斯奈德与胡克的敌对关系对胡克的影响：亨利与胡克设置好的骗局，只等朗尼根进入圈套，从而骗取他的巨额财产。但是，斯奈德的出现，给骗局的顺利进行带来危机感。因为胡克已经改变身份，作为老板肖先生的跟班，巧妙装扮成“窝里反”的唯利是图的形象，而斯奈德是认识胡克的，同时，朗尼根也一直在派人追查胡克，只是朗尼根不认识胡克，如果斯奈德当着朗尼根揭露胡克，所有的骗局就会流产。所以，不明真相且不属于任何一方的斯奈德的出现，属于节外生枝，而这种节外生枝既丰富了剧情，又加强了悬念。

111. 饭馆内，白天

斯奈德正在吃饭。从外面进来两个人，走到他跟前。其中一人问道：“你是威廉·斯奈德上尉吧？”

斯奈德抬头一看，见是陌生人，问道：“我们不认识，有什么事？”

另一人拿出证件，介绍道：“我们是联邦调查局的，特工人员波尔克有话和你说。有时间吗？”

斯奈德：“有，当然有。”

他付了钱，与他们一道离开饭馆。

113. 货栈内，白天

三人进入一间宽大的房间，有两人正面向墙上的地图交谈着。

……

波尔克：“别说俏皮话了。我在这样简陋的地方已待很久了，老是过着这种吃力不讨好的日子。而你们这些活动在赌场的警察缉捕队常常靠泄露消息捞外快。这次不会发生类似的事情。我们不想告诉警察我们在这里。你也不要说出去，就干你分内事。”说着，他递给了斯奈德一包东西，“里边有你的酬金，你得收下。当然，没有酬劳我也有办法让你为我们工作。”

斯奈德：“胡克对你有什么好处？”

波尔克：“他准备让冈多夫为我们干事。”

斯奈德："他不会那么做的。"

波尔克："我想他会的。"

斯奈德冷笑了一下，没有再说什么。

斯奈德成为骗中骗的一枚不稳定的棋子。本来，作为次要人物与主要人物的矛盾与冲突，可以根据剧情需要进行毫无悬念的解决，然后逐步进入影片高潮。但是本影片是《骗中骗》，亨利与胡克最擅长的是骗人，因此在处理斯奈德这一条副情节线时，亦用欺骗手段将斯奈德变成骗中骗的一枚棋子。波尔克装扮成联邦调查局的特工人员，并获得了斯奈德的信任。显然，如此处理方式，既没有让矛盾处理草率化，又进一步加强了悬念：如果万一斯奈德识破了呢？

132. 货栈里，晚上

进入货栈里，只见波尔克坐在桌旁书写着什么。写完后，他吩咐道："查克，立即把这份东西送到局里。"说完，他把一封信递给了助手。

见斯奈德把胡克带进来，波尔克立即站立起来招呼："喂，胡克。"他命令斯奈德："把手铐给取下。"他向胡克自我介绍道："我是联邦调查局的特工人员，你请坐。想喝点什么？"

胡克："不用。"

波尔克："我们想和你谈谈亨利·冈多夫的事。"

胡克态度坚定地："我不认识他。"

波尔克："好吧，给你几秒钟时间，你不应该向我撒谎。斯奈德说，你在这个城市干了很多诈骗勾当。"

胡克按捺不住，反驳道："什么？斯奈德是胡扯。你拿不出什么证据。"

波尔克："是吗？那伪造的钞票又是怎么回事？"

胡克迟疑了一会，眼睛盯着斯奈德。

斯奈德抓获胡克并将胡克送给波尔克。就斯奈德来说，他的戏剧性需求就是抓捕胡克，并收取保护费。在这一场戏，斯奈德的戏剧性需求实现，成功抓捕到胡克，剧情由此一转；但由于人物关系改变，斯奈德将胡克送给波尔克，以获取更大的利益，剧情再次反转。剧情的两次反转，增加了观影趣味。

163. 证券交易所里屋，白天

……

朗尼根听见基德的话后，气愤地站起来，急忙跑到登记处窗口，叫嚷道："我弄错了，把钱还给我。"

埃迪："不行。"

朗尼根无奈，赶紧向冷饮柜台跑去，对亨利解释道："听我说，我弄错了。请把钱退还给我。"

这时，波尔克、斯奈德和一帮人拿着手枪，突然闯了进来，把大家团团围住。

波尔克："喂，大家不要离开。我们是联邦调查局的。你们站在原地不动，把手举过头顶！"他向斯奈德命令道："让他们上去，背靠着墙，检查他们身上有没有家伙。"

朗尼根举起双手，静静地站在原地。

波尔克："喂，亨利，已有好长时间了吧，该结束了。"说完，他转过身来对胡克："行了，你可以离开了。"

亨利十分吃惊。他趁人不注意，迅速抽出手枪向胡克开枪射击。

胡克胸部中弹，应声倒下。波尔克眼疾手快，掏出手枪将亨利击毙。朗尼根和斯奈德见此情景，神色十分紧张。

波尔克蹲在地上，将俯卧在地的胡克翻了过来，他胸部左方的衣服已被血染红一团。

波尔克命令道："把他（指朗尼根）赶出去！"

斯奈德把朗尼根往外推："走吧，赶快离开这里。"他们俩匆匆忙忙离开了交易所。

164. 小巷里，白天

斯奈德和朗尼根出了大门，来到小巷。朗尼根有气无力地边走边回头。斯奈德催促道："走吧。"

朗尼根失望地："我还有钱在里边。"

斯奈德："里边已死了两个人，你千万不要再卷入了。"

朗尼根："你不知道，里面有我的五十万元。"

真假警察同演一场戏，让受骗的朗尼根完全陷入圈套。朗尼根既赔了五十万元，又害怕卷入是非旋涡，亨利与胡克等人取得了完美的胜利。正如《骗中骗》影片名一样，胡克与亨利火车上巧遇朗尼根，利用乘警的作用，得以与朗尼根同桌赌牌，并促使胡克与朗尼根认识，结成利益同盟；胡克以出卖彩票内部信息，激起了朗尼根的贪欲，从三千元，到一万五，再到五十万，朗尼根一步一步陷入他们的骗局。赌牌—赌马，完成第一层次的骗中骗设计；赌牌，用乘警来骗取朗尼根的信任—赌马，用斯奈德来加强骗局的可信性，完成第二层次的骗中骗设计。

第七章　每一场景都是指向人物

宋方金老师说："故事的秘密就是两点：一点是选择和压力，另外一点是人物关系。"由此看来，剧作者若想更好地塑造人物，就要善于构置有张力的人物关系，并将其不断逼到危境之中。

第一节　剧作人物

具有良好架构的影视剧，其开端就会将观众的注意力引向其中一个人物或者几个人物。

一、人物是剧作的灵魂

电影大师都十分重视人物的塑造与刻画。在张艺谋看来，人物是影片的灵魂，他说："《满城尽带黄金甲》改的次数都不止10稿，我自己觉得差不多两年来一直在做这个工作，剧本中最大的还是人物和人物命运。我们通常看到一些片子不太喜欢时，觉得多半是故事不好，而故事中最主要的是人物、人物的复杂和人物内心的历练，所以我觉得人物是灵魂。"显然，影视作品主要通过对人物命运和人物性格的描写来表现生活和反映历史，优秀的影视作品能很好地展示出人物的复杂与人性的深度，并能深入地捕捉到时代与社会对人性变异的影响，从而给人以智慧的启迪与感悟。

同样，在陈凯歌看来，人物是影片的基础，他说："文学和电影的核心是写人，写人际关系。"因此，他一直认为："人物构思是电影创作中非常重要的一环。在主题意念的表达上，电影固然拥有丰富的银幕手段，但不能因此而忽视人物的刻画。无论什么样式的影片，如果人物写得不扎实，立不起来，思想就缺乏附丽的基础。即使立意再深刻，也难免使人感到苍白和虚泛。"

一般而言，电影剧作人物不能太多，人物过多就不利于集中矛盾冲突。按照常规功能来分，影视作品一般可分为主要人物与次要人物两大类。沃尔夫·里拉在《电影电视创作与技巧》中指出，次要人物是"支持故事的结构及其主要人物。从某种意义上说，他们是背景和场景的一部分，同时他们必须是同样的扎实。好莱坞早就学会一条经验，那就是对仅仅是露一下的那些人物也必须下功夫使他们真实可信"。

二、次要人物所承担的四种功能

每一类型人物都具有其相应的叙事功能。在影视剧中，次要人物一般具有如下四种叙事功能。

（1）"借勺水兴洪波"，具体解释就是次要人物作为一个新人物，或者改变了矛盾双方的力量，或者带来了事情的真相。《水浒传》第四十三回批语指出：杨志被"牛"所苦，杨雄为"羊"所困，皆非必然之事，只是借勺水兴洪波耳。在这里，"牛"指《水浒传》第 11 回"没毛大虫"牛二，"羊"是指第 43 回"踢杀羊"张保，他们都是破落户泼皮。《水浒传》让他们出场，并不是作者要刻画其本人，而是在于"兴洪波"，引出情节，突出主要人物。"没毛大虫"牛二是让杨志杀他犯法，从而将杨志送到梁中书那里去，才好展开"大名府校场比武""智取生辰纲"等众多故事；"踢杀羊"张保的作用就是让石秀和杨雄认识，从而推衍出"智杀裴如海""大闹翠屏山""三打祝家庄"等一系列故事情节。而当"没毛大虫"牛二与"踢杀羊"张保完成了引出大段情节和对主要人物活动推波助澜之后，其使命终结，自然退出小说舞台。同样，张竹坡在《金瓶梅读法》中指出：“《金瓶梅》有特起一事，生一人，而来即无端，去亦无谓，如书童是也，不知作者盖几许经营，而始有书童之一人也。”“书童”与“没毛大虫”牛二、“踢杀羊”张保属于同一性质的人物，“来即无端，去亦无谓”，出现时无须太多铺垫，离开时亦无须过多挂念，他们的出现只是为了引出与催发，都是为表现主要人物的性格和命运服务。

在影视剧作人物设计中，同样亦少不了“借勺水兴洪波”的功能型人物。《活着》中的龙二，《肖申克的救赎》中的青年汤米，《红高粱》中的蒙面土匪。我们以《肖申克的救赎》中的汤米为例：

189. 内景，白天，图书馆

汤米坐在安迪和瑞德的面前——

汤米：“大约四年前，我在托马斯顿服两到三年的刑期，因为偷车，真是件蠢事！（拍了一下桌子）出狱前的几个月，来了一个新狱友，埃尔默·布赖奇，极爱紧张的人渣，一双疯狂的眼睛，是那种永远不想与其住在一起的人，明白我说的吧？因入室抢劫判六到十二年，号称犯了几百件案子。难以想象他的那种极度紧张感，就是放一个响屁，都会把他惊得蹦起来。总是在说话，从不住嘴。说他去过的地方、犯下的事情、干过的女人，甚至杀过的人。那些跟他废话的人，这就是他为什么杀人的原因。一天晚上，开玩笑似的，我说：‘是吗？你杀过人吗？’他就说：……”

布赖奇：“有一次，我在一家乡村俱乐部做招待，这样我就能摸清到这里儿的有钱蠢蛋们的路子。我挑中了一个家伙，晚上就去了他家，他醒过来跟我废话，于是我就杀了他，还有那个和他一起的迷人的婊子。（开始大笑）那是最过瘾的事儿！她在和那个蠢蛋干事，知道吗，是个高尔夫球手，但她已和别的男人结婚了！一个很牛的银行家，他成了抵罪的人，被关在缅因州的某个地方服刑，没得选择！”

他狂笑起来，前仰后合。

191. 内景，图书馆，白天

寂静。汤米说完了他的故事，瑞德怔在那里，安迪却像没事人似的。

瑞德：“安迪？”

安迪一言不发，头也不回地，腿脚僵硬地走开了。

192. 内景，诺顿办公室，白天

诺顿：“很好，我不得不说这是我听到的最令人惊奇的故事，最使我感到惊讶的是你居然相信它。”

安迪：“狱长……”

诺顿：“很明显这个叫威廉的小伙子被你所打动，他听说了你的惨事，自然想让你振奋起来。可他太年轻，还不够聪明，他并不知道他这样做会把你陷入什么样的状况。”

安迪：“我认为他说的是真话。”

诺顿：“让我们先假定有布赖奇这么个人存在，你认为他真的会跪下来叫喊：‘是的，是我干的！我承认！一定要给我加上个无期徒刑呀！’”

安迪：“那没关系，有汤米的证词，案子可以重审的！”

诺顿：“那得假定布赖奇还在那儿，他肯定现在已经出狱了，一定出狱了。”

安迪：“可还有他最后的地址，亲戚的名字……（诺顿摇摇头）这可是个机会，对吧？你怎么这么迟钝？”

诺顿：“什么？你说我什么？”

安迪：“迟钝！你是故意的吧！那家乡村俱乐部会存有他的考勤卡！写着他的名字的税单！”

诺顿（抬起头）：“杜弗兰，如果你愿意异想天开，那是你的事。

别来拿它烦我，谈话结束。”

安迪：“你看，如果你是怕被敲诈的话，别担心。我不会说出来这里的事情，因为我帮你洗钱，与你一样都会被控告的！”

诺顿：“永远不要给我提钱，你个可怜的小畜生！不准在我的办公室里提钱，任何地方都不准提！（按住对讲机）来人，马上！”

安迪：“我只是想让你放心，没别的意思。”

诺顿（守卫走进来）：“禁闭！一个月！”

安迪被拖着，乱踢着叫喊——

安迪：“你怎么搞的？这是我出去的机会，你不知道么？这是我的人生！你不懂吗？这是我的人生！”

汤米在影片中的主要功能有：

第一，揭露事件真相，点明安迪是被冤枉的，为安迪的越狱提供道德上的支持。

第二，推动情节发展。剧情发展到这里，仿佛安迪已经接受了自己的命运，过着平静而失去自由的生活，这是需要新的事件或者新的人物来打破这种平衡，推进故事进一步发展，这也是“借勺水兴洪波”手法的灵活运用。显然，安迪与诺顿在更高层次上的冲突、安迪被关禁闭、安迪越狱等一系列情节的发生与汤米的“发现与揭露”一脉相承。

第三，进一步揭示监狱的罪恶，监狱既剥夺犯人的自由，又剥夺追求上进者的年轻生命，亦是对看守所长哈雷利棒击新犯人致死的呼应，表明非正常死亡在肖申克监狱并不是一件偶然的事情。值得指出的是，《肖申克的救赎》引入汤米，先是安排安迪对其耐心辅导，建立情感，为汤米说出真相进行了很好的铺垫；而这真相如一巨石，于平静水面中激起千层浪，如同“柳丝花朵”之后的“山摇地撼”，如此张弛有度的情节设计，自然符合观众的审美心理，使得大众产生观影的愉悦感。

（2）以“丑角”做点睛之笔。这是我国传统小说中化隐为显的一种手法。所谓点睛者，就是评论、揭露的意思，就是把隐藏在事情内部的实质揭露出来，把书中人物隐藏的内心活动揭露出来，即把隐藏的东西、本质的东西直接显现出来的一种手法。在《金瓶梅》中，西门庆的隐私，西门庆的内心活动，常常通过应伯爵的嘴把它说出来，生活中的各种人物和事件，也常常通过应伯爵的嘴加以评论。比如：西门庆和帮闲们在一起喝酒作乐，应伯爵在酒席上说了一个笑话：“一秀才上京，泊船在扬子江上，到晚，叫艄公：‘泊别处罢，这里有贼。’艄公道：‘怎的便见得有贼？’秀才道：‘兀那碑上写的不是江心贼？’艄公笑道：‘莫不是江心赋，怎便识差了？’秀才道：‘赋便赋，有些贼形。’”这个笑话的本质是对西门庆的一种评论和批判，直言不讳地指明西门庆虽然富，但有贼形，是因贼而富。如此评论，如果作者直白说出，就缺了许多韵味。

电影《菊豆》中的二赖子，就起到“丑角”的作用。在剧本初稿中，并没有出现二赖子这个人物形象，在电影中，张艺谋等人将“六姑”“来人”“肉贩”合并成一个人物，这个人物就是二赖子。

杨天青牵着一匹马从外面回来，走进染坊大院，形成一个大大的“囚”字。

杨金山正坐在圆桌旁吃饭。

天青轻轻喊了一声“叔”，胆怯地将袋中的银圆递过去：兵荒马乱的。

杨金山骂道：怎么没有死在外面。

天青弯着腰，把银圆递给杨金山。

杨金山：这是多少啊！

天青：你数吧。

杨金山接过银圆，往厢房里瞅了瞅，并未起身，喊道：二赖子。

二赖子轻轻应了一声，向堂屋走来，对着天青说道：天青，你回来了啊。

二赖子走到杨金山身旁，把一双干活而弄脏的手掌向天青扬了扬。

杨金山：明天你不用来了。（仍旧看着银圆）这几个月就靠二赖子帮点忙，不敢多接活。

杨天青抬头望着家里的双喜字，有点怔怔地出神。

马发出“嗷嗷”的声响，引起了杨金山的张望。

杨金山：那马怎么看着瘦了。

杨金山数完了钱，准备放到布袋里，杨天青赶紧弯腰把袋子往前推。

杨金山：去吧，明儿早点起床干活。

杨天青走回到二赖子住的偏屋。

二赖子：天青，你怎么才回来啊。我都替你干了三个多月了。

天青：外面太乱了，想回又回不来。

二赖子伸出自己的手：你看这手，黑得像爪子，才给这点。老东西。

二赖子清理好自己的简单铺盖，天青准备把自己简单的行李放到木板床上。

二赖子：你叔新买了个女人，知道吗?

天青：看见双喜字了。

二赖子：叫菊豆，长得那叫好看，花大价钱了。你说这老东西，你头两婶子是怎么死的，还不被老家伙折腾死的，也没留下一儿半女。活该！（走到门外的二赖子又探进一张脸）夜里头你就直起耳朵来听吧，你新婶子那个调调。

二赖子在《菊豆》中只出现一次，就不再出场。从台词中就看到两个作用：第一，批判杨金山吝啬，凸显他内心的阴暗，这就是典型的“以丑角做点睛之笔”法；第二，介绍剧情，向观众交代杨金山、菊豆与杨天青之间的关系，巧妙设置悬念，推进剧情进一步发展。

再比如《大红灯笼高高挂》中的老婆婆：

老婆婆见衣服还在门口放着，朝厢房里轻声喊道：雁儿！雁儿！

雁儿走出厢房，伫立不动。

老婆婆指着衣服说：怎么还不去洗啊？见雁儿颇不情愿的样子，又劝道：你可不能这样！你看老爷喜欢你，你就想当太太啦？就算老爷这次不娶四太太也不会是你，你就不是当太太的命！好好地伺候新来的四太太吧！

老婆婆把铜盆端起来递到雁儿的手上：别胡思乱想了啊！

雁儿一把接过铜盆，甩身就走。

老婆婆忙提醒：别忘了洗头。

四太太颂莲来到陈府，管家陈百顺等仆人均十分尊重这位“新人”，唯独雁儿给颂莲摆脸色，并且将颂莲洗手的水盆抢过来，一开始便和颂莲“冲突”上了，这样，观众自然产生疑问，现在经过老婆婆这样一说，有两个效果：第一，解释了两人冲突的缘由，同时巧妙地点明整部影片的主旨，陈家大院内的女人争夺红灯笼便是争夺男人的宠爱；第二，更好地带领观众入戏，既让观众有了初步认同的愉悦，又能促发观众新的期待：她们两人还有什么更激烈的冲突呢？后续情节如颂莲发现雁儿偷偷点灯、雁儿揭破颂莲假怀孕、颂莲揭破雁儿点灯等都是沿着老婆婆这一点睛之笔而来。

（3）与主要人物形成映衬与对比。著名导演陈凯歌指出：“文艺作品中的人物，彼此间都有一种相互映衬的关系。单纯地写一个人物，很难获得成功。写这一个，往往是为了写那一个。”以“这一个”来写“那一个”的创作技巧，是影视剧塑造人物的一种重要手法。我们以《入殓师》中山下这个人物为例来说明次要人物的映衬作用：

A. 澡堂·内景

在更衣室穿衣服的大悟。

平田仍然一门心思地在下象棋。

从内部人员出入的门里，传来男女争执的声音。

大悟：？

内部人员出入的门打开，带着女儿（诗织）的山下出现了。

追着山下出来的，是他的母亲，也是这家澡堂的主人艳子。

艳子：这里我是绝不会放手的，所以嘛，你给我回去、回去！

山下：我也是在为母亲着想……

艳子：这种打官腔的话，别跟我说。我还没老到要你担心的地步呢。（对孙女）是吧，诗织。

诗织：以后，我还来这个大大的浴池，行吗？

艳子：嗯，当然啦……奶奶要为了小诗织，一直——坚持下去！

山下叹了口气，偶然向侧面看了一眼……发现了大悟。

山下：……你是，大悟？

大悟：山下……

山下：嘿，你什么时候回来的？倒是给我来个电话呀。

大悟：哦、那个，抱歉。这几天时间有点儿紧……

艳子也注意到了大悟。

艳子：哎哟，是不是小林家的……阿大呀？

大悟：是我。好久没见到您了。

艳子：哎呀，真的呀，可不是好久啦吗……听说你在东京，有个特别好的工作啊……

大悟：呃……还行。

艳子：叫什么来的，那个乐器？

山下：大提琴。

艳子：对，对，大提琴！（对孙女）这位叔叔呀，在东京演奏大提琴这种乐器，是了不起的人哪。

诗织：真的！

艳子：我们家呀，要是也有个这么出息的儿子……

山下：母亲！（对大悟）对不起，今天她有点儿别扭……过后，咱们啊！（做了个饮酒的动作）

大悟：噢，以后再……

艳子：下次，把媳妇儿也带来呀。已经结婚了吧？

大悟：是的……

艳子：这个混蛋不在的时候，这儿可安静啦。

山下：那——又是谁，生下了这个混蛋呢？

艳子：无论怎么说，我也不会把这里卖掉的。

似乎是为了打断他们三人的对话，平田大声地——

平田：对啦！就是这样的……没——错……

在这一场戏里，山下第一次出场，和开澡堂的母亲艳子处于争吵之中，山下不考虑母亲的感受，扬言要卖掉澡堂，而母亲艳子坚决反对，母子不欢而散。这是正面衬托大悟与父亲的关系，山下与母亲感情不和，大悟与父亲感情冷漠。山下与母亲感情不和是明场戏，大悟与父亲感情冷漠是暗场戏，一明一暗，形成互文。值得一提的是，上村抛弃儿子与大悟父亲抛弃大悟也是正面映衬。

B. 商店街

寂静的商店街，散乱地堆放着一些不可回收垃圾的袋子。大悟一边思索着什么一边走着。

从快餐店里出来一家人。

是山下和妻子理惠，以及女儿诗织。

大悟（看见了山下）：……

山下也看见了大悟。

大悟：……哎！

山下没有搭理大悟，继续往前走。

理惠（对山下）：那不是你的朋友吗？

山下：……

诗织（边微笑边对大悟说）：晚上好！

山下：用不着和他打招呼！

理惠：你干吗？

大悟：……

山下：你在撒谎。

大悟：什么事？

山下：干点儿什么不好哇，怎么不去找份更离谱的工作！

大悟：……

山下（对妻子、女儿）：咱们走。

山下转过身，背朝着大悟走了。

理惠和诗织虽然颇感困惑，但还是跟随山下而去。

大悟：……

这一场戏主要描述了山下对大悟的鄙视。山下得知小林大悟从事入殓师这一职业，立即不再搭理大悟，并阻止女儿诗织向大悟问好，这与小林大悟热爱入殓师职业形成对比，是反衬。

C. 同・内景

艳子的遗体横卧于褥子上，白色的单子盖住了面部。

山下、理惠和诗织在遗体旁哭泣。

在起居室的入口处站着佐佐木和大中。

大悟和美香出现了。

大悟：……

注视着艳子遗体的大悟，双手合十。

美香也跟着大悟合掌致哀。

佐佐木（看着美香）：？

大悟：这是我妻子美香。

美香有些生硬地打个招呼。

佐佐木：听说，她是在搬运木柴的中途倒下之后就去世了。

大悟：直到人生的最后一刻，她还在劳动。

大中：不过，如果没有了这个澡堂，我们可就不方便啦。

佐佐木（瞧着大悟）：动手吗?

大悟：……好!

大悟，用充满爱意的双手，开始了入殓的作业。

山下家族的人们，以及佐佐木和美香，都注视着大悟堂堂正正、气度不凡地进行工作的姿态。

大悟的工作进入了收尾阶段。

大悟用毛笔蘸了口红，将它交给山下的妻子理惠。

大悟：请您来做。

理惠接过大悟给她的毛笔，一边哭泣，一边用颤抖的手，为艳子的嘴唇涂上口红。

山下：……

涂完口红的理惠把诗织拉过来。

理惠：你看，奶奶变得漂亮了吧。

诗织：……（哭着点头）

艳子的面容，如同复生了一般美丽而安详。

山下：大悟……

大悟：嗯?

山下：谢谢……真的谢谢了。真对不起……

美香，目不转睛地看着他们。

美香：……

D. 火葬场·外景

灵车驶来，停下。

E. 同·内景

放着艳子棺材的台车，被火葬场职工推着，朝火化炉的方向走去。

后面，跟着为她送行的行列。

悲痛欲绝的山下，抱着遗像走在队列的最前面。

队列中，可以看到大悟和美香的身影。

进入里面，在火葬炉的前边站着场长。

大悟：！（大吃一惊）

原来场长就是平田。

缓步走向灵柩的平田。

当平田走过大悟身边时，大悟在他耳边低声说——

大悟：是受我们公司的委托吗?

平田：……

平田默默地行了一礼，接着打开了棺材上的小窗。

能够看到艳子死后安详的面孔。

平田：……现在，就做最后的告别吧。

大家一同低头合掌。

致哀结束了。平田的手扶着小窗，却没有将它关上。

平田：……

大悟：……

平田闭上了眼睛，轻声低语："谢谢你，再见了！"然后将小窗关闭。

在棺材被推入火葬炉的时刻，山下哭倒在地。

山下：母亲……

平田向火葬炉鞠躬行礼。然后朝后面的火葬炉操作间走去。

平田的背影寂寞孤单。

山下突然站起身，去追赶平田。

大悟和美香互相对视着。

在这三场戏里，澡堂奶奶艳子去世，山下与母亲和解，这是正衬：大悟与去世的父亲也达成和解。在母亲美丽的遗体前，山下主动招呼大悟，并致以感谢，与美香在大悟父亲的遗体前完全理解大悟形成对位，这也是正衬。如此，澡堂奶奶艳子这个人物出场，具有一种“钩子”作用：

大悟—澡堂奶奶艳子—大悟父母，为叙述大悟父母服务。

大悟—澡堂奶奶艳子—山下，为大众改变对入殓师这一职业的看法服务。

大悟—澡堂奶奶艳子—平田（火葬场长），为深化主题服务。

（4）设计某个人物的悲剧命运，作为主人公另一种选择的“假如”人生，如《肖申克的救赎》中的布鲁克斯；或者说，这个人物的引入，可以促进主人公的正确选择，如《勇敢的心》中的美伦。我们以《肖申克的救赎》中的布鲁克斯为例：

A. 内景，福德威，白天

布鲁克斯（旁白）：“也许我该弄把枪把福德威劫了，这样他们就能送我回家了。那时，我要枪击经理，这是附带的好处。”

B. 内景，布鲁克斯的房间，白天

布鲁克斯正在把他所有的家当塞进包里，内衣、袜子，等等。

布鲁克斯（旁白）："但我想我已经老得不能再那样胡闹了。"

C. 内景，布鲁克斯的房间，白天

布鲁克斯穿上了西装，打好了领带，戴上帽子。桌子上放着封信，贴着邮票准备寄出，他的包放在门口。

布鲁克斯（旁白）："我不喜欢这儿，老是害怕，让我感到很累，我决定离开。"

他最后看了一眼周围，只剩下一件事情要做了。

他站到椅子上，椅子被踩得颤动起来。面对着房梁，他刻下了一行字："布鲁克斯·哈特兰曾经到此。"他微微地笑了起来。

布鲁克斯（旁白）："我怀疑会引起他们的慌张，像我这样的家伙，他们是不会的。"

他用身体的重量推动摇晃的椅子——椅子被推开。脚还留在原地，无力地在半空中蹬着，帽子坠落到地板上。

镜头拉宽，布鲁克斯上吊了。身体轻轻地晃着，面朝着窗户，街上的嘈杂声从下面浮了上来。

D. 外景，操场，白天

安迪给瑞德和大家读着信——

安迪：另外，告诉海沃德，我很抱歉把刀架在他的脖子上，我无意伤害他的。

长长的寂静，安迪把信折起，轻轻地放好。

瑞德：他一定死在那儿了，见鬼！

《肖申克的救赎》中的布鲁克斯，其戏剧任务是给安迪、瑞德等人带来心灵震撼，所以第 121 场戏必不可少，这也是布鲁克斯在影片中的关键作用所在。剧作家用几个场景连续交代布鲁克斯，向观众呈现他从生到死的整个过程。以至于在后面的讨论中，安迪一语中的说出了"布鲁克斯"

的作用——安迪："在这个世界上，有些东西用石头是刻不来的。在我们的心中有块地方是关不住的，那块地方称为自由。"瑞德："希望是件可怕的东西，会让人发狂的。这儿没有它的地儿，最好认命吧。"安迪（轻轻地）："就像布鲁克斯？"

第二节　在人物关系中写好人物

人物关系是故事的经脉，剧作中的每一个人物，都应处于一定的人物关系中，每一种人物关系都是认识这个人物的一个窗口。

一、人物关系是塑造人物的基础

在将话剧《雷雨》改编成电影《满城尽带黄金甲》时，张艺谋指出："我们尽量寻找新的人物关系和表达方式，符合电影的，将来还要好看，非常好看。"这与著名学者汪流所说如出一辙，汪流说："要想塑造好人物性格，必须写好人和人的关系，将人物放到矛盾冲突中去表现他们的性格。"我们通常所说的社会环境便是由人与人之间错综复杂的社会关系与人际关系组成的。

从某种程度上说，人物关系一旦设定，戏剧冲突亦有了大致走向。比如：《教父》剧作中，教父堂科列奥有许多"教子"，但是在开场中唯独着重写了殡葬承办人亚美利哥·波拿塞那与著名歌星悉尼·方丹，那么，沿着这两个人物自然会设计必要的情节，殡葬承办人的引入，自然会有某人需要殡葬这一情节的出现。当然，这两个人物的引入首先是为了体现教父的行事风格与手段，重视朋友与愿意为朋友排忧解难以便引起观众情感的认可。

毫无疑问，恰当的人物关系能对焦点人物的性格进行立体的展示，这个焦点人物一般是影片中的第一主人公，有时也是剧作中的关键人物，是故事情节得以发展的基础。以《尼罗河上的惨案》为例，影片围绕富家小姐林内特被谋杀而设计情节，作为林内特在美国产业的管理人潘宁顿，他试图利用林内特新婚之喜巧妙套取她的财产，不料被富有正义感的英国律师雷斯上校及时阻止而没有实现。显然，潘宁顿这个人物的引入，一方面既说明林内特的巨额财产的来历，以及她继承的财产给她带来了危险；另一方面说明林内特缺乏警觉，不能明辨是非，分不清身边的朋友与敌人。惦记林内特名贵项链的斯凯尔太太与她的用人鲍尔斯，鲍尔斯正是因为被林内特父亲害得家破人亡才沦为用人的，这两个人物的引入，既是对林内特富人身份的再次强调，又是对林内特家族为富不仁的发家史的揭露。潘宁顿与斯凯尔太太与林内特的巧遇均是因财而来，这是明写，实际上是为杰基和赛蒙巧妙夺取林内特财产服务，这与中国古典小说“明修栈道暗度陈仓”的技法一致。而与鲍尔斯相对应的人物是仇恨资本主义原始资本积累的愤青弗格森，鲍尔斯的人生经历为弗格森的仇恨提供了现实基础，彰显了林内特所拥有财富的罪恶的一面，而罪恶最容易滋生罪恶。色情小说家奥特伯恩太太，对林内特的私生活做出了如实描绘而即将遭受其控告，奥特伯恩太太这一人物的引入，凸显了林内特私生活的糜烂，既含蓄交代出她的好友杰基选择“情变谋杀”计谋的缘由，又为林内特爱上好友未婚夫赛蒙做出补充说明。而贝斯纳大夫与路易丝女佣，林内特公开指责贝斯纳大夫为庸医而使得医院信誉受到巨大影响，林内特不同意路易丝的婚事而拒付她工资，贝斯纳大夫与路易丝女佣构成了林内特日常生活的一个侧面，凸显了林内特为人的刻薄与冷酷。如此，潘宁顿、斯凯尔太太、鲍尔斯、奥特伯恩太太、奥特伯恩太太的女儿罗莎莉、弗格森这些人物关系的设计，不仅仅是提供了“谋杀”的可能性，从而使得林内特身边危机四伏，同时更是对林内特这一焦点人物的日常生活做了多方位的交代，对她的性格进行了多角度的塑造，使得这一焦点人物性格丰满，为剧情的发展提供了坚实的基础。

同样，特定的人物关系能很好地将关系中的人物串联起来，这些人物性格与需求都在“关系”这个不可分解的结中得以尽情地表现。张艺谋导演的电影《大红灯笼高高挂》中的人物关系设计很能够说明这一问题。大太太、二太太、三太太、四太太以及丫鬟雁儿，她们因为生存聚集在陈家大院里面，共同争夺“雄风不再”的男人陈老爷的“宠幸”以及陈老爷所赋予的权力。陈老爷与四位太太形成了一夫多妻关系，陈老爷的需求是“姐妹们要和气”，而太太们的需求是“姐妹们要斗争”，这一个“结”将陈老爷与四位太太以及丫鬟雁儿的关系紧密连接在一起。同样，作为进入陈家大院独立且充满威胁性的洋学生颂莲，与丫鬟雁儿、二太太卓云、三太太梅珊的冲突立即开始。在颂莲与雁儿这组人物关系中，既有主仆之间的表层矛盾，又有情敌之间的深层冲突。雁儿拒绝颂莲在她的洗衣盆里洗手，拒绝为颂莲洗衣、捶腿，继而又与二太太卓云结为同盟，利用巫蛊之术诅咒颂莲早死，并将颂莲假装怀孕的秘密告发给二太太卓云，呈现出雁儿对颂莲成为四太太的不满与恨意。这种不满与恨意甚至超越了生命，在面对颂莲的致命回击时，宁可死也不愿道歉。在颂莲与三太太梅珊这组人物关系中，他们是姐妹，更是情敌，颂莲的到来对正在受宠的梅珊形成威胁，自然首先引起梅珊的反击，在颂莲新婚之夜抢走陈老爷，装病拒绝颂莲的拜访，故意以荤菜取代菠菜豆腐。而颂莲在生日醉酒后泄露三太太梅珊与高医生的奸情，直接导致了三太太梅珊的冤死。在颂莲与二太太卓云这组人物关系中，逐渐地将卓云阴损的性格凸显出来，卓云的笑脸相迎以及赠送布料，在颂莲的无意发现中无非只是一件“糖衣”，在“糖衣”包裹下的“炮弹”更具有杀伤力，与三太太梅珊、丫鬟雁儿与颂莲的冲突形成对比。正是在二太太卓云的操纵下，雁儿染上风寒而在医院死去，梅珊因偷情被当场抓获而被绞死，颂莲亦因此精神失常。显然，颂莲与二太太卓云、三太太梅珊、丫鬟雁儿的矛盾冲突具有不可调和性，一次次的争风吃醋、是是非非的斗争在这种既定的人物关系中不断发生与演绎，直至生命消殒。

二、人物关系设置的基本原则

不论何种人物关系设计，都是以该关系中的人物所承担的剧情任务为基点的。李冯在设计《英雄》人物关系时就明确指出："无名是一个不承担情感任务的，让残剑和飞雪完成这个爱情任务。本来我们还讨论过是不是让飞雪和无名产生点爱情关系？后来觉得对这个人物来点放电的镜头不好，他应是一个很坚韧、心无杂念的人。一个练剑十年的人再去谈恋爱，对人物的力量是会减弱的，因为他十年来专门练十步一杀，只想完成刺杀秦王这一个目的，他既然能为一个女孩动情，他后来在皇帝面前的放弃就不构成悬念，在道理上就不通。"从李冯的创作总结中可以知道，人物关系的设计是以人物的戏剧性任务以及影片主题为原点的。从这一原点出发，人物关系设计需要遵从的原则有：

首先，人物关系的设置要富有戏剧性，要能持续不断地产生冲突的力量，从而不断推动剧情向前发展。一般而言，人物关系的戏剧性主要表现为敌对关系与不稳定关系两种。

人物关系在敌对中产生冲突的力量。在《勇敢的心》中，追求自由与爱的华莱士与暴政统治的爱德华国王成为影片中的主要矛盾，并且这种矛盾不可调和，只能不断激发直至影片结束。不过，在相互敌对的阵营中，又会不断有新的人物关系改变。比如贵族罗伯特与华莱士敌对、和好、敌对，最终和好，正是这种不稳定性不断促进剧情向前发展。

人物关系在不稳定中产生冲突力量。冯小刚的《手机》，严守一与于文娟、武月、沈雪三个女人的关系就处于不稳定之中，三个女人互相之间的敌意形成冲突。作为对应，费墨与其妻子以及女学生之间又构成了不稳定的关系，两组不稳定的人物关系，推动着剧情发展。

其次，人物关系的设置，要注意冲突双方力量的制衡，也就是说，不能让你的"人物冲突"毫无节制，而是要在一定的"制约"中进行，这样，既符合影片情节设计的张弛有度的美学特点，又符合生活中的本来面目，因为生活总是互相联系与制约的。

影片《无主之地》与《金橘》在人物关系设置中十分清晰地证明了这一点。2001 年奥斯卡最佳外语片获得者《无主之地》，反映的是波塞战争中三个士兵之间的故事，一队开赴前线执行任务的波斯尼亚士兵在大雾中迷路，不幸误入塞尔维亚军队战壕前，波斯尼亚士兵西基手臂受伤滚入战壕，其战友大多牺牲。塞方派出新兵尼诺在一老兵带领下检视战场，老兵将弹式地雷塞入波斯尼亚士兵“尸体”下面充作陷阱，躲藏在战壕的西基击毙老兵后将尼诺俘虏。不久“尸体”醒转，西基看着地雷上的战友无能为力，只好与尼诺二人在波塞阵地之间的无主地带请求帮助。显然，两个受伤的敌对士兵西基与尼诺若是缺乏一个制衡的力量，剧情就无法张弛有度发展，这样，压着跳雷不敢动弹的士兵就成了制衡两人“冲突”的力量，也正是因为有这种“制衡”，影片中的情节冲突才能在剧作家的“设计”中进行，并充满戏剧性。

同样，获得 2015 年奥斯卡最佳外语片提名奖的《金橘》，在人物设置上亦体现出制衡双方力量的重要性。《金橘》选取的是格鲁吉亚－阿布哈兹战争中发生在“爱沙尼亚人村”中的一个故事，爱沙尼亚人伊沃救活受伤的阿布哈兹雇佣军车臣人艾哈迈德与格鲁吉亚人尼卡，自然，作为两位伤员的救命恩人伊沃就成了敌对两人的调解员，实际上成为制衡两人的一种力量。伊沃的这种制衡，作用有二：第一，将两人放在一个狭窄的环境里，如此，这种潜在的冲突不断产生力量，推动剧情往前发展；第二，将两人限定在一个不稳定的友好协定里，不能在伊沃的家里杀死对方。如此，这种冲突既不至于消失，又不至于不可控制，从而使得剧情在一种符合生活的逻辑中既定进行。值得一提的是，在《无主之地》中，西基的女朋友是尼诺的同学；在《金橘》中，艾哈迈德与尼卡都对伊沃的孙女感兴趣，这两个女孩可以抽象为一种“美好”，这种共同的“美好”也是制衡冲突双方的一种潜在力量。

再次，人物关系的设置，要注意主角对剧中人物带来有意义的变化，剧中人物可以是主角的对手，或者是主角同阵营的一个次要人物。人物关系一旦设定，重要的是要有一种力量去促使这种人物关系发生变化。正是因为此，人物关系的设置，一定要有变化的可能，人物关系变化，才有影片的剧情。张艺谋创作团队在剧作中十分讲究一个人物动作对另一个人物的激发。影片中的情绪和冲突通过一个人对一个人的激发，然后煽情到整个过程的顶点。比如李冯在说《英雄》剧作时指出："飞雪和残剑之间要有一个导火线，残剑假借与丫鬟如月做爱来故意刺激飞雪刺了一剑。否则就没法爆发了，故事都不知道怎么去编了。"吕克·贝松编剧与导演的《这个杀手不太冷》中里昂与玛婷达之间的关系在玛婷达失去亲人与毒贩史丹佛的共同激发下，两人从陌生的邻居成为熟人，最终成为生死相依的恋人，丰富的剧情正是随着这一组核心人物关系的变化而不断得以向前曲折发展。

在《勇敢的心》中，作为追求自由与爱的华莱士，他影响了一大批跟随者，如他儿时伙伴哈米什、苏格兰贵族罗伯特、英格兰国王的儿媳伊丽莎白，哈米什是同阵营的配角，罗伯特是中间派的领袖人物，伊丽莎白是对立面阵营的次要人物。在华莱士的影响下，伊丽莎白敢于反抗专制的国王爱德华，罗伯特从软弱的投降派变为反对爱德华的又一领袖人物。影片在爱德华牺牲后，哈米什将爱德华的剑抛向空中，插在了草地上犹如一面旗帜，罗伯特挥剑指向英国国王军队，新的反抗开始了。

在《飞越疯人院》影片中，追求自由是麦克墨菲执着的理想，麦克的理想以逃离疯人院为外在表现形式。麦克被押解到疯人院后，对酋长、利比、齐弗等所谓的"精神病人"产生了巨大的影响。影片开始时，利比胆小、害怕，受着非人性的压抑，因而连说话都困难，但是在麦克促成身为妓女的女友与利比一夜鱼水之欢后，利比神采飞扬，说话清晰，找回到一个做男人的尊严。在遭受医院统治者拉契特护士长威胁时，利比勇敢地选择了自杀，体现了"勿自由，宁肯死"的影片主题思想。酋长比利比受到的伤害更大，他处于一种失语状态，如同一个没有灵魂的木偶，以至于在疯人院里大家都误认为他是一个十分弱智的哑巴。麦克的到来，试着与他交流，耐心地教他打篮球，自由的灵魂慢慢地回归到酋长的体内。因为麦克的反抗，医院最终将麦克反抗的脑神经摘除，人为地将其变为一个不能再反抗的植物人。作为自由精神的传递者酋长，闷死了麦克，高高举起麦克曾经举不起的那个控制水龙头的笨重物件，狠狠砸向象征关闭自由的窗户，在黎明来临前的夜色中毅然地奔向远方。

最后，人物关系的设置具有多层次性与丰富性，有表层关系与深层关系。在张艺谋执导的影片《菊豆》中，杨金山与杨天青是养父养子关系，杨天青与杨天白是兄弟关系，杨天青与菊豆是侄婶关系；而深层关系中，杨金山与杨天青是情敌关系，杨天青与杨天白是父子关系，杨天青与菊豆是情人关系，这种关系的多层次性直接形成戏剧冲突，能很好地将关系中的人物需求与性格淋漓尽致地呈现出来。

在张艺谋执导的影片《大红灯笼高高挂》中，大太太、二太太、三太太、四太太，以及丫鬟雁儿，因为争夺一个男人的宠爱而钩心斗角，自然形成了不稳定的关系，表面上是姐妹关系，深层的又是敌对关系。大太太虽然念佛，但没有佛心；二太太笑里藏刀，暗地里与三太太、四太太斗；三太太沉湎京剧，凭着年轻，与四太太对着干；四太太在被动防守中采取主动进攻，打击二太太，压制雁儿，并直接导致雁儿的死，同时又在有意无意中说破三太太与高医生的奸情，并导致三太太被绞死。四位太太与雁儿的表层关系是主仆关系，但是二太太与雁儿是同盟关系，四太太与雁儿是敌对关系，这种丰富的多层次的人物关系，充满张力，富有戏剧性。当一种关系向另一种关系过渡时，自然而然会产生矛盾。

第三节　在戏剧动作中写好人物

弗兰克·丹尼尔指出：“行为与戏剧性动作的区别在于：如果人物总是跑来跑去却彼此之间没有冲突，这意味着没有戏剧性的动作。”也就是说，戏剧性动作是有目的的行为，是能够带来他者反应或者动作的动作。

一、戏剧性：人物动作的基本特性

人物动作是塑造人物性格的最佳途径。人物动作包括外部动作与内部动作：内部动作，指的是人物的情感、意志等心理活动；外部动作，则是指人物外在的形体动作或语言动作。对于电影演员来说，银幕动作的三个要素是：做什么，为什么做，怎样做。因而对于剧作家来说，在设计人物动作时亦同样应该遵循“做什么、为什么做、怎样做”这一基本思路。

例如，电影《红高粱》中“野合”那一段：体现性爱的狂欢和神圣——

152.（中—全）我爷爷走上前，再次用有力的胳膊稳稳地夹抱起我奶奶，朝高粱深处走去，我奶奶不再挣扎，任凭他抱去。

153.（特）我奶奶泪水满面，仰天缓缓倒下。

154.（全）绿海中，被踩倒的高粱秆形成一个圆形圣坛。仰面躺着的我奶奶一动不动，我爷爷在一旁双膝跪下。

155.（中）狂舞的高粱。（叠化）

所选导演台本中的“野合”戏中，余占鳌一系列的动作：“夹抱”与“双膝跪下”；九儿一系列的动作：“不再挣扎”与“缓缓倒下”。这些动作不仅具有外在的动作性，同样又是他们内心活动的外在化，体现了他们对于彼此的力量冲击以及内心的接受。如此看来，戏剧性动作一般具有如下三个特点：

（1）动作性。动作会引起人物情绪变化，会带来人物关系的改变，从而不断推动剧情向前发展。正如贝克在《戏剧技巧》中指出：“外部动作或者内心活动，其本身并非‘戏剧性’的。它们能否成为戏剧性的，必须看它们是否能自然地激动观众的感情，或者通过作者的处理而达到这样的效果。”阿契尔也指出：“关于戏剧性的唯一真正确切的定义是：任何能够使聚集在剧场中的普通观众感兴趣的虚构人物的表演。”在戏剧舞台表演中，戏剧性动作能够“激动观众的感情”，或者使观众“发生兴趣”。在影视艺术中，亦同样如此，剧中人物动作的本质就是强调动作发出后所带来的变化。我们以《入殓师》中的一场戏为例：

A. 杂居楼

沿着光线暗淡的杂居楼楼梯来到三层时……出现了一扇锈迹斑斑的铁门。

门上写着“惊奇工作室”。

大悟提心吊胆地推开了门……

里边似乎在拍摄什么。

几名工作人员中的一人看见了大悟。

导演助理：哎，请进。

在几名工作人员身后的是佐佐木。

佐佐木：噢，来啦来啦。

佐佐木把大悟领到了摄影现场的中央，然后向摄制组人员介绍大悟。

佐佐木：这位就是我的新助手，叫，哦……

大悟（低声对佐佐木说）：小林。

佐佐木：是小林君。今天的模特由他来担任。

大悟：模特？！

大悟的惊讶，被摄制组人员的掌声遮盖了。

现场一位导演模样的人向大悟跑来。

导演：换了装之后马上开始拍摄，就请多多关照啦。

接着，负责发型的当地美容师过来说——

美容师：哦，跟我到那儿换一下妆，然后把发型……

大悟：社长……

佐佐木：没——什么可为难的事！

大悟被带到拍摄间旁边的一间小屋去了。

祭坛已搭建起来，在它前面放着棺材和被褥。

佐佐木叨叨咕咕地反复练习着解说词。

可以看到佐佐木手里拿着的台本上，写有“入殓指导”的字样。

看起来，恐怕是佐佐木在制作一部叫《入殓指导》的录像片。

大悟似乎已经换完了妆，美容师先出了小房间。

美容师：模特先生，出来吧。

随后现身的大悟……

只见他身上除了一块尿不湿，几乎是全裸的状态。

而且，他的全身上下，都被涂成像失掉了血气的遗体般的青白色。

佐佐木：嘿！气氛出来了。

大悟：这个，是给哪里拍的呀？

佐佐木：别那么在意！因为是专业用的DVD，外面的人不会看到。

大悟的表情中，混杂着愤怒与羞耻，还有一份悲凉。

不一会儿，摄影开始了。

大悟被安排躺在褥子上。

佐佐木站在旁边，一边按照摄影机镜头的视线做解说，一边在大悟的身上进行实际的操作。

佐佐木：常言道“死了的人要喝水”，所以，应该按照与故人缘分深浅的顺序，用脱脂棉或软毛笔，像这样，为故人润湿嘴唇。

佐佐木：接下来，进行叫作“温洗”的清洁遗体的作业。最近大多采用浸了酒精的脱脂棉擦拭方法。因为人死之后开始僵硬，处理起来就困难了，所以要尽可能快地施行。

佐佐木：最后，是梳理头发、剪齐指甲、化妆整容。尤其是男性，由于脸上的肌肉收缩，会出现胡须看上去似乎伸长了的情况，故而剃须也是必要的。这种场合，不能在遗体跟前把剃刀的刀刃拉开。因为“拉”这个词，和招友、邀友的意思有关联。一定要像这样，把剃刀的刀刃推开……

佐佐木一边说，一边去剃大悟下颚的胡须，这时——

大悟：哎哟！

佐佐木失手割到了下颚，大悟因疼痛而跳了起来。

由于大悟的动作，使刀刃更深地切入，结果大量的鲜血喷涌而出。

导演：停！停！

摄影中止，现场一片混乱。

小林大悟在半推半就下担任《入殓指导》录像片的模特，表情丰富，“混杂着愤怒与羞耻，还有一份悲凉”，流露出内心的不情愿，但随着佐佐木的解说以及现场工作人员的热情引导，小林大悟逐渐进入状态。其中，小林大悟“身上除了一块尿不湿，几乎是全裸的状态”的化妆，并装扮成“死尸”，让《入殓指导》录像片的拍摄在一种幽默、轻松的气氛中进行，但随着“佐佐木失手割到了下颚”这一意料之外的突发动作，剧情出现小小的突转，呈现一种紧张感，并因此结束了本场戏。

本场戏主要完成两个戏剧任务：（1）继续呈现小林大悟内心对入殓师这一工作的排斥；（2）巧妙地埋下伏笔，为情境的激发埋下了一颗种子，这颗种子一旦被美香发现，自然会带来剧情的突转。基于这两个戏剧任务，带来了近与远的两场戏：

B. 大悟的家，内景

正在吃晚餐的大悟和美香。

大悟的下巴贴了一块创可贴。

美香一直留意着那块创可贴，但终于什么也没说。

大悟感觉到了美香的视线。

大悟：什么？

美香：这个伤……怎么弄的？

大悟焦躁地——

大悟：我正剃胡子的时候，突然被社长推了一下……

美香：在公司里……剃胡子？

大悟：嗯？嗯……

美香：你不是从来只用电动剃须刀的吗？

大悟：……社长的命令，我有什么办法！

美香：噢——嗯……怪怪的公司。

C. 大悟家，大悟的房间

在大悟的房间里寻踪觅迹的美香。

美香嗅着大悟昨夜穿过的大衣……明显的有女用香水的气味。

随后，她又拉开桌子的抽屉，翻看里面的东西。

接着，发现了一张 DVD 盘，上面盖了“对外保密”的印。

美香：……

B 场戏，大悟向美香隐瞒脸上受伤的原因，进一步暗中表明美香不能接受大悟这份职业，为美香发现大悟入殓师职业蓄势。

C 场戏，与 A 场戏形成“伏笔 + 发现”的一个悬念结构。随着美香的“发现”，剧情突转，夫妻宁静的生活被打破——妻子回娘家，为小林大悟带来新的困境。

（2）流动性。动作是处在剧情结构的因果关系链条之中的，每一个动作都是从别的动作中发出来而又将引发别的动作。我们以《入殓师》中的三场戏为例：

A. 大悟的家，内景

夜晚，大悟归来。

大悟：我回来了。

大悟感觉美香应该就在家里，但是没有回音。

大悟推开起居室的门，只见美香正襟危坐。

大悟：美香……你怎么啦？

美香侧目盯着大悟。

DVD 的影像——

是以前制作的 DVD 片的影像。

作为模特的大悟赤身裸体地躺着，佐佐木边解说边实际操作。

佐佐木：鼻、耳、口等开口部位，为了防止体液漏出，请用脱脂棉塞住。意外地容易被遗忘的部位，是肛门。请像这样把脱脂棉团成球状，塞入肛门内。

影像映出大悟可怜又可悲的样子。

DVD 机的停止键被按下，画面消失了。

B. 大悟的家，内景

大悟与美香之间充满紧张感的一段沉默。

美香：什么——这是！

大悟：你随便翻我桌子了？

美香：我问的不是这个问题吧。

大悟：……这个嘛，不过碰巧当了一次模特。

美香：你的工作内容我已经全部了解了。

大悟：所以，怎么样呢？

美香：为什么不告诉我？

大悟：告诉你也是反对吧。

美香：当然啦，这还用说。怎么就能干得了这种工作呢。你就……

不觉得害臊吗?

大悟：为什么害臊？因为每天要接触死去的人吗?

美香：我只是希望你做份普通的工作。

大悟：所谓的普通是指什么？无论是谁肯定都会死的。我当然会死的，你也会死。死，是件很普通的事情嘛。

美香：不想听你强词夺理。无论如何，现在马上把工作辞掉。

大悟：……

美香：我对你，至今没说过任何不满的话。在你辞去大提琴工作的时候，在你回到乡下的时候，我不都是笑着跟随你吗？可悲呀，真可悲！但是，因为爱你……

大悟：……

美香：所以，就这一次，我求你啦！就听听我的吧！

大悟：如果我说，不愿意呢?

美香：那种工作，你有一直干下去的自信吗?

大悟：……

美香：像现在这样，我们没办法一起生活了。

大悟：……

美香深深地叹了口气。

美香：我回娘家去。

大悟：……

美香：如果辞了工作，就去接我回来。

大悟：美香！

大悟还想从美香身后抱住她，谁知……

美香：别碰我！

大悟：……

美香：我觉得恶心！

美香的泪水夺眶而出。

大悟的内心独白：我第一次看到了……妻子的眼泪。

C. 无人的车站

一座简陋的无人车站，孤零零地处于田园的景象中带着旅行箱的美香独自在等电车。

大悟归来，美香没有像往常那样出来迎接——因为美香发现了《入殓指导》录像片中的大悟，明白了大悟的入殓师职业——埋怨，指责，要大悟立即辞掉工作——大悟爱上了入殓师职业，拒绝辞职——美香决定离开，大悟挽留——美香出现在回娘家的电车站台上。一个动作带出另一个动作，推动剧情往前发展。

（3）性格化。金圣叹认为《水浒传》的妙处，就是它描写人物的动作都是充分性格化的，人物的动作与他的社会地位、性格以及特定场合下的心理状态一致。比如他在评、批鲁达获知恶霸郑屠欺压金老父女、当即要去打死郑屠却被史进等劝住后“晚饭也不吃，气愤愤地睡了”这一动作时指出：“写鲁达写出性情来。妙笔。”西方的黑格尔亦同样指出：“艺术也可以说是要把每一个形象的看得见的外表上的每一点都化为眼睛或灵魂的住所，使它把心灵显现出来。”人物动作要成为“眼睛或灵魂的住所”，意思就是人物动作一定要与人物的性格保持一致。

例如电影《这个杀手不太冷》中玛婷达在生死攸关面前，她想到了向里昂求救的那一场戏：

玛婷达购买早餐与牛奶回来，在走廊上听到了毒贩已经枪杀了她的全家。玛婷达想起了里昂，并径直向里昂的房间走去。

里昂右手拿着枪，一直在关注事态的进展，看到玛婷达走近，明显感到一阵慌乱。

玛婷达抽出右手按了按门铃，然后用细得几乎听不见的声音说道：求你了，开开门。

玛婷达的声音明显带着颤抖的哭腔，又继续哭道：求你了。

站在门口的家伙一直盯着玛婷达，里昂看到玛婷达两只眼睛哭得红肿，怀里抱着给他买的牛奶。

玛婷达再次按响了门铃，门铃的声音已经引起了倚在门旁警戒的毒贩注意。

门内没有动静，玛婷达急得快要哭出声，但是玛婷达强忍着哭声，再次喊道：求求你！

玛婷达埋着头，满脸泪水。她擦了下鼻涕，又用颤抖的手摁了下门铃。

里昂的内心矛盾，用手轻轻地揉搓着耳后的头皮。几秒钟的犹疑后，里昂快速地将枪别在背后的裤子上，并轻轻地打开了门。明亮的光线突然充满了黑暗的过道，直接照在被眼泪弄得湿湿的脸上，玛婷达定了定，感激地看着里昂，侧身轻轻地走了进来。里昂随之将门轻轻掩上。

玛婷达将买好的东西放下。

（转场）在玛婷达的家里，一个毒贩拿着他们破损的全家福，说道：贝尼，这家有三个小孩。我想史丹佛杀的是这个女孩（手指指着其中的一个女孩），而维利那个混蛋杀的是这个小男孩，没见到第三个，把她找出来。

（平行蒙太奇）玛婷达在熟悉里昂的房间。

（平行蒙太奇）贝尼从玛婷达家里走出：有一个小孩逃跑了，我要在这公寓把她找出来。

听到贝尼的说话，站在门旁警戒的毒贩向里昂的房间走来。里昂掏出手枪，熟练地装上消声器，隔着木板对准了外面那个好奇的脑袋。脑袋东张西望，从猫眼里看不到什么东西，又好奇地把耳朵凑了上来。

里昂把撞针拨到了击发位上……

玛婷达摁下电视按钮，突然响起一阵动画片的声音，把门里外的两个人都吓了一大跳。

门口的脑袋思考了一阵，认为没有什么好怀疑的，于是又回到了楼梯口。

里昂松了口气，走过来把枪放到了桌子上。

里昂在玛婷达三次摁门铃并多次“求你了”后才迟迟开门，这不是害怕，而是他谨慎的性格所致，所以，这一动作与他的性格完全吻合：第一，里昂是智慧的，他必须得在一定时间后才开门，表明他不在偷窥的假象；第二，里昂也是多疑的，杀手的职业养成了他冷酷的性格；第三，里昂又是尊重女人与小孩的，所以玛婷达的请求正在慢慢地让他回到正常的人性。玛婷达请求里昂开门，这也是打开他的心门。

这一场戏，还给我们提供一个运用时间的范例。如果玛婷达请求里昂开门与毒贩发现玛婷达逃跑是同一时间，那么，门口警戒的毒贩势必截留玛婷达，如此，里昂参与冲突还是不参与呢？如果不参与，玛婷达无法脱险；如果参与，里昂与玛婷达尚未建立必要的情感，参与的冲突性就不够强，如果强烈地冲突，又缺乏必要的内在根据。所以，当玛婷达进入里昂的房间后，毒贩发现玛婷达全家合影，并要在这公寓把她找出来，再次体现玛婷达的危险。显然，有节奏地营造出剧情的紧张性，与时间的差异性密不可分。

在戏剧影视创作领域里，例证性动作是一种典型的性格化动作。杨健老师指出：“例证性动作，就是能体现人物个性特征和行为特点的动作。它又是贯串全剧的抽象动作，对全剧的主题具有重要意义。”贝克指出：“具有例证性质的动作是戏剧的核心，而这种动作必须仔细选择。从若干可能的动作选择出来的这种动作，它应该迅速得到最大感情上的效果。”

《霸王别姬》中段小楼拍砖救场的例证性动作，《肖申克的救赎》中监狱队长哈德利用电棒打人的例证性动作，《泰坦尼克号》中卡尔借助金钱力量操控世界的例证性动作，都用得十分完美。我们现在以《泰坦尼克号》中的例证性动作为例：

1. 卡尔登上泰坦尼克号的第一个外在动作：

一个白星航运公司搬运工急匆匆向他们跑过去，遭受着最后一分钟装船的折磨。

搬运工：先生，你得在总站核查你的行李，从那边过去……

卡尔若无其事地递给这个人一张五元钞票。搬运工的眼珠子瞪大了。当年五英镑可是笔大赏钱。

卡尔：我就全靠你了，老弟。（顺手指指洛夫乔伊）那是我的侍从。

搬运工：是的，先生。乐意效劳，先生。

卡尔对卑贱的群氓从来都是让钱起作用。

2. 杰克成功救下露丝后卡尔的表现：

卡尔（揉露丝的胳臂）：让我送你进去。你在打冷战。

卡尔再没考虑杰克便走开了。

格雷西（小声）：呃……也许要给那小伙子点什么？

卡尔：噢，对了。洛夫乔伊先生，一张二十块就够了。

露丝：这就是救了你所爱的女人的代价吗？

卡尔：露丝不高兴了。呣……怎么办呢？

3. 杰克来找露丝，卡尔指使洛夫乔伊用钱解决问题。

杰克：就昨天晚上，我在这里的嘛……你忘了？（看见洛夫乔伊朝他走来）他会告诉你的。

洛夫乔伊：霍克利先生和德维特·布卡特夫人仍然非常赞赏你的帮助。他们让我把这个交给你。表示感谢……

他拿出两张二十元美钞。杰克拒绝了。

杰克：我不要钱，我……

洛夫乔伊：……同时提醒你。由于你所持的三等舱票，你不再适宜在这里露面了。

4. 船沉在即，卡尔信奉金钱至上。

“咔啦”一记沉闷的金属响声。卡尔打开他的保险箱，伸手进去。洛夫乔伊看着。他抽出两摞还绑着银行封条的钞票，然后取出“海洋之心”，把它放进大衣口袋。锁上保险箱。

卡尔（举起两摞钞票）：我要自己找活路。

5. 卡尔把钞票塞进默多克的口袋，换取一个救生艇的位置。

B 层甲板的前方栏杆上，海水像溢洪口泄洪似的汹涌而来。镜头快速提起，经过 A 层甲板到了船甲板，默多克和他的人马正在卸下装着折叠艇的吊舱最前面的吊杆。

人群散开了，大部分人滞留在船尾。卡尔从大衣口袋里伸出手来。插进默多克大衣的腰间口袋，把两摞钞票留在那里。

卡尔：那么，咱们就有个默契了？

默多克（简略点点头）：就照你说的吧。

二、 障碍：人物动作的试金石

冲突产生于人物动作与他的戏剧性需求之间的距离与障碍。在一部剧作中，动作与反动作的对抗不断出现，其对抗的强度也越来越大。冲突的激烈程度逐渐加强，冲突最高点便是剧作的高潮。正如罗伯特·麦基所说："人物真相只有当一个人在压力之下做出选择时才能获得揭示——压力越大，揭示越深，该选择越真实地表达了人物的本性。"

每一个行动障碍的产生，对于主人公来说，都是一个或大或小的困境，中外的电影大师都十分注重行动障碍所带来的困境在人物塑造中的重要作用。若想让一个人物给观众留下印象，最直接的方法就是把这个人物放到特定的困境中去。基于此，张艺谋明确指出："我们在电影中讲故事的时候，都希望影片中的这个人物有一个障碍。因为学习表演专业的人都知道，叙事中人物有一个障碍，就会有一个支点，就会让你演起来可能比较有意思。通常，在电影人物的设计上，当然希望给他障碍，有障碍就会产生人物性格，有人物性格就会有意思。所以，也不只是我的作品，你们看很多作品，人物必须面对一个障碍。他或者在障碍面前退缩，或者在障碍面前异化，或者跳过去，或者挑战，或者牺牲，等等。总之，他总要面对一个障碍，这个障碍或者是社会的，或者是政治的，或者是文化的，或者是历史的，或者是外部环境的，甚至是自然条件的，甚至是自己内心的障碍。这个是一个故事结构的规律，也不是我的发明，一定是需要有这样一个障碍，人物才有意思，不然，人物就失重了。"

对于张艺谋的"障碍论"，需要注意三点：

（1）"有障碍就会产生人物性格"，有了障碍，便有了冲突，障碍考验人物，障碍区分人物，显然，障碍是为更好地展示人物性格服务的。

（2）"障碍或者是社会的，或者是政治的，或者是文化的，或者是历史的，或者是外部环境的，甚至是自然条件的，甚至是自己内心的障碍"，障碍的种类很多，分布很广，我们在选择障碍时，要从剧情中要；从某种程度上说，障碍都来自该电影特定的戏剧性情境，比如《肖申克的救赎》中，安迪的一大障碍是监狱中的"姐妹花"；《泰坦尼克号》中露丝与杰克走在一起的一大障碍就是海洋中的冰山。

（3）人物障碍“是一个故事结构的规律”，讲电影故事，就得遵守这个规律，离开了这个规律，影片的节奏、质量等就难以得到保证。

三、戏剧性需求：人物动作的目标

启蒙戏剧家狄德罗指出：“戏剧情境要强有力，要使情境和人物性格发生冲突，让人物的利益互相冲突。不要让任何人物的企图达到他的意图而不与其他人物的意图发生冲突，让剧中所有的人物都同时关心一件事，但每个人各有他的利害打算。”由此可知，人物的障碍所带来的人物困境，其实总是与人物的戏剧性需求密不可分。以张艺谋执导的影片《活着》为例，“在影片《活着》中，葛优饰演的福贵，一生为人谨谨慎慎，谁也不敢得罪，总想把日子过好。但是，命运的折磨，总是使他遇上困境。他想的是鸡变羊、羊变牛，以后的日子就会好起来。他从心底对未来有一种憧憬。这完全是一种小人物的正常心态。在社会大的时代变迁中，在社会大的政治动荡中，他无能为力，无以应对，苦难屡屡降临在他头上，但是，他坚强地活下去，就是想活得更好。”在这里，剧作人物的动作是“以后的日子就会好起来”，反动作是“命运的折磨，总是使他遇上困境”。

在影片中，行动障碍与戏剧性需求总是相伴而行，相互依赖而又相互促进。综观中外的优秀影片，对人物戏剧性需求的展示具有如下几种方法：

（1）主要人物的戏剧性需求首先由外在人物提出，在经历了情感或者生活变化之后，这一戏剧性需求逐渐成为主要人物的内在需求，其主要特征经历了一个由外到内的过程。如张艺谋执导的电影《一个都不能少》：“一个都不能少”是魏敏芝的戏剧性需求，但这一需求首先来自原来老师的需求：如果学生一个都不少，我再奖励你 10 元钱。再如在冯小刚执导的电影《天下无贼》中，王薄保护傻根盖房子娶媳妇的钱，就来自怀孕后的未婚妻王丽的督促与要求。

（2）主要人物美好平静的生活遭受破坏，他需要恢复原来的生活，这种努力便成为他的戏剧性需求。如《肖申克的救赎》中的安迪被冤枉而被关进肖申克监狱，他需要恢复原来的体面自由的生活；如《空军一号》中的美国总统在面临恐怖分子劫机后所要恢复原来秩序的努力。

（3）从小戏剧性需求中引发，一步步产生影片的戏剧性需求，这种戏剧性需求一般与精神信仰有关。如《一次别离》中纳德在法律与道德中的自我救赎。

（4）剧情的设计，主要人物一开始就要面临主要任务，这一主要任务就是其戏剧性需求。如《新龙门客栈》中，周淮安就是要救出被东厂特务大太监曹少钦陷害的兵部尚书杨宇轩的儿女；《集结号》中谷子地为了探明当年集结号的真相而进行的艰难寻找。

第八章　每一场景都是情节片段

理查德·沃尔特指出:“人物做的每一件事，说的每一句话，都必须推进电影的融合。也就是说，每个动作、每一句话都必须有戏剧目的。戏剧目的一是推动情节，一是塑造人物。所有不能完成这两个目的的情景和对话，就不符合融合原则，必须删去。”也就是说，分属每一场戏中的人物台词与动作都在推动情节，其本身也是情节，不能融合到情节结构中的一场戏，就必须删去。基于此，每一场戏都是情节片段。

第一节　故事情节

从影片结构来看，每一场戏都是情节片段，而影片故事就是由情节一环套一环扩展而成的。那么，什么是情节呢？情节有何功用？情节又是如何连接成一个完整的故事的呢？

一、情节的内涵

苏联文学巨匠高尔基指出:“文学的第三个要素是情节，即人物之间的联系、矛盾、同情、反感和一般的相互关系——某种性格、典型的成长和构成的历史。”简言之，情节是典型性格的历史，是人物性格的发展史。古典小说中如拳打镇关西、大闹野猪林等情节是为了塑造鲁智深的性格；

风雪山神庙、火并王伦等情节是为了塑造林冲的性格；景阳冈打虎、醉打蒋门神等情节是为了塑造武松的性格；荷锄葬花等情节是为了塑造林黛玉的性格。小说如此，影视亦如此，情节一定要服务于典型性格的塑造。

情节遵循服务典型性格这一基本原则的同时，还必须围绕剧作主题来展开。奥斯卡最佳外语片《更好的世界》，通过伯里克蒂斯与伊莱亚斯纯真的友谊，表达出儿子眼中理想的父亲和父亲眼中理想的儿子。影片高潮是伯里克蒂斯与伊莱亚斯用自制的炸弹准备炸毁仇人的汽车，而在点燃炸弹的导火线后出现了意想不到的事情，伊莱亚斯只好冒着生命危险去提醒晨跑的路人，结果被炸得昏迷不醒。这个高潮情节发生后，下面的情节如何发展呢？可供选择的情节很多，比如，（1）晨跑的母女看望医院中的伊莱亚斯；（2）车主寻求赔偿汽车；（3）伯里克蒂斯感到恐惧；（4）警察带走伯里克蒂斯；（5）学校开除伯里克蒂斯与伊莱亚斯；（6）伯里克蒂斯与伊莱亚斯的家人互相指责。这些情节均合情合理，然后，影片接下来的情节设计是：伯里克蒂斯看望伊莱亚斯，受到伊莱亚斯母亲的责难；伯里克蒂斯误以为伊莱亚斯死亡而责备自己，准备跳楼；伊莱亚斯的父亲救下了准备跳楼的伯里克蒂斯，伊莱亚斯的母亲看望伯里克蒂斯，伯里克蒂斯看望伊莱亚斯。

二、情节表现主题

悉德·菲尔德指出："当你能够通过动作和人物，用寥寥数语说明主题时，你就开始扩展到形式和结构的要素了。"显然，任何一个情节复杂的剧本的主题都可以用一些词语或者一句话讲清楚，如果你做不到，就说明你还没有弄明白你的剧本究竟讲什么。值得指出的是，电影剧作情节的主题所强调的不是主题思想，而是情节的主线，显然，梳理情节主线是把握剧作主题的一种基本方式。电影是历时性艺术，最重要的是情节发展，同时不仅要发展，而且需要朝着一个既定的方向发展。一般而言，构成一部影片情节发展的内容主要表现在四个方面：某个事件的事态发展，这个事件的发生、发展与结局构成了整部影片的叙事逻辑，如《泰坦尼克号》的沉船事件；一个人的命运发展，个人的坎坷经历成为情节发展的线索与时代的关照，如《活着》中福贵的人生历程；人物感情关系的发展，某一段感情关系发生、发展以及结局的历史构成了整部影片的主要情节框架，如《肖申克的救赎》中的安迪与瑞德、《窃听风暴》中卫斯勒与德瑞曼之间的感情关系；一个人的心理状态的发展，这主要出现在意识流电影或者思想电影中，如《野草莓》。显然，情节的发展变化孕育着创作者的思想意图，如此，我们通过情节主题的阐述实现两个目的：第一，学会通过影片情节把握影片主题；第二，明确情节主题是影片主人公一次有目的性的动作。

《罗拉快跑》有表层主题和深层主题，均通过情节结构的独特安排呈现出来，其表层主题是写爱情，罗拉为了营救男友曼尼不停奔跑，正如其导演兼编剧汤姆·提克威在阐释该影片的主题时指出："我们倾注了很大的热情和精力来完成这部影片……《罗拉快跑》的故事美丽而简单：你有 20 分钟的时间，你要搞到 10 万马克，然后穿过城市去拯救你的真爱……但爱能移山，而且她成功了。对这部影片而言，影片的要点就是源于爱的浪漫情绪。"其深层主题是宿命，是人类命运的不可知，正如汤姆·提克威所说："《罗拉快跑》实际上阐述了命中注定和偶然机遇这两个主题，以及他们是如何相互交叉着支配人的一生的。一件小事可能将你导向完全不同的方向，从而完全改变你的人生。我希望就是能拍一部能够将这一主题极度发挥的影片。"《罗拉快跑》采用的是剧作结构中的板块式结构，曼尼丢失黑社会老大 10 万马克，罗拉在 20 分钟内的三次奔跑营救，基本相似的奔跑路径，基本相似的擦身而过的人，却因为时间的分秒之差而带来的偶然事件，形成了三个不同的过程与结果。罗拉第一次奔跑，偶然中知道自己不是身为银行董事长的亲生女儿，筹钱失败又在偶然中卷入了男友抢劫超市的行动，在逃跑中又被因为紧张而手枪走火的警察击毙，在冥界中得知男友曼尼特别爱她，因为爱情，罗拉重新开始从家里出发奔跑营救男友，她用枪威胁父亲，并从银行抢得 10 万马克，然而快速行驶的救护车将男友曼尼撞死，因为曼尼不甘心失去罗拉，罗拉重回时间隧道，又开始了第三次奔跑营救。这一次，罗拉在赌场赢得了 10 多万马克，曼尼在盲人的指引下找回了失去的 10 万马克，两人手牵手地走向未来。显然，无论是影片的表层主题还是深层主题，均蕴含在其情节中，通过梳理影片的情节，自然便可以归纳出影片的主题。

三、“奇峰对插，锦屏对峙”：对应情节的基本组建手法

“奇峰对插，锦屏对峙”是中国古典小说常用的情节结构布局方法之一，其基本特征是讲究对称。比如，在《三国演义》中，一面是刘备痛哭死关羽，一面是曹丕苦逼亲弟弟曹植；一面是火熄上方谷，司马懿获救；一面是灯灭五丈原，诸葛亮丧命。这种布局，可以在读者心理上产生一种对称感。

世界上许多经典电影亦同样采用了这种布局谋篇手法，说明艺术手法尽管提法有异，但原则与本质上是相通的。当然，这种手法的运用，一般是双线结构，或者网状结构中的两条线索齐头并进。如《这个杀手不太冷》开头叙述里昂与玛婷达的家庭生活情形，《泰坦尼克号》中叙述头等舱与三等舱的两场聚会，《一条名叫旺达的鱼》中旺达与奥拓、阿尔奇与妻子两人睡前情形，均交错进行，具有“奇峰对插，锦屏对峙”的对称美。在电影里，“奇峰对插，锦屏对峙”的方法能够赋予情节一种寓意，这种寓意是结构技巧背后的灵魂，是富有艺术感染力的内在基础。

“奇峰对插，锦屏对峙”的情节手法，在电影情节结构中，有一个很明显的寓意便是：一方的生活对另一方的生活所造成的影响，并由此发出必要的动作行为。比如《一条名叫旺达的鱼》中旺达与奥拓、阿尔奇与妻子两人睡前情形的比较，旺达与奥拓激情如火，互相挑逗，最后是疯狂的性爱；而阿尔奇与妻子先是独自换穿睡衣，继而同睡一床，分睡两床被子，并独自看着报纸。显然，阿尔奇与妻子没有共同语言的平淡生活，为

旺达成功引诱阿尔奇做好了铺垫。在《泰坦尼克号》中也一样，头等舱虚伪、世故的贵族生活，让露丝感觉不到人生的真正乐趣，而下等舱率性、热闹的生活，让露丝感觉到人生的真谛，如此对比与铺垫，露丝离开上等舱的未婚夫而投入下等舱杰克的怀抱，就在情理之中了。在《这个杀手不太冷》中，杀手里昂的生活单调而程式化，洗澡时倚在墙壁上那种孤独与寂寞。玛婷达虽然有父母、姐姐和弟弟，可母亲是继母，从不正眼瞅她，父亲完全被继母操控，也没有给玛婷达充满温情的父爱，而姐姐更是不断虐待玛婷达，动不动就是追打，只有弟弟和她感情融洽，可是很小，是玛婷达照顾与呵护的对象。如此，里昂孤单的生活与玛婷达寂寞的生活相互交错，从而产生一种将两人推入彼此生活中去的力量。

四、“球赛模式”：情节的一种组建方式

球赛是一项围绕某一个目标（奖杯等）而进行并具有若干悬念的体育运动，其进程充满双方的对抗，其结果是一方将另一方击败，胜出一方获得相应奖励。以 2016 年奥运会的女排争夺冠军赛来说，对抗与悬念伴随着全场赛事始末，而剧情突转又将这一场赛事推向了高潮。2016 年奥运女排半决赛可以简化为如下一个模式：

正方：中国；

反方：荷兰；

矛盾焦点：战胜对方，进入金牌决赛。

裁判：根据游戏规则进行判定，判定得分多的一方取胜；

观众：为胜利者加油。

在剧本创作中，对抗、悬念与突转亦同样十分重要，没有对抗（冲突），便没有戏，影视剧作便是运用冲突形态来揭示生活矛盾，在影视剧作中，由于冲突的有力推动，是剧情进展较快，并且跌宕起伏，富于较强的戏剧性和动作性。悬念是推进情节发展的一种最为基本的手法，没有悬念，情节便会趋向平淡；突转是情节发展最有力量的一环，突转的灵活运用，使

得剧情更加跌宕起伏。以《雍正王朝》第 11 集 17 场戏为例：

第 1 场戏：八王爷故意将江湖术士（美，八王大，暗示八爷为太子）送给康熙，恳请康熙严惩江湖术士张道士。欲盖弥彰，为成为太子造势。

第 2 场戏：面对八王爷的动作，康熙皇帝做出反应：江湖术士，不是不可信，但也不可全信；

第 3 场戏：面对康熙皇帝并未痛击江湖术士的反应，朝中大臣进行分化：佟中堂揣摩圣意，准备推举八爷。

第 4 场戏：邬思道为四王爷解读局势（美，八王大，反过来：大王八）；四爷流露争夺太子的心思，但是力量很弱，所以埋在心底。

第 5 场戏：第一权臣佟中堂推举八爷为太子。

第 6 场戏：康熙帝问张五哥，谁最合适做太子；张五哥说十三爷是条汉子，但不适合做太子；十三爷是四爷党，加强四爷力量。

第 7 场戏：佟中堂上升为八爷党。细节：佟中堂要张廷玉喝马奶酒，张廷玉喝茶。暗示张廷玉与佟中堂意见不一。

第 8 场戏：皇上关注内阁大臣推举太子的情况。从表扬民间孝子到表扬十三阿哥，加强正方力量。

第 9 场戏：四王爷到理藩院接十三阿哥。

第 10 场戏：八爷九爷闻听皇上解除对十三阿哥的禁闭；为八爷顺利成为太子担忧；道具：理发。

第 11 场戏：四爷、十三爷、邬思道饮酒，十三爷鼓动四爷争夺太子，为了大清江山。

第 12 场戏：佟中堂建议联名上折推荐八王爷！（争）

第 13 场戏：邬思道讲故事：富翁儿子争夺钥匙，提倡不争者胜；与反方“争”相对。（不争）

第 14 场戏：皇上看到联名奏折，准备喊佟国维中堂一道用晚膳。

第 15 场戏：邬思道帮四爷、十三爷代写奏折，推荐废太子为太子，以退为进。

第 16 场戏：康熙喊反方推手（与正方谋士邬思道相对）佟国维共进晚膳，从身体入手，暗示佟国维年事已高，并送老花镜一副，康熙抑制反方势力。

第 17 场戏：佟国维告诫侄子隆科多，要隆科多站在四爷一边，凸显佟国维投机取巧的一面；隆科多没有表态，留下悬念。

这 17 场戏的简化模式：

正方：四爷（十三爷）；

反方：八爷（九爷十爷）；

矛盾焦点：战胜对方，成为太子；

裁判：康熙帝，维持两方势力的平衡，并将判定正义的一方取胜，反之，便为昏君；

两方啦啦队：观众分化为正方与反方，并进行推力；同时兼有舆论导向作用；佟国维成为反方的啦啦队；邬思道、张五哥成为正方的啦啦队。

如此，17 场戏分为：1. 反方；2. 裁判；3. 反方（啦啦队）；4. 正方（啦啦队）；5. 反方；6. 裁判；7. 反方；8. 裁判；9. 正方；10. 反方；11. 正方；12. 反方；13. 正方；14. 裁判；15. 正方；16. 裁判；17. 反方。

如此可见，球赛模式与剧作模式具有内在的一致性，本书引入球赛模式，是为了更加生动形象阐述一种最为基本的剧作模式。从某种程度上说，戏剧性结构的剧情片都可以用球赛模式来进行读解。

第二节　《潜伏》中的“球赛剧作模式”

电视剧每一集均有一个中心事件，这个中心事件相当于球赛中的“排球”，贯串正方反方等各种势力。《潜伏》第 7 集的中心事件“峨眉峰是谁”把共产党阵营、国民党阵营两方交织起来，这一中心事件缘于余则成身份的重要。在余则成身份不定的情况下，共产党阵营、国民党阵营都渴望余则成是友而不是敌。共产党阵营知道余则成是峨眉峰，余则成是友；国民党阵营却误认为吴敬中是“峨眉峰”，余则成也是友。于国民党阵营来说，“峨眉峰”是共产党派来的间谍，于是，国民党阵营会不断发力，推动剧情往前发展。在这一集中，共产党阵营以余则成为主，国民党阵营以马奎为主。值得一提的是，余则成具有双重身份，因而当他以国民党员身份出现且从事相关工作时，我们将此种情境中的余则成归于反方一派。

正方：余则成，左蓝，翠萍，邓铭；

反方：马奎，吴敬中，陆桥山，余则成（以国民党员身份出现且从事相关工作时）；

矛盾焦点（排球）：泄密天津站的情报是谁?

裁判：观影者。

第 1 场戏：正方：天津站举办的舞会，国共谈判人员齐聚一堂，工作中的妻子（假）翠萍亲昵地要余则成回家，生活中的女朋友左蓝（真）偷偷看着余则成，心疼。

利用误会来写左蓝、余则成的矛盾，间接提出了左蓝的戏剧性需求：渴望知道余则成是共产党员还是国民党员。

第 2 场戏：反方：天津站会议，站长吴敬中提出有内鬼，余则成、马奎、陆桥山一致认可。吴敬中要马奎快速查出内鬼：“三天之内，给我水落石出。”吴敬中的台词是表达戏剧性需求常用的句式。

反方的戏剧性需求：查出内鬼。这一戏剧性需求由马奎来完成。

第 3 场戏：正方：余则成的出现，让左蓝慌乱：爱与革命工作。左蓝向邓铭道出：争取过余则成，但是没有结果。（悬念）

于是，正方的戏剧性需求：余则成是谁；反方的戏剧性需求：内鬼是谁；正方与反方的戏剧性需求成为一枚硬币的两面，如同排球。

第 4 场戏：正方：左蓝与主任邓铭讨论余则成，邓铭试探出左蓝对余则成一如既往地深爱着。

这一场戏主要突出左蓝与余则成在重庆的情感。

道具：无线电询问黄河一号。

第 5 场戏：反方（余则成是国民党身份，视为反方）：余则成与吴敬中讨论内鬼，吴敬中探问汉奸穆连成的事情，并旁敲侧击余则成重庆的风流故事。

这一场戏：（1）近承：左蓝与邓铭讨论她与余则成重庆的情感。电视剧都是这样，同一个事情，正方怎么看，反方怎么看；一枚硬币的两个方面，这就是生活。（2）远承：吴敬中派人暗暗调查余则成与左蓝在重庆的交往。（3）对应与对比：左蓝与余则成的关系：重庆的情感，光明正大；余则成与吴敬中的关系：吴敬中需要余则成从穆连成那里敲诈更多的金条。

第 6 场戏：反方：吴敬中继续旁敲侧击余则成与左蓝的关系，余则成继续隐瞒。

第 6 场戏与第 5 场戏形成了一个顺承，如同排球中的一传与二传，排球中的传球，如同影片中的造势与铺垫，有传球，扣球才有力量。

第 7 场戏：正方：余则成思考：现在向站长吴敬中承认与左蓝的关系，还是继续隐瞒。

第 8 场戏：正方：翠萍生理周期，情绪低落，余则成为翠萍熬制红糖水，并承诺买卫生纸；细节让翠萍对余则成的情感升温，这是现实生活；紧接着，余则成躲进暗室洗照片，放出左蓝的照片，这是理想爱情。

这一场戏：主要是对上一场戏站长吴敬中的两句关键台词的解释：（1）吴敬中："你同时要面对两个女人。""两个女人"的表层意思是指汉奸穆连成的侄女晚秋与余则成的妻子翠萍；"两个女人"的深层意思是指余则成的初恋情人左蓝与穆连成的侄女晚秋。（2）吴敬中："你在重庆风流过。"这是一种球赛最为基本的剧作模式：反方把球扣过来，正方垫球，这个球的轨迹就是对这个扣球的一个呈现，如果不是扣球，垫出的球的轨迹又是另一个样子。显然，第 8 场戏是对第 5 场戏与第 6 场戏的一个展示。

第 9 场戏：反方：上级毛人凤批评吴敬中，因为共产党掌握了国民党特务分子的名单，吴敬中担忧。

这一场戏：（1）道具：报纸《八路军女代表揭露国民党特务名单》；因为道具的展示，观众对毛人凤批评吴敬中的原因十分清楚。（2）吴敬中挨批，找出内鬼就更加迫切，这是为查出内鬼加力；这是一个漂亮的二传；台词：这边的局面一定尽力挽回。

第 10 场戏：反方：陆桥山汇报地下共产党员“峨眉峰”的信息，吴敬中将可疑人物锁定为从重庆过来的人，目标范围进一步缩小，标志情节的发展，这是情节叙事的一种基本手法。吴敬中布置任务：监听中尉以上的官员。

这一场戏：（1）上承毛人凤的电话，并针对电话采取相应行动；（2）亦是上承内鬼是谁的一场戏，有了突破：峨眉峰。

第 11 场戏：反方：余则成得知穆连成逃跑。

这一场戏：（1）上接第 5 场戏，吴敬中吩咐余则成盯着穆连成；（2）第三条线推动剧情发展：穆连成为第三条线。此处引入穆连成，是为马奎误会吴敬中为“峨眉峰”服务的。

第 12 场戏：反方：余则成向吴敬中汇报穆连成逃跑的事情，并提出通缉穆连成，为站长开脱。两人借晚秋说事：吴敬中：小女子一点也没有透露吗？余则成：我经常被女子蒙骗的。巧妙将副线与主线联系在一起，副线为主线服务。

这一场戏：（1）穆连成逃跑，吴敬中少了一个财神爷；（2）余则成利用晚秋对他的欺骗（明指），来表达左蓝对他的欺骗（暗指）：这是余则成对吴敬中说“你要面对两个女子”的回答。

第 13 场戏：反方：余则成通知手下人通缉穆连成，为站长逼走穆连成开脱。

第 14 场戏：反方：马奎告知余则成，陆桥山在调查他，怀疑他是峨眉峰。

这一场戏：（1）上承“谁是内鬼”；（2）凸显反方内部矛盾：陆桥山调查马奎是为了顺利当选副站长；（3）下启：马奎被余则成、吴敬中、陆桥山诬陷为“峨眉峰”做铺垫。

第 15 场戏：正方：翠萍第一次买刊载左蓝照片的报纸，受到余则成的批评。

这一场戏的精彩：（1）余则成与翠萍的矛盾和余则成与国民党的矛盾形成对比，但前者是认识与处事的矛盾，并且是可以调和的矛盾；每一次调和，均意味着翠萍的进步：这就是矛盾的魅力。（2）同样的道具：《八路军女代表揭露国民党特务名单》，上面有左蓝的照片；不同的人对同一道具的不同看法，运用道具推进剧情。（3）余则成批评翠萍，看不起游击队员，被翠萍抓住把柄回击。有矛盾的人物，都会站在自己立场上进行有力回击。

第 16 场戏：正方：余则成收听指令，再次教育翠萍，并为“克公梦·茶叶”埋下伏笔。

这一场戏的精彩：（1）上承马奎安排人监视余则成：会计周亚夫的“门旁偷听”，自然结束翠萍与余则成的争吵，这是借外部力量的介入来转移或者延宕冲突的方式。（2）余则成的主观视角：窗外的小车，这是对吴敬中关键台词的画面解读：“对中尉以上的人员进行监听”；小车旁没有出现特务说明特务无处不在。（3）这是余则成与翠萍矛盾趋向缓和的外在原因，余则成的教育，翠萍接受余则成的教育，这从一个方面告诉我们：余则成与翠萍的矛盾可以缓和与化解；而天津站的矛盾不可以缓和与化解。

伏笔：把茶叶交给克公（李克农）同志。

第 17 场戏：正方：邓铭得知余则成为内部情报员“峨眉峰”，但向左蓝隐瞒。

这一场戏的精彩：上承第 3、4 场戏，邓铭知道了余则成的真实身份。

伏笔：左蓝怎么知道余则成身份。承接这一场戏：第 8 集让秋掌柜被误诊而被关起来，给左蓝会见余则成提供机会。这是电视剧的一种常用手法：通过支开某一人，得以揭露真相。

第 18 场戏：反方：马奎抓获监视穆连成的特务，进一步揭示马奎与站长的矛盾。

这一场戏的精彩：（1）马奎开始注意站长吴敬中，为吴敬中诬陷他为“峨眉峰”埋下伏笔。（2）这是用第三条情节线来推动第一情节线、第二情节线的手法。第一情节线：正方余则成翠萍等人；第二情节线：吴敬中、马奎、陆桥山等天津站内的动作；第三情节线：穆连成与吴敬中的私下交易。第三情节线也可以看成是一条外部力量线。

对应：邓铭知道余则成身份（秘密）；马奎知道站长与穆连成的交易（秘密）。

第 19 场戏：反方：马奎获得重要线索，站长吴敬中与穆连成联系紧密，而穆连成与邓铭是同学，因此马奎怀疑站长。

这一场戏的精彩：（1）重要的误导线索：既加深马奎与站长的矛盾，又逐渐摆脱对余则成的怀疑；（2）充分利用人物关系来推动剧情：吴敬中—穆连成—邓铭，人物关系的顺推，使得剧情趋向复杂。

第 20 场戏：反方：四位太太讨论左蓝，翠萍误将“八万”为“八路”。

四位太太的生活是天津站工作的延长，说明天津站十分重视左蓝。

第 21 场戏：反方：吴敬中告知大家戴笠来天津检查，马奎提出穆连成泄露情报的嫌疑，吴敬中制止马奎继续追查穆连成。吴敬中制止马奎继续追查穆连成，是因为吴敬中占有了汉奸的财产，马奎却将其误认为是情报泄密。

这一场戏：（1）马奎与吴敬中矛盾公开化；（2）陆桥山与吴敬中不明就里的一致；（3）下启第 8 集的中心事件：戴笠天津之行的秘密任务。

第 22 场戏：正方：秋掌柜代表上级表扬余则成：嘉奖；并提出下一集的戏剧性任务：戴笠天津之行的秘密目的。

（1）这是对第 21 场戏的承接：戴笠成为正方与反方关注的人物，如同左蓝一样；（2）翠萍被安排回家的情节线索开始明朗化，然后沿着这根南瓜藤会结出几个南瓜。

第23场戏：正方：余则成与翠萍讨论戴笠，翠萍提出枪击戴笠，余则成批评翠萍，要注意自己的本职工作。

（1）翠萍的关键台词：我的枪法不用可惜了，一枪就够。每一场戏，都有一句关键台词，而其他的台词都只是为这句关键台词的出场做铺垫而已。注意性格的一致性：翠萍是游击队出身，解决问题就是枪，手雷；余则成军统出身，解决问题用的是脑子。继续体现翠萍与余则成的矛盾：头脑简单与深思熟虑。（2）远启：为翠萍枪击陆桥山做伏笔。（3）近启：余则成的入党问题。

第24场戏：正方：余则成被搓衣服的翠萍吵醒，本场戏结束于余则成与翠萍革命工作中的生活矛盾，而下一场戏开始于余则成与左蓝革命爱情中的浪漫相处，结尾开头形成对比，进一步强化余则成要翠萍离开天津的念头。

由上述分析可知，《潜伏》第7集中的24场戏，构成了典型的“球赛剧作模式”。其实，不仅是第7集，《潜伏》第8集亦可以用“球赛剧作模式”来进行深入分析。因而，我们灵活领悟这一结构模式，一定能从中获得许多灵感，以便更好地指导我们的影视剧本创作。

参考书目

［1］谭霈生．戏剧本体论［M］．北京：北京大学出版社，2009.

［2］谭霈生．论戏剧性［M］．北京：北京大学出版社，2009.

［3］许南明，崔君衍，等．电影艺术词典［M］．北京：中国电影出版社，2005.

［4］芦苇．电影编剧的秘密［M］．上海：上海交通大学出版社，2013.

［5］宋方金．给青年编剧的信［M］．成都：四川文艺出版社，2016.

［6］杨健．拉片子——电影电视编剧讲义［M］．北京：作家出版社，2007.

［7］［美］伯特·卡杜罗．世界导演对话录［M］．龚心怡，译．北京：世界图书出版公司，2015.

［8］张会军，孙欣．学院大讲堂：电影创作者访谈录（第1辑）［M］．北京：中国电影出版社，2009.

［9］王斌．活着·张艺谋［M］．北京：人民文学出版社，2011.

［10］张会军．形式追索与视觉创造——张艺谋电影创作研究［M］．北京：中国电影出版社，2008.

［11］张会军．风格创造——张艺谋电影创作论［M］．北京：中国电影出版社，2010.

［12］张明．与张艺谋对话［M］．北京：中国电影出版社，2004.

［13］［美］J.H. 劳逊．戏剧与电影的剧作理论与技巧［M］．邵牧君，齐雷，译．北京：中国电影出版社 .1999.

[14]［美］悉德·菲尔德 . 电影剧本写作基础（修订版）［M］. 钟大丰，鲍玉珩，译 . 北京：世界图书出版公司，2012.

[15]［美］罗伯特·麦基 . 故事：材质、结构、风格和银幕剧作的原理［M］. 张铁东，译 . 天津：天津人民出版社，2014.

[16] 苏牧 . 荣誉［M］. 北京：人民文学出版社，2007.

[17] 汪流 . 电影剧作：教学、创作及理论［M］. 北京：中国电影出版社，2004.

[18] 王迪 . 现代电影剧作艺术论［M］. 北京：中国电影出版社，1995.

[19] 周涌 . 影视剧作艺术［M］. 北京：中国传媒大学出版社，2005.

后　记

2011年，我从北京电影学院取经回来，就真正开始了我的电影人生之旅。从小时候翻越几十里的山路去观看电影，到现在静静坐在电脑前观摩影片，环境变了，年龄变了，但是充盈在其中的快乐一直未变。电影快乐了我的童年与少年，亦将快乐我的青年与老年。与电影相遇，我的心底油然而生“死生契阔，与子成说，执子之手，与子偕老”的诺言。

作为一名电影的爱好者与追求者，我一直信奉从电影到电影的学习路径，因而在课堂上，我一直重视影像的感性记忆，而忽视对理论的生硬灌输。经典影片不仅告诉你什么是真正的电影，而且还会引领你去体悟生活。当我们不再从春播夏种、秋收冬藏中去感受时间之时，无声无息的时间就离我们越来越远了，生活也随之离我们越来越远了。而电影如同一束光亮，引领我们去感受时间，感受生活，并享受生活的真善美。

我的电影课堂，既是我传道、授业、解惑的圣地，又是我感受、快乐、升华自己的道场。每一次进入课堂，都是一次忘我的心灵之旅，身处众人之间，却有“人闲桂花落，夜静春山空”的空寂，亦有“采菊东篱下，悠然见南山”的愉悦。我们享受电影，又在电影中修行与学道，生怕“白了少年头，空悲切”，因此不断追寻着先贤的“欲穷千里目，更上一层楼”的理想，以便待到他日青梅煮酒时，我等追梦人亦能“直挂云帆济沧海”。

电影课堂上的每一次心得，均被及时记录下来，成为一篇文章，成为一本教材，这就是《影视场景创作》的诞生过程。《影视场景创作》有着与其他教材不一样的优点，它是一个电影人从创作的角度观摩影片的感受，里面浓缩着许多感性的创作经验，并且会随着我电影作品的成功而成为更多编剧爱好者的创作启蒙书。在这里，我要特别感谢肖阳的督促鞭策、何宗思的编辑加工，正是他们的美丽劳动，让我四年的观影心得以教材的形式与大家见面。

我们一直在追梦路上，让我们携起手来，热爱电影，享受电影，并创作电影，让电影成为陪伴我们、感动我们、提升我们的一个人生伴侣！

曾小明

2018 年 6 月 10 日

图书在版编目（CIP）数据

影视场景创作 / 曾小明，岳凯华著. —北京：中国国际广播出版社，2018.9（2023.9重印）

ISBN 978-7-5078-4308-8

Ⅰ.①影… Ⅱ.①曾…②岳… Ⅲ.①电影编剧—教材②电视剧—编剧—教材 Ⅳ.①I053.5

中国版本图书馆CIP数据核字（2018）第176421号

影视场景创作

著　　者	曾小明　岳凯华
责任编辑	何宗思
版式设计	国广设计室
责任校对	徐秀英
出版发行	中国国际广播出版社有限公司［010-89508207（传真）］
社　　址	北京市丰台区榴乡路88号石榴中心2号楼1701 邮编：100079
印　　刷	环球东方（北京）印务有限公司
开　　本	710×1000　1/16
字　　数	250千字
印　　张	18
版　　次	2018 年 9 月 北京第一版
印　　次	2023 年 9 月 第二次印刷
定　　价	48.00 元